PERGUNTE AO DESENVOLVEDOR

JEFF LAWSON

PERGUNTE AO DESENVOLVEDOR

Como destravar o potencial dos desenvolvedores de software, encontrar soluções inovadoras e vencer no século XXI

tradução
Cristina Yamagami

Benvirá

ASK YOUR DEVELOPER. Copyright © 2021 by Jeffrey Lawson. All rights reserved.
Copyright da edição brasileira © 2022 de Jeffrey Lawson.
Traduzido de *Ask your developer*, de Jeffrey Lawson.

Tradução autorizada da edição original em inglês publicada nos Estados Unidos pela HarperCollins Publishers.

Direção executiva Flávia Alves Bravin
Direção editorial Ana Paula Santos Matos
Gerência editorial e de projetos Fernando Penteado
Edição Clarissa Oliveira
Produção Daniela Nogueira Secondo

Tradução Cristina Yamagami
Revisão Maurício Katayama
Diagramação Desígnios Produção Gráfica e Editorial
Capa Tiago Dela Rosa
Impressão e acabamento Edições Loyola

Dados Internacionais de Catalogação na Publicação (CIP)
Vagner Rodolfo da Silva - CRB-8/9410

L425p   Lawson, Jeffrey
         Pergunte ao desenvolvedor: como destravar o potencial dos desenvolvedores de software, encontrar soluções inovadoras e vencer no século XXI / Jeffrey Lawson ; trad. por Cristina Yamagami. - São Paulo : Benvirá, 2022.

312 p.

Tradução de: *Ask your developer*

ISBN 978-65-5810-041-6 (Impresso)

1. Comunicação. 2. Negócios. 3. Empreendedorismo. I. Yamagami, Cristina. II. Título.

CDD 658.4012
2022-1288   CDU 65.011.4

Índices para catálogo sistemático:
1. Administração : Negócios   658.4012
2. Administração : Negócios   65.011.4

1ª edição, setembro de 2022

Nenhuma parte desta publicação poderá ser reproduzida por qualquer meio ou forma sem a prévia autorização da Saraiva Educação. A violação dos direitos autorais é crime estabelecido na Lei n. 9.610/98 e punido pelo art. 184 do Código Penal.

Todos os direitos reservados à Benvirá, um selo da Saraiva Educação.
Av. Paulista, 901, 4º andar
Bela Vista - São Paulo - SP - CEP: 01311-100

SAC: sac.sets@saraivaeducacao.com.br

CÓDIGO DA OBRA   713282   CL   671033   CAE   799490

Para M. e A.:
mal posso esperar para ver o que vocês vão criar.

Sumário

Prefácio 9

Prólogo — Tudo começou com um outdoor 15

Parte I | Por que os desenvolvedores nunca foram tão
importantes 25

1 | Construir ou morrer 27

2 | A nova cadeia de suprimentos de software 53

Parte II | Conheça e motive os desenvolvedores 75

3 | Oi, meu nome é Jeff e sou desenvolvedor 77

4 | Escrever código requer criatividade 103

5 | Sem experimentação não há inovação 135

6 | Recrutando e contratando desenvolvedores 159

Parte III | Garanta o sucesso dos desenvolvedores............ 181

7 | Crie um ambiente de aprendizagem aberto.......................... 183
8 | Equipes pequenas e líderes *single-threaded* 207
9 | Entre na pele dos clientes 235
10 | Desmistificando a metodologia ágil 253
11 | Invista em infraestrutura 279

Epílogo 301
Agradecimentos 307
Sobre o autor.. 311

Veja também o material exclusivo à edição brasileira disponível no Saraiva Conecta:

https://somos.in/PD1

Prefácio

Por Eric Ries

No século 21, toda empresa é uma empresa digital. Os clientes têm expectativas de atendimento e experiência de usuário com base nos melhores produtos digitais. E não vai demorar muito para eles levarem essas expectativas a todas as empresas, de qualquer setor. A implicação disso é que toda organização que deseja sobreviver e ter sucesso precisa saber como inovar construindo o próprio software e como contratar e gerenciar as pessoas que o constroem.

Passei a última década ajudando empresas de todos os tipos, desde startups do Vale do Silício até gigantes industriais da Fortune 50, a aumentar suas chances de criar inovações revolucionárias adotando os princípios descritos no meu livro *A startup enxuta*. E não é raro eu ter de explicar a revolução dos semicondutores para líderes que não entendem muito de software. Muitos ainda acreditam que, de alguma forma, sua organização vai conseguir passar ilesa por esse tsunami. Certa vez, trabalhei com um grupo de líderes seniores de grandes redes hospitalares desesperados para melhorar a experiência dos pacientes, mas que, no tempo que passamos juntos, deram mil justificativas para explicar por que a experiência de seus pacientes era tão deplorável. Parecia que eles não queriam ouvir nada do que eu estava dizendo sobre a utilização de ferramentas digitais para gerar o tipo de transformação que eles tanto desejavam. Até que perguntei quem já tinha usado o Uber. Quando todos responderam que já tinham usado o serviço, pedi que eles pegassem o celular e vissem como o aplicativo mostra que um motorista está a caminho e onde ele está. Pedi que eles imaginassem como a experiência do paciente melhoraria se esse soubesse quando um enfermeiro ou um médico chegaria para atendê-lo. Graças ao software, seria tão fácil fazer isso para a equipe médica quanto para o motorista de um app de transporte de passageiros. O que evita que esse tipo de solução passe a ser a norma é só a crença equivocada de que o software não tem nada a ver com o setor hospitalar.

A revolução digital está transformando as regras do mundo dos negócios. Ao mesmo tempo, o software reduz os custos de transação, derruba as barreiras e acelera as mudanças. As empresas — e instituições em geral — que forem incapazes de acompanhar esse ritmo e intensidade deixarão de ser relevantes. São poucas as pessoas no mundo que têm experiência tanto como desenvolvedor de software quanto como executivo de negócios. É isso que faz com que Jeff seja tão especial: ele tem um pé em cada mundo. Já vi executivos de grandes empresas sabotando sem perceber seu próprio sucesso digital ao fazer (e deixar de fazer) coisas que desempoderam os talentos e sufocam a inovação.

Por exemplo, certa vez prestei consultoria para uma empresa que fabricava produtos para o lar. Eles estavam tentando decidir como fazer um pequeno programa piloto para testar um novo produto. Sugeri criar um produto mínimo viável, um PMV no vocabulário da Startup Enxuta, ou seja, uma versão boa o suficiente para que a empresa pudesse coletar de um pequeno número de consumidores um feedback utilizável sobre seu valor, com agilidade e sem gastar muito. A ideia era usar o produto mínimo viável para recolher informações com a maior rapidez possível para decidir os próximos passos do processo de desenvolvimento. Normalmente, essa empresa teria de fabricar uma quantidade enorme do novo produto e testá-lo em algumas lojas. Só que, no caso, a companhia já tinha um laboratório que tinha fabricado o produto em quantidade suficiente porque os membros da equipe o estavam levando para casa todos os dias de tanto que gostaram dele. Foi fácil ver ali uma oportunidade de criar um produto mínimo viável. Em vez de levar o produto para casa, a equipe poderia dá-lo a cinquenta clientes para testar e dizer o que acharam.

Para resolver o problema de recrutar esses clientes e garantir que recebessem um suprimento contínuo do novo produto, sugeri que o recrutamento fosse feito em um site na internet, em que os clientes poderiam se inscrever para receber o produto e avisar à equipe do piloto quando precisassem de reposição. Deixei claro que esse era um exemplo perfeito de como o software pode acelerar processos e reduzir custos, dando à empresa uma vantagem no mercado. A ideia de a equipe poder montar rapidamente um sistema como esse e usá-lo para obter informações cruciais sobre maneiras de aumentar o apelo do produto parecia um truque de mágica para eles. Mas não tem magia alguma nisso. A Twilio faz isso todos os dias para milhares de empresas.

Vamos dar uma olhada em um outro exemplo. Fiz um trabalho de consultoria em uma grande empresa cujo CEO estava animadíssimo com a transformação digital, oferecendo aos clientes a possibilidade de pesquisar e comprar os produtos da empresa pela internet, algo inédito no setor. Eles lançaram uma startup interna para construir um site experimental, encabeçada por uma equipe júnior supermotivada, sem prestígio nem grandes recursos à disposição, mas muito comprometida em criar esse produto mínimo viável. O problema era que eles não faziam ideia de como construir um site nem escrever um software. Eles atuavam em uma área que não tinha nada a ver com a tecnologia. A primeira coisa que eles tentaram fazer foi pedir ajuda ao TI da empresa, que se recusou a ajudar dizendo que aquele projeto maluco não era de sua alçada. Diante disso, eles pensaram em contratar uma agência externa para fazer o site, mas o preço era impeditivo. Eles acabaram recrutando um designer disposto a aprender a escrever código para assumir o projeto, o que gerou novos problemas. Os designers não tinham "autorização" para escrever código nessa empresa.

Esse exemplo me mostrou que, mesmo com o apoio do CEO e uma equipe motivada, ainda dá muito trabalho garantir o sucesso dessas equipes. Tudo começa colocando os jogadores certos em campo e dando a eles o poder para que avancem. *Ask Your Developer* pode ajudar as empresas a traduzir o entusiasmo do CEO e o talento bruto da organização no que elas realmente querem: uma experiência superior para o cliente obtida por meio da transformação digital. As empresas que souberem mobilizar todo o potencial de seus funcionários colherão extraordinárias recompensas nos próximos anos e décadas.

Tive o privilégio de ver, em tempo real, o que Jeff Lawson e sua extraordinária equipe da Twilio criaram e como o software deles se integrou ao nosso mundo de maneiras que jamais teríamos imaginado. Se não fosse pela visão de longo prazo de Jeff para a empresa e sua capacidade de reunir pessoas incrivelmente talentosas, uma parte enorme da infraestrutura invisível do nosso dia a dia jamais funcionaria com tamanha integração e elegância. Sem a Twilio, você não poderia mandar uma mensagem ao motorista do Uber nem pedir uma pizza pela internet. A plataforma da Twilio é integrada ao Hulu, ao Twitter e à Salesforce para ajudar na comunicação e no compartilhamento de informações. Ela marca presença no setor imobiliário e de saúde, bem como em inúmeras organizações sem fins lucrativos e de ajuda humanitária. Está ajudando empresas que nunca se imaginaram como organizações digitais a fazer transformações extraordinárias e crescer sob uma intensa pressão para evoluir ou morrer.

Este livro começa explorando a importância de conhecer as possibilidades de um bom software. É esse primeiro salto de imaginação que permite aos líderes ter uma boa ideia do valor dos desenvolvedores de software. A partir daí, o livro explica por que, mesmo se uma empresa contratar desenvolvedores talentosos, é impossível fazer bom uso deles sem uma boa gestão que os ajude a atingir seu pleno potencial. As empresas precisam empregar pessoas que tenham as habilidades necessárias para ajudá-las a construir coisas que possibilitem seu crescimento e sua transformação, mas também precisam se dispor a ouvir o que essas pessoas têm a dizer sobre o que é necessário para colher todos os benefícios do que elas têm a oferecer.

Como Jeff explica em detalhes, os líderes não podem se dar ao luxo de ficar sentados de braços cruzados no topo da organização, distantes das pessoas que garantem o bom funcionamento das interfaces da empresa com o cliente e uma boa experiência do usuário. É indispensável, não só para sobreviver, mas também para ter sucesso, criar uma estrutura e uma metodologia para garantir o bom fluxo das ideias, não só para baixo, mas também para cima na hierarquia, bem como entre diferentes áreas da organização. Trabalhei com um número enorme de empresas que estavam passando pela transformação digital e vi, vez após vez, que as que fizeram esse tipo de transformação gerencial *antes*, não depois, de tentar a transformação digital tiveram mais sucesso. Este livro é uma leitura indispensável para fazer a ponte entre os executivos e os desenvolvedores de software da empresa, para que juntos eles possam navegar em um ambiente de enormes e inúmeras incertezas.

Ask Your Developer mostra a importância de dar um papel central ao software e oferece recomendações práticas para pessoas dispostas a criar a próxima geração de empresas. Jeff não só é um grande conhecedor das possibilidades do software como também das armadilhas e dos obstáculos no caminho das organizações que tentam a transformação digital. Este livro será valiosíssimo para o leitor que compreende que o digital é indispensável para seu futuro, mas que ainda não sabe exatamente como chegar lá. Também deve ser lido por qualquer líder que acha que não precisa se preocupar só porque não lidera um negócio digital, para que ele se convença de que isso simplesmente não é verdade e comece a entender o que precisa fazer para conduzir sua organização pela transformação digital.

Não poderia haver um momento mais crucial para o conhecimento, a experiência e a perspectiva de Jeff alcançarem um público mais amplo, desde novas startups até empresas à beira da reinvenção, desde os executivos até os desenvolvedores dos quais a organização precisa para prosperar. *Ask Your Developer* é uma leitura indispensável para entender a relação entre o software, as pessoas que o constroem e o valor que elas oferecem para o desenvolvimento e a transformação das organizações que necessitamos nesta era de disrupção digital.

Prólogo

Tudo começou com um outdoor

No início de 2015, a Twilio alugou um outdoor em São Francisco ao lado da famosa Route 101. Outdoors de empresas de tecnologia faziam parte da paisagem na região da Baía de São Francisco, assim como outdoors de filmes em Los Angeles. Em parte funcionam par aumentar a conscientização da marca e em parte servem como tática de recrutamento, uma maneira de serem vistas por milhares de engenheiros de software a caminho do trabalho. E isso também tem um quê de demonstração de superioridade dentro da cultura geek, com todas as companhias tentando se sobressair com algo genial, como uma piada interna ou uma referência a algo que só o pessoal do Vale do Silício vai entender.

Para entrar nessa onda, reservamos um outdoor. O problema é que não conseguíamos decidir o que dizer nele. Estávamos tendo grandes discussões. Alguns diziam que o melhor seria mostrar depoimentos de clientes. Poderíamos colocar logos de empresas famosas que usam a nossa plataforma de comunicação em nuvem. Isso pelo menos resolveria nossa maior dificuldade: o fato de sermos uma empresa bem-sucedida da qual ninguém tinha ouvido falar. Na época, tínhamos uma receita anual de cerca de US$ 100 milhões e estávamos a caminho da nossa oferta pública inicial (IPO), mas ainda não éramos uma empresa conhecida. O motivo era que a Twilio não vende produtos aos consumidores. Vendemos um serviço aos desenvolvedores de software que permite que os aplicativos se comuniquem com os usuários por voz, SMS, e-mail, entre outros. Temos clientes incríveis, como a Uber, WhatsApp, Lyft, Zendesk, OpenTable, Nordstrom e Nike. Mas nosso software se esconde nos bastidores, dentro de sites e apps. Você certamente já usou a Twilio sem saber, se for um cliente de alguma dessas empresas ou de milhares de outras como elas.

Então, tendo comprometido meio milhão de dólares para reservar o outdoor por um ano (é isso mesmo, na região de São Francisco até os outdoors são superfaturados!), precisávamos bolar uma boa mensagem. E tínhamos um prazo: o dia em que eles subiriam a escada para colar nosso anúncio. Contratamos uma agência de publicidade. Eles colocaram sua melhor equipe criativa para trabalhar no projeto e tiveram muitas ideias. Entrevistaram dezenas de clientes — desenvolvedores de software que usavam nossa plataforma para incluir recursos de comunicação a seus apps. Entrevistaram muitos de nossos funcionários — twilions, como os chamamos — para saber o que a Twilio tem de tão especial. E, depois de vários meses de trabalho e deliberação, tivemos a grande reunião de "revelação". Você já viu esta cena em *Mad Men*: a agência de publicidade apresenta ao cliente (nós) todas as ideias brilhantes que eles bolaram. A apresentação incluiu esboços e explicações empolgadas de algumas das melhores mentes criativas do país. Foi de impressionar. Mas tudo o que eles sugeriram era meio sem graça. Não nos apaixonamos por nada. A discussão se arrastou.

Até que nos vimos a menos de uma semana do prazo final — com a empresa de outdoors nos cobrando a arte — e ainda não tínhamos pensado em uma maneira concisa e sucinta de explicar o que Twilio faz. A sexta-feira já estava acabando e nada. E não tínhamos como sair do escritório e começar o fim de semana sem entregar a arte. Eu estava com nossos diretores de marketing, de criação e de operações tentando escolher com qual mensagem medíocre seguiríamos em frente... quando lancei uma ideia maluca. "E se a gente só disser 'Pergunte ao desenvolvedor'?", eu sugeri. "Como aquelas propagandas na TV que dizem algo como: 'Pergunte ao seu médico se este é remédio é bom para você'. Estaríamos dizendo: 'Pergunte ao desenvolvedor se a Twilio é boa para você'".

Eu disse meio que de brincadeira. Mas, quanto mais pensávamos nesse slogan, mais ele fazia sentido. Eram os desenvolvedores que faziam a propaganda boca a boca sobre nós e nosso produto. Não fazíamos muito marketing e só tínhamos um punhado de representantes de vendas. A maioria dos nossos funcionários na época eram engenheiros de software. Se alguém tivesse interesse em saber o que a Twilio fazia, a melhor maneira seria perguntar a um desenvolvedor.

Fizemos um outdoor com o fundo todo vermelho e três palavras escritas em letras maiúsculas brancas e garrafais: PERGUNTE AO DESENVOLVEDOR. Embaixo colocamos nosso logo e o nome da empresa. Só isso.

O outdoor se tornou uma sensação — pelo menos em comparação com outros. "Como a Twilio superou Hemingway" foi o título de um ensaio publicado no Medium por Andy Raskin, um consultor de marketing famoso na indústria de tecnologia. Ele se referia a uma história conhecida (embora talvez fictícia) segundo a qual Ernest Hemingway apostou dez dólares com alguém que conseguiria escrever um romance inteiro com apenas seis palavras e ganhou a aposta com o seguinte: "Vendem-se: sapatos de bebê. Nunca usados". Raskin disse que tínhamos feito algo parecido com nosso outdoor de três palavras, produzindo "um exemplo brilhante de como até as mensagens mais enxutas podem transmitir uma história empolgante e tocante". Não sei se o grande Hemingway abriria mão do título, mas posso dizer que, quando o seu outdoor é comparado com um dos maiores romancistas de todos os tempos, é melhor aceitar o elogio sem questionar.

A eloquência da mensagem está no fato de que não tentamos explicar o que fazemos. O que fizemos foi gerar um *buzz*. Chamamos a atenção das pessoas. Instigamos sua curiosidade. Depois, ao pesquisar sobre nós, elas entendiam a mensagem.

Além disso, a mensagem atuava em dois níveis diferentes.

No primeiro, estávamos simplesmente dizendo que, mesmo se você não souber o que a Twilio faz, "o desenvolvedor" sem dúvida sabe. Do nosso jeito singular e autodepreciativo, estávamos admitindo que não éramos uma marca famosa. Não muito tempo depois disso, a Twilio abriu o capital e foi avaliada em US$ 2 bilhões, que logo dobraram para US$ 4 bilhões. A revista *Forbes* nos colocou na capa, chamando a Twilio de "o investimento mais atraente do mundo no mercado de ações" e declarando que "a misteriosa Twilio é a potência invisível por trás dos principais aplicativos".

Em meados de 2020, tínhamos 190 mil clientes e 8 milhões de desenvolvedores com contas na nossa plataforma. Em 2019, ultrapassamos a marca de um bilhão de dólares em receita. Estamos integrados a milhares de aplicativos e sites. Sabe quando você manda uma mensagem ao motorista do Uber usando o app? Quem faz a ponte entre vocês é a Twilio. Sabe quando a Netflix lhe envia um SMS com um código de seis dígitos antes de permitir seu login? A Twilio também está lá. Sabe quando você pede o jantar no iFood? A notificação de que a comida chegou é mandada pela Twilio. Acho que já deu para entender. Você provavelmente usa a Twilio todos os dias sem perceber.

Nossa abordagem tem sido conquistar o coração e a mente dos desenvolvedores que trabalham em empresas de todo tipo oferecendo componentes de comunicação poderosos e fáceis de aprender que eles podem incorporar com rapidez e confiança aos aplicativos que estão construindo. O segredo do nosso sucesso tem sido empoderar um tipo de profissional que poucos fornecedores tratam como clientes: os desenvolvedores de software. É por isso que tantos desenvolvedores conhecem a Twilio, enquanto pessoas de outras áreas das empresas não têm ideia do que fazemos. Daí a mensagem "Pergunte ao desenvolvedor".

Mas nosso outdoor também atuou em um segundo nível. Foi uma mensagem aos executivos de que os desenvolvedores também podem ser parceiros importantes na construção de empresas. Em muitas delas, os desenvolvedores trabalham isolados dos problemas de negócios que eles resolvem e dos clientes que atendem. Pode ser por escolha própria ou porque a organização adotou determinados processos de engenharia e gestão para deixar os desenvolvedores em uma ilha. De qualquer maneira, muitas vezes os desenvolvedores se limitam a escrever códigos de acordo com especificações definidas por algum executivo. O processo frio e alheio do desenvolvimento de software em algumas empresas é uma tragédia tanto para os negócios quanto para os desenvolvedores. Vejo isso como um fracasso da empresa de mobilizar todo o potencial desses incríveis talentos.

Por outro lado, em algumas das melhores empresas de tecnologia, os desenvolvedores geralmente têm um papel muito maior não só no código que escrevem, mas também no produto e na estratégia de negócios. Eles tratam seus produtos mais como uma arte do que como

Prólogo   19

um emprego e, com isso, encantam os clientes oferecendo experiências digitais espetaculares — como a Apple, Google, Spotify e Uber. As empresas que seguem essa abordagem atraem e retêm os melhores talentos, estão sempre impressionando os clientes com inovações e geram retornos extraordinários para os acionistas. A abordagem do Pergunte ao Desenvolvedor que apresento neste livro é um guia para mobilizar seus talentos técnicos, como os titãs da tecnologia fizeram.

E nunca foi tão importante fazer isso.

Em conversas com executivos de uma ampla variedade de empresas, sempre ouço a mesma coisa: todas estão correndo para criar um ambiente capaz de gerar produtos e experiências digitais como essas. Hoje em dia, a capacidade de construir software passou a ser uma questão de sobrevivência para companhias de praticamente todos os setores. A transformação digital atingiu quase todas elas à medida que a ameaça de disrupção digital pôs em xeque nada menos que a maneira como elas operam. E, aprendendo com muitas das startups que já nasceram digitais, muitas empresas estão se dando conta de que precisam construir, não comprar, seu futuro digital. Assim, empoderar os talentos técnicos é indispensável para empresas de todos os formatos e tamanhos poderem competir na era digital. A abordagem do Pergunte ao Desenvolvedor não é só uma maneira de fazer os desenvolvedores se sentirem valorizados, mas é toda uma nova forma de operar para ter sucesso na economia digital.

Quando Marc Andreessen, o fundador da Netscape, escreveu seu artigo "Por que o software está devorando o mundo" em 2011, ele cunhou a frase de efeito que traduz a atual migração de todos os negócios para o software. Mas ele não disse exatamente como isso funcionaria. Na verdade, você pode até achar que bastaria comprar um software pronto para promover essa transformação. Ou que o software simplesmente devoraria o mundo por conta própria em algum tipo de distopia ao estilo do *Exterminador do Futuro*. Ninguém escreveu o manual de instruções para essa transformação.

Mas, na verdade, para atingir o sucesso na transformação digital as empresas não podem se limitar a *usar* um software; elas precisam *construir* o próprio software. Startups como a Uber, Lyft, Airbnb e Spotify são tão populares porque se destacam no desenvolvimento de software. Elas sabem como escrever softwares capazes de mudar a maneira como vivemos no dia a dia.

Agora, empresas mais tradicionais e dominantes de diferentes setores estão aprendendo a fazer o mesmo. Quase todos os setores estão construindo software para se reinventar. Iniciativas de transformação digital estão recebendo a prioridade máxima em organizações de todo tipo. Mas as que se destacarem na construção de software são as que terão sucesso na transformação digital e espantarão as ameaças dos disruptores digitais. Construir software é incrivelmente difícil e criar uma cultura de inovação digital é ainda mais.

Como trabalhamos com clientes de todos os formatos e tamanhos que atuam em praticamente todos os setores, nossos clientes também nos procuram em busca de orientação para construir e operar uma organização de desenvolvimento de software moderna como os disruptores digitais fizeram com tanto sucesso. Muitas dessas empresas estão presas em uma luta darwiniana, repelindo ataques de novos concorrentes disruptivos. Não importa qual seja seu setor de atuação — varejo, transporte aéreo de passageiros, bancário —, aprender a construir um excelente software passou a ser indispensável para sua sobrevivência. Mas não é tarefa fácil.

Penso que o problema é que costuma haver uma falsa divisão entre executivos e desenvolvedores de software. Em muitas empresas, há um verdadeiro abismo entre a mentalidade dos executivos e o que eles querem realizar e o que os desenvolvedores de software dessas mesmas empresas acham que devem fazer. Sempre me impressiona ver que os executivos e os desenvolvedores de software normalmente querem as mesmas coisas: criar produtos incríveis que encantem os clientes, sejam populares e gerem muito dinheiro. No entanto, executivos e desenvolvedores geralmente falam línguas diferentes e têm estilos de trabalho diferentes — e essas diferenças podem impedir os executivos e os desenvolvedores de colaborar para alcançar seus objetivos em comum.

A abordagem do Pergunte ao Desenvolvedor é mais do que um conjunto de habilidades — é uma mentalidade. Na última década, conheci inúmeras pessoas, de todas as áreas — de finanças ao atendimento ao cliente, do marketing às operações, das vendas ao desenvolvimento de produtos —, que adotaram essa mentalidade e estão construindo o futuro de suas respectivas empresas ao promover a transformação digital. Todas essas pessoas são construtoras e criadoras. É errado pensar que a disrupção digital só depende dos desenvolvedores. Não é o caso. É verdade que as empresas precisam de desenvolvedores para construir software. Mas o segredo está na colaboração entre todas as áreas da companhia e os desenvolvedores de software que efetivamente escrevem o código. Não dá para fazer nada sozinho, trancado em uma sala.

Sou um desenvolvedor de software e escrevo código há quase 25 anos, mas hoje também sou o CEO de uma empresa de capital aberto com vários milhares de funcionários e, em meados de 2020, um valor de mercado de US$ 25 bilhões, mais de US$ 1 bilhão em receita e quase 200 mil clientes. Ainda escrevo código, mas hoje em dia passo a maior parte do meu tempo fazendo o que o CEO de uma empresa de capital aberto faz. Isso me coloca em uma posição especial para ajudar a fazer a ponte entre essas duas perspectivas e estilos de trabalho e a criar um relacionamento mais harmonioso entre executivos e desenvolvedores de software. Este é o propósito deste livro: a abordagem do Pergunte ao Desenvolvedor foi criada para ajudar os executivos a entender e colaborar melhor com os talentos técnicos para atingir seus objetivos em comum.

Se você é um líder corporativo e sente que está fazendo de tudo para promover a transformação digital na sua empresa, mas a mudança não está acontecendo com a rapidez necessária, este livro pode ajudá-lo a recrutar e mobilizar os talentos dos quais você precisa para acelerar a mudança.

Se você está frustrado com o tempo que suas equipes de software estão levando para entregar produtos, a abordagem do Pergunte ao Desenvolvedor pode ajudá-lo a liberar o potencial de suas equipes, que, pode acreditar, também querem avançar mais rápido.

Se parece que suas equipes técnicas estão dando um duro danado no trabalho, mas deixando de lado importantes necessidades dos clientes, este livro pode ajudá-lo a chegar à raiz dos problemas organizacionais que impedem as pessoas de entender melhor o cliente.

Se os concorrentes estão conseguindo entregar maravilhas digitais com mais rapidez, é bem possível que eles tenham descoberto como liberar o potencial dos desenvolvedores. Mas não se preocupe, com a abordagem do Pergunte ao Desenvolvedor, você também vai conseguir.

Se você já sabe que precisa criar o próprio software e ajudar a conduzir sua empresa pela transformação digital, mas não sabe ao certo por onde começar, este livro é um bom ponto de partida, porque as pessoas estão no centro de todas as grandes transformações.

Se você está achando difícil contratar excelentes talentos técnicos ou, pior ainda, você os contrata mas eles saem da empresa antes de agregar valor, este livro pode ajudá-lo a criar as condições certas para atrair e reter excelentes desenvolvedores, mobilizando sua motivação natural de criar e construir.

Se você simplesmente não sabe quais perguntas fazer neste cenário digital em rápida evolução (e pode ficar tranquilo que você não é o único), este livro é um excelente ponto de partida para entender o que está acontecendo no olho deste furacão que é a disrupção digital.

Se você é um líder técnico tentando colaborar com seus colegas de outras áreas para entender as complexidades de criar um excelente software, este livro pode auxiliá-los a estreitar a colaboração e fazer a ponte com um vocabulário e uma base em comum que vocês poderão usar para essas conversas.

Mesmo se a sua empresa já estiver bem à frente no caminho da transformação digital, fazendo e acontecendo, este livro pode abrir sua cabeça sobre tudo o que suas equipes de software são capazes de fazer.

Acho que já deu para entender. Acredito que os líderes de negócios, os líderes técnicos e os talentos técnicos em todos os estágios da transformação digital podem se beneficiar de uma colaboração mais estreita e de uma série de princípios operacionais compartilhados. E o objetivo deste livro é dar essa base para vocês criarem e construírem. Pense neste livro como um guia para ajudar líderes de negócios, gerentes de produto, líderes técnicos, desenvolvedores de software e executivos a atingir o objetivo que todos têm em comum: vencer na economia digital.

As melhores empresas, que criam softwares capazes de transformar todo um setor, parecem se destacar em três coisas. Para começar, elas sabem por que os desenvolvedores de software nunca foram mais importantes do que hoje. Em segundo lugar, elas entendem os desenvolvedores e sabem como motivá-los. E, por fim, elas investem no sucesso de seus desenvolvedores. Foi por isso que dividi o livro em três seções, começando com os fatores pelos quais os desenvolvedores são mais relevantes do que nunca.

Preparado? Então vamos lá!

PARTE I
Por que os desenvolvedores nunca foram tão importantes

CAPÍTULO 1

Construir ou morrer

As espécies que sobrevivem não são as mais fortes nem as mais inteligentes, mas aquelas que se adaptam melhor às mudanças.
— CHARLES DARWIN, *A ORIGEM DAS ESPÉCIES*

Em setembro de 2004, entrei na Amazon como gerente de produto e, na primeira reunião geral da qual participei, nosso fundador e CEO, Jeff Bezos, disse algo que trago comigo desde então.

Na sessão de perguntas e respostas, alguém se levantou no meio de uma plateia de cinco mil pessoas e fez uma pergunta sobre o setor do varejo. Nem lembro direito qual foi a questão, mas Jeff retrucou com uma resposta inesperada.

"A Amazon", ele disse, "não é uma varejista. Somos uma empresa de software". Aquilo me causou estranheza, especialmente considerando que na época muitos funcionários da Amazon vieram do Walmart, uma varejista com lojas físicas, ou da Microsoft, uma empresa 100% voltada ao software. Os dois grupos de funcionários ficaram igualmente surpresos. Contudo, Jeff insistiu que era verdade. Na época, a maioria das empresas de software vendia softwares compactados em CD-ROMs, embalados em caixas e até comprados em lojas físicas especializadas em informática.

O que Jeff quis dizer foi que a Amazon era uma empresa de software tanto quanto a Microsoft, a Oracle ou a Adobe. Só que, em vez de nosso software ser o produto que enviamos aos consumidores, ele atuava nos bastidores, permitindo-nos enviar caixas de papelão contendo livros, CDs de música, DVDs de filmes e praticamente qualquer outra coisa até a casa do cliente.

"Nosso negócio não é o conteúdo das caixas de papelão", ele explicou. "É o software que envia as caixas de papelão ao cliente." Não monetizávamos nosso software vendendo-o diretamente, mas vendendo todo o resto — livros, DVDs e CDs. Além disso, nosso sucesso dependia da qualidade do nosso software: "Nossa capacidade de vencer", Jeff declarou, "se baseia na nossa capacidade de organizar partículas magnéticas em discos rígidos melhor do que nossos concorrentes".

Ainda acho que foi um jeito espetacular de descrever o que fazíamos. Se você já se perguntou como a Amazon se tornou uma potência global nos anos que se seguiram àquela reunião geral de 2004, a resposta está no que Jeff disse naquele dia. O segredo do sucesso da Amazon é que Jeff Bezos percebeu muito antes dos concorrentes que na verdade ele estava no negócio de software.

No início dos anos 2000, parecia que os varejistas seriam ameaçados pela disrupção provocada pelo e-commerce. Só que já ficou claro que a ameaça não é só aos varejistas. É por isso que todos os setores estão se transformando rapidamente no setor de software. Estamos testemunhando uma verdadeira evolução darwiniana, que chamo de "Construir ou Morrer".

É provável que o seu setor e a sua empresa estejam mudando rapidamente em função das ameaças, e oportunidades, resultantes de tudo o que o software pode fazer. Quando alguém menciona a Amazon no contexto do seu setor, você sente uma tensão no ar? Isso acontece porque, em muitas empresas, só se fala sobre a transformação digital, mas nem todo mundo sabe como navegar por essa mudança. Se você é como muitos líderes responsáveis por conduzir essa transição, sei que está sendo bombardeado por fornecedores de software ou consultores prometendo resolver o problema para você. Cada um vem com uma promessa mais sedutora, mas você acha difícil acreditar que um cheque polpudo vai resolver tudo. E você está certo.

Não basta comprar uma estratégia de disrupção digital de uma empresa de software ou consultoria. As melhores empresas aprendem a *construir* elas mesmas. Vejamos por quê.

Do centro de custo à central estratégica

A maioria das empresas passou muito tempo vendo o TI como uma função de apoio — programas e servidores rodando nos PCs do escritório. Você tinha um grande software para gerenciar as finanças e um sistema de planejamento de recursos empresariais (ERP) ainda maior para controlar o estoque, as remessas e outros tipos de logística complexa. Mas, basicamente, isso tudo era só para contar e controlar alguma coisa, como dinheiro, materiais e produtos. O TI também garantia que os funcionários tivessem computadores para fazer o trabalho e impressoras para (você adivinhou) imprimir coisas. Nas décadas de 1980 e 1990, isso tudo eram centros de custo, o que significa que custavam dinheiro à empresa, sem gerar dinheiro. Assim, fazia sentido para muitas empresas economizar terceirizando essa área, muitas vezes para companhias estrangeiras nas quais a mão de obra era mais barata.

Quando o diretor de TI de uma empresa precisava implantar uma nova solução, era comum ele percorrer o processo decisório do "Construir ou Comprar" para ver se era melhor comprar um software pronto ou construir o próprio. Às vezes, as empresas se decidiam pela segunda opção, mas, diante da complexidade e dos riscos, na maioria das vezes elas optavam pela primeira. Afinal, os fornecedores tinham um bom argumento. Por que uma empresa construiria o próprio software financeiro ou sistema ERP quando poderia simplesmente comprar um pronto? Não havia muita vantagem em construir um. Nenhum cliente se importava com qual sistema ERP a sua empresa usava. E, se você tentasse construir o próprio e não conseguisse, as consequências seriam terríveis. Você não poderia monitorar seu estoque ou não teria como relatar seus indicadores financeiros aos investidores. Como se diz nessa área: nunca ninguém foi demitido por comprar da IBM. Assim, praticamente todas as empresas se limitavam a comprar softwares prontos e seguiam em frente.

Mas eis que veio a internet, seguida do smartphone, e de repente a interface que a maioria das empresas tinha com seus clientes se tornou digital. O software foi dos bastidores à linha de frente. Em vez de limitar-se a automatizar tarefas de apoio, ele passou a ser o rosto da empresa para o mundo. Em vez de ir a uma agência bancária, o cliente passou a usar o app do banco. Em vez de ir a uma loja, o cliente passou a fazer compras on-line.

Essa mudança teve duas implicações importantíssimas para o mundo do software. Para começar, de repente os clientes passaram a se importar com o software que as empresas usavam porque agora estavam interagindo diretamente com ele. Se você tivesse um site ou app melhor do que os concorrentes, o apelo para um cliente escolher sua empresa seria bem maior.

Em segundo lugar, ficou mais fácil para novos concorrentes entrarem no mercado. Agora, para ser um banco ou varejista, não era mais preciso abrir uma agência ou loja em cada esquina. Bastava ter um app e um depósito para guardar as mercadorias em algum lugar.

Essas duas tendências ficaram mais claras no início dos anos 2000. De repente começaram a surgir startups que se destacavam na construção de software e que, sem qualquer infraestrutura legada ou vitrines físicas para se preocupar, começaram a prosperar com muita rapidez. Essas empresas nativas digitais já nasceram focadas em criar experiências excelentes para o cliente e usaram a seu favor sua expertise na construção de software. O novo campo de jogo era digital e elas criaram jogadas espetaculares.

Sem comprar um único táxi, a Uber e a Lyft conseguiram, em menos de cinco anos, usar o software para transformar completamente a maneira como as pessoas transitam pelas cidades. A Airbnb enfrentou a indústria hoteleira global sem ter de comprar um único imóvel.

Um dos meus exemplos favoritos é a Casper, uma empresa de colchões. A Casper fabrica colchões e os distribui diretamente aos consumidores por meio de seu site. Sempre fiquei intrigado para entender como ela podia ser considerada uma empresa de tecnologia, levantando um considerável financiamento de capitalistas de risco no Vale do Silício e obtendo avaliações comparáveis a empresas de tecnologia do mercado financeiro. Você consegue pensar em um setor mais distante da tecnologia do que a fabricação do conjunto de molas, estofado e tecido que você usa para dormir em cima?! Mas a Casper de fato é uma empresa de tecnologia. A tecnologia não está relacionada ao produto em si, mas à maneira como a empresa atrai clientes, distribui o produto e proporciona a experiência aos clientes no decorrer de todo o processo de compra e utilização do produto. Usando a tecnologia, eles conseguem fazer isso em escala com o mínimo de investimento. A empresa usa estratégias de engajamento digital para crescer com uma velocidade incrível. Apenas cinco anos desde sua fundação, eles têm quase US$ 500 milhões em receita com menos de cem funcionários. Por sua vez, a Tempur Sealy, a maior empresa de colchões do mundo, emprega sete mil pessoas para gerar US$ 2,7 bilhões em receita. Pense na vantagem que a tecnologia está dando à Casper — a Tempur Sealy gera cinco vezes mais receita, mas tem setenta vezes mais funcionários. Ainda não se sabe se a Tempur Sealy vai derrotar a Casper no jogo digital, mas a guerra começou.

E o mesmo está acontecendo em todos os setores. Na indústria de aparelhos de barbear, a startup Harry's já chegou incomodando a gigante Gillette. No setor de investimentos, a startup Robinhood está desafiando a Fidelity, T. Rowe Price e outras instituições centenárias de corretagem. A Opendoor está sacudindo o mercado imobiliário, mudando a maneira como imóveis residenciais são comprados e vendidos. Em diversos setores, as empresas nativas digitais estão usando a tecnologia para levar um novo tipo de produto ao mercado, com mais rapidez, preço mais baixo e uma experiência melhor para o cliente do que as empresas consolidadas.

Outra maneira de ver a coisa é: *o software deixou de ser um centro de custo para se tornar um centro de lucro.*

É assim que a competição darwiniana feroz e implacável entra em ação. De repente, o software deixa de ser um risco que é melhor terceirizar. Passa a ser a fonte de vantagem competitiva. As empresas nativas digitais — as startups que sabem construir software — começam a conquistar participação de mercado. Em resposta, uma das empresas dominantes, para se defender das novatas, reverte sua tendência de terceirizar o TI e começa a montar as próprias equipes internas de software para competir. Um a um, cada player do setor (pelo menos os que têm alguma intenção de sobreviver) começa a construir o próprio software. É inevitável. É obrigatório. É por isso que considero esse fenômeno como uma evolução darwiniana que engloba todos os setores. Não é mais uma questão de Construir ou Comprar, e sim uma questão de Construir ou Morrer. É a seleção natural impulsionada pelos clientes, que escolhem as empresas que lhes dão o melhor atendimento nesta era digital.

Voltemos ao exemplo dos colchões. Em resposta à Casper, a Tempur Sealy lançou o "Cocoon by Sealy", que oferece uma experiência on-line completa parecida com a da Casper. É isso aí! O Império Contra-Ataca! Agora pense no seu banco. Ele provavelmente oferece as mesmas coisas que todos os outros. Conta-corrente, conta poupança… é um setor extremamente competitivo. Então o que diferencia um do outro? Costumava ser a experiência na agência. O ambiente da agência era agradável? Ela foi reformada há pouco tempo? Os funcionários estavam bem vestidos e eram simpáticos? Eles lhe ofereceram um cafezinho? Deram uma bala ao seu filho? Mas agora você não entra mais numa agência, você abre um app. Por isso, os bancos precisam desenvolver habilidades diferentes — habilidades de software. E eles não podem simplesmente *comprar* todo esse software de um fornecedor. É bem verdade que não faltam empresas que prometem vender o software do qual os bancos precisam para realizar uma transformação digital. Mas, se todos os bancos comprassem o mesmo software bancário, qual seria o diferencial? Pensando assim, no fim das contas, eles precisam ficar atentos às necessidades dos clientes e satisfazê-las com o software, aprendendo e fazendo iterações com muita velocidade.

As empresas que se adaptarem ao novo cenário digital atenderão melhor aos clientes e sobreviverão. As que não o fizerem morrerão. Pode não ser da noite para o dia, mas é inevitável. É simples assim. Não importa o setor em que você atua. Bancos. Companhias aéreas. Montadoras de automóveis. Seguradoras. Imobiliárias. Varejistas. Hospitais. É claro que você também precisa entregar um excelente produto ou serviço a um preço competitivo. Mas, em todos os mercados, a empresa com o melhor software acabará vencendo. Como Jeff Immelt, ex-CEO da GE e membro de nosso conselho de administração na Twilio, disse certa vez à sua equipe executiva da GE: "Se não nos tornarmos a melhor empresa de tecnologia do mundo, estamos condenados. Estamos mortos. Não existe um plano B".

"É uma luta pela sobrevivência", diz Werner Vogels, o lendário diretor de tecnologia da Amazon e um dos principais arquitetos da Amazon Web Services, a maior plataforma de computação em nuvem do mundo, com dezenas de data centers interligando o planeta todo. Vogels é um cara enorme, com quase dois metros de altura e o corpanzil de um jogador de futebol americano. Ele é doutor em ciência da computação e passou mais de uma década seguindo a carreira acadêmica antes de entrar na Amazon.

Hoje, grande parte de seu trabalho envolve viajar pelo mundo ajudando empresas tradicionais a se adaptar e sobreviver. Ele também estrela uma série de vídeos chamada *Agora, crie*, que a Amazon lançou para celebrar as empresas que estão desenvolvendo o próprio software. Ajudar os clientes também é bom a Amazon. "Toda a nossa nuvem seria inútil se as pessoas não soubessem usá-la. Temos que auxiliar essas empresas a realizar a mudança organizacional, bem como cultural, e depois mostrar como adotar a tecnologia", diz Vogels. A maioria das companhias adotou a computação em nuvem, mas não está conseguindo se tornar uma organização centrada no software. "É a pergunta que mais me fazem", diz Vogels. "Os clientes nos questionam: 'Como podemos fazer isso?' Eles estão realmente tentando aprender com empresas como a Amazon."

Um grande obstáculo é montar uma equipe. Multinacionais gigantescas que passaram os anos 2000 terceirizando a maior parte de suas operações de tecnologia agora estão descontinuando esses contratos e voltando a desenvolver o software internamente. "As maiores empresas sabem que não sobreviverão sem o digital e sabem que precisam assumir o controle em vez de recorrer a terceiros. Mas também é seu maior desafio", Vogels explica.

Outro desafio é a velocidade. As empresas nativas digitais são capazes de transformar uma grande ideia em código pronto para a produção em questão de semanas — ou até dias. Elas lançam novas iterações todos os dias. As empresas tradicionais precisam pisar no acelerador se quiserem acompanhá-las. "Ninguém mais pode se dar ao luxo de passar seis ou doze meses em desenvolvimento antes do lançamento", diz Vogels.

Não acredita em mim? Pergunte à Blockbuster. Pergunte à Borders. Pergunte à Nokia. Pergunte à Yellow Taxi. Elas foram vítimas da revolução digital porque demoraram a se adaptar — e acabaram sendo os pássaros dodô do darwinismo digital.

Como o pessoal de software pensa

Para verdadeiramente prosperar na era digital — seja causando a disrupção, seja repelindo os ataques dos disruptores —, você precisa pensar como uma "pessoa de software". Uma pessoa de software não é necessariamente um desenvolvedor — é qualquer uma que, diante de um problema, se pergunta: "Como um software poderia resolver este problema?". Isso porque, para ser uma pessoa de software, você só precisa ter uma mentalidade, não um conjunto de habilidades.

As pessoas de software veem o mundo através das lentes do software. Elas são infinitamente otimistas porque acreditam que qualquer problema de negócios pode ser resolvido com o software. Levar cada vez mais problemas do mundo para a esfera do software é exatamente o que os tecnólogos fizeram nos últimos setenta anos.

Pare um pouco para pensar no que um computador é: uma máquina que faz cálculos matemáticos, equipada com uma série de sensores (entradas) e atuadores (saídas). Esses sensores e atuadores são a única maneira de sabermos o que está acontecendo dentro da máquina e você pode ver a história dos computadores como a progressão contínua de sensores e atuadores cada vez mais sofisticados que nos permitem "computar" cada vez mais do mundo. As duas primeiras décadas da computação — os anos 1950 e 1960 — se concentraram nos cálculos matemáticos e usávamos cartões perfurados para alimentar as máquinas com o que devia ser calculado e retirar o produto do cálculo — ou, em outras palavras, para podermos aplicar o software aos cálculos matemáticos. Usávamos computadores para calcular as trajetórias dos mísseis e a dívida nacional, mas não muito mais do que isso. Em 1960, o número de computadores existentes no mundo não passava de alguns milhares. Mas fomos melhorando os sensores e atuadores, permitindo que esses equipamentos "lessem" e produzissem texto — para aplicar o software a problemas textuais —, e as duas décadas seguintes se concentraram na computação em texto, não só em números. Com teclados e impressoras, os anos 1970 e 1980 focaram o processamento de texto, editoração eletrônica e planilhas, e cada mesa de cada escritório tinha um PC. Continuamos melhorando esses sensores e atuadores, e os computadores passaram a ser capazes de digitalizar áudio e vídeo. Eles receberam sofisticadas placas de vídeo e som, e os anos 1990 e 2000 e se voltaram à multimídia — trazendo-nos o MP3, os games para PC e o *Jurassic Park*. Hoje, com smartphones nos bolsos, levamos conosco uma variedade de sensores e atuadores constantemente conectados à internet, direcionando o resto do mundo para a esfera do software. Assim, nos anos 2010 e 2020, levamos a computação a praticamente tudo. E foi isso que fez com que a última década fosse tão empolgante (e garanto que a próxima também será!). A categoria de problemas aos quais a mentalidade do software pode ser aplicada está crescendo exponencialmente.

Não é só o software em si, mas a agilidade inerente a ele, que motiva as pessoas de software. A abordagem começa ouvindo os clientes, criando rapidamente soluções iniciais para os problemas, pedindo feedback e iterando e melhorando constantemente. Com o avanço da computação, é possível aplicar esse processo de software a um número cada vez maior de problemas do mundo. Eu adoro quando isso acontece em campos tradicionalmente centrados no hardware porque, ao ver uma pessoa de software aplicando essa abordagem ao contexto de hardware, você pode testemunhar a evolução se desenrolando no mundo físico, em plástico, metal e vidro.

Veja o exemplo do que a Apple fez com o controle remoto da TV. Antes de a Apple lançar a Apple TV, os decodificadores vinham com um controle remoto que tinha uns cem botões. Algumas empresas chegavam a anunciar o número de botões como se fosse uma vantagem! Ao lado de cada botão havia um rótulo: Volume +/−, Canal +/−, Favoritos, Função PIP, Fonte, Menu e por aí vai. O primeiro controle remoto da Apple TV só tinha sete botões. Isso porque toda a "inteligência" da Apple TV está no software que roda no dispositivo. Por isso, a Apple pode aprender com os clientes e atualizar constantemente o software para novos recursos e funcionalidades. Os desenvolvedores não têm como fazer iterações em coisas que são fixas em plástico e metal — uma vez que a parafernália sai da fábrica, sua funcionalidade será a mesma para sempre. Assim, a decisão de eliminar os botões não é só estética, mas também incrivelmente estratégica. Quando vi o controle remoto minimalista da Apple TV pela primeira vez, pensei: "Ah, agora, sim, entramos no jogo do software".

Essa é a mesma mentalidade que Steve Jobs levou para o iPhone em 2007. Ele tirou sarro de todos os celulares com teclados físicos porque, como observou corretamente, o teclado ficava sempre lá, mesmo quando você não precisava dele. Você não tinha como atualizá-lo, não tinha como mudar de idioma e não tinha como se livrar dele quando não precisasse usá-lo. Um espaço valioso do dispositivo ficava constante e definitivamente tomado por um punhado de teclas na disposição e no idioma de fabricação. O teclado do iPhone é um software. Ele desaparece quando você não precisa dele, ou seja, na maior parte do tempo. Ele pode mudar para um teclado de emojis quando você quiser ou para outro idioma se você falar mais de uma língua, o que significa que a Apple pode vender um celular em qualquer lugar do mundo. O idioma do aparelho é só um software, não algo que precisa ser definido de fábrica.

Vejamos outro exemplo: o leitor de cartão de crédito da Square. As máquinas de cartão de crédito tradicionais são grandes tijolos de plástico, com uma tela que parece ter sido tirada de uma calculadora científica da década de 1990 e um monte de botões. Quando surge um novo método de pagamento, ou telas de mais de cem pixels ficam disponíveis, você tem de jogar o dispositivo inteiro fora. Tudo o que o leitor de cartão de crédito pode fazer é definido na fábrica e eternizado em plástico e silício. Já o leitor da Square oferece apenas a interface mínima necessária para fazer a ponte entre o mundo físico (um leitor de tarja magnética) e o mundo do software. Todo o resto pode ser feito com o software — que a Square consegue atualizar toda semana. O software fica mais inteligente a cada atualização, ganhando novas funcionalidades e corrigindo bugs. A Square é capaz de iterar e aprender na velocidade do software, porque seus desenvolvedores empurraram absolutamente tudo para dentro dele, deixando apenas os menores pedaços de plástico necessários para fazer o trabalho. Com os pagamentos por aproximação, mais pedaços físicos estão começando a desaparecer. Quanto menos hardware você tem para lidar, mais as pessoas de software são capazes de fazer.

Outro exemplo é a Tesla. Um carro comum tem dezenas de botões no painel. A maioria dos carros da Tesla, por sua vez, só tem quatro botões e duas rodas de rolagem no volante. Todo o resto é feito de software rodando naquela tela gigante. Os botões de um Tesla nem chegam a ter rótulos. Isso é feito para que tudo possa ser tratado como software e atualizado constantemente à medida que a Tesla recebe o feedback dos clientes. Assim, a Tesla pode criar coisas divertidas como o sistema de infoentretenimento, ao qual eles foram incluindo funcionalidades como o Caraoke (é isso mesmo, um sistema de karaoke no painel do carro) e o YouTube, mas também importantes avanços de segurança.

Em outubro de 2013, o proprietário de um Tesla passou sobre alguns detritos na rodovia que perfuraram a bateria do carro, dando início a um incêndio. O Modelo S alertou o motorista sobre o problema e ele conseguiu parar e sair do carro em segurança antes de o veículo ser envolvido pelas chamas. Mesmo assim, foi um desastre de relações públicas. Para reforçar a segurança do carro, a Tesla decidiu fazê-lo rodar dois centímetros e meio mais alto em velocidades de rodovia. Para a maioria das montadoras, essa decisão exigiria um *recall* — custando dezenas ou centenas de milhões de dólares e criando um enorme transtorno para os clientes. Mas a empresa só precisou lançar uma atualização pela internet, programando a suspensão para elevar o carro em velocidades de rodovia — problema resolvido. Essa é a mentalidade do software em ação.

Eu adoro ver como a mentalidade do software fica evidente em empresas de hardware como essas — você percebe claramente como elas removem cada pedaço de vidro e plástico imaginável, para deixar só a interface física absolutamente necessária. Ainda que você não trabalhe com hardware, as lições são as mesmas. Qual parcela do seu setor é digitalizada e qual parcela é analógica? O que aconteceria se você pudesse fazer iterações de seus fluxos de trabalho e experiências mais importantes do cliente toda semana? Essa é a mentalidade do software na prática, começando pela digitalização de sua realidade física e aplicando a mentalidade do software para resolver problemas.

Empresas de todos os tipos podem se tornar uma organização de software — tudo o que você precisa fazer é internalizar o valor da rápida iteração. Você não precisa ser o Elon Musk nem o Jack Dorsey; basta acreditar no poder da iteração e Darwin estará ao seu lado. Mas é claro que, para iterar, primeiro você precisa construir. Não dá para iterar algo que você comprou pronto em uma loja.

É por isso que é Construir ou Morrer.

Por que não faz mais sentido comprar software

O problema é que, por definição, um software genérico, tipo "tamanho único", não se ajusta muito bem a ninguém. E, se todas as empresas comprarem o mesmo software, nenhuma vai ter como se diferenciar. Serão todas iguais aos concorrentes, pelo menos quando vistas através das lentes do digital — que cada vez mais são as únicas que importam.

Um dos nossos clientes traduziu essa ideia muito bem: comprando software pronto, você precisa adaptar sua empresa ao software, o que é uma loucura! Na verdade, é o contrário: você precisa mudar o *software* a fim de construir a empresa necessária para atender as demandas dos seus clientes.

Você até pode customizar aplicativos prontos para o uso, mas o ajuste nunca será perfeito. Pior ainda, você precisará esperar que o fabricante do software entregue as atualizações. E, mesmo quando uma nova versão é lançada, parece que leva uma eternidade para implementá-la em sua organização. Quanto a recursos especiais — as customizações que não vêm incluídas no menu —, bem, você pode abrir uma solicitação à equipe de produto, rezar e esperar sentado.

O problema se agrava quando uma organização usa vários programas de diferentes fabricantes de software. Você até pode tentar emendar os programas, mas eles nunca funcionarão juntos à perfeição. E, se você mudar um, pode prejudicar o funcionamento dos outros. Quando algo dá errado, os fabricantes de software começam a apontar o dedo uns para os outros.

O pior é que tudo demora muito. O processo de compra em si já leva uma eternidade, começando com um "pedido de orçamento". Você passará meses analisando propostas e ouvindo apresentações de vendas de fornecedores de software que esperam fechar o contrato com a sua empresa. Você vai fazer testes para comparar os produtos. Vai participar de reuniões. Vai pedir opiniões. Vai ver algumas apresentações. Vai receber contrapropostas: "Se vocês comprarem nosso software de RH, lhe daremos um bom desconto no nosso pacote de CRM". Você vai passar meses negociando os contratos, até que a empresa vencedora enviará um batalhão de consultores que passarão meses, às vezes até anos, implantando o software. Quando tudo estiver instalado e funcionando, você vai ter um software que atenderá as suas necessidades... de dois anos atrás! Incrível!

Você até conseguia se safar quando todos os seus concorrentes compravam software assim. Mas agora os concorrentes estão fazendo atualizações semanais, talvez até diárias. Um software de tamanho único, desajeitado, esfarrapado, remendado e mal-ajambrado nunca vai chegar à altura do software deles. É como uma corrida entre um trator e um carro da Tesla.

Sua empresa não precisa estar no Vale do Silício para ver a batalha do Construir ou Morrer se desenrolar. Na verdade, basta dar uma olhada na Holanda.

Construir ou morrer no setor bancário

Gosto muito dessa história sobre uma batalha darwiniana pela sobrevivência envolvendo dois bancos da Holanda. Um deles é o ING, uma organização tradicional que está transformando radicalmente todos os aspectos de seu negócio com uma mentalidade de software. O outro é a Bunq, uma *fintech* sediada em Amsterdã que não tem agências físicas — é basicamente um banco feito só de software, armazenado na nuvem e acessado por meio de celulares.

O fundador e CEO da Bunq, Ali Niknam, escreve software desde a infância. Ele nem chega a pensar na Bunq como um banco, mas como uma empresa de software. Como a Bunq cria o próprio software, em vez de comprar aplicativos bancários prontos para o uso, eles produzem ciclos de feedback incrivelmente rápidos entre os desenvolvedores e os clientes. Os desenvolvedores vivem pedindo o feedback dos clientes para saber quais funcionalidades eles gostariam de ter ou quais eles não estão curtindo muito. E disparam novas funcionalidades quase da noite para o dia. Os usuários ficam deslumbrados — e permanecem fiéis.

Ali nasceu no Canadá e seus pais são iranianos. Eles se mudaram para a Holanda quando ele tinha 7 anos. Aos 9, ele começou a programar. Aos 12, ele passou a investir em ações e aos 16 abriu uma empresa. Em 2003, aos 21 anos, ele fundou a TransIP, que se tornou nada menos que o terceiro maior provedor de domínio e hospedagem do mundo. (Pense na versão holandesa do GoDaddy ou HostGator.) Quatro anos depois, Ali abriu o Datacenter Group, a maior operadora de data center da Holanda. Até que, em 2012, aos 30 anos, ele teve uma epifania: "Percebi que adoro criar produtos que as pessoas gostam de usar e que queria fazer algo para um bem maior, algo que tivesse um impacto social".

Ele analisou várias ideias e se deu conta de que, quando se tratava de tecnologia e inovação, "o setor bancário ainda estava na Idade das

Trevas". Ele constatou que o setor inteiro deveria passar por uma reforma completa. A maioria dos bancos ainda operava com enormes computadores antigos da década de 1970. Seus sites e apps eram terríveis. Todos ofereciam as mesmas coisas pelo mesmo preço. Ninguém estava inovando. Os clientes não tinham para onde fugir. "A liberdade de escolha no setor financeiro era praticamente inexistente. As pessoas encontravam mais opções de ketchup no supermercado do que de bancos para administrar algo tão importante quanto seu dinheiro. O segmento estava clamando por mudanças", ele diz.

Em vez de tentar fazer uma versão um pouco melhor do que os bancos estavam fazendo, Ali diz: "Eu me perguntei: 'Se você pudesse criar do zero um jeito de comprar, poupar e transferir dinheiro para um amigo, como seria?'".

A interface do usuário da Bunq mais parece uma moderna rede social — simples, minimalista e personalizada, com listras verticais nas cores do arco-íris com a palavra *bunq* em letras minúsculas e o slogan simples da empresa: BANK OF THE FREE (algo como "o banco dos livres"). O aplicativo não é muito diferente do Uber, Waze, Spotify e outros que você tem no seu celular. Pode não parecer grande coisa, mas basta comparar a interface do usuário da Bunq com a da maioria dos bancos para ver a diferença.

Em apenas alguns minutos você abre uma nova conta na Bunq. Como em um aplicativo social, você cria um perfil com sua foto, nome e apelido. É fácil configurar contas e subcontas compartilhadas. Um casal pode ter uma conta compartilhada para as despesas da casa, mas outras pessoais para seus hobbies individuais. Os clientes podem criar várias subcontas — uma para compras de supermercado, uma para o time de futebol, outra para poupar para a escola dos filhos. Para passar de uma conta à outra, basta digitar uma senha numérica diferente.

A Bunq oferece funcionalidades interessantes para viagens. Se você for viajar com amigos, pode configurar um grupo para controlar quem pagou pelo quê. Na volta, quando vocês quiserem acertar as contas, basta um toque de botão e pronto. A maioria dos clientes da Bunq recebe um cartão de débito, mas a empresa também oferece um Travel Card da MasterCard, sem anuidade e nenhuma taxa adicional pelo câmbio. O cartão funciona na função débito, mas também pode passar no crédito. Como alguns clientes não querem ficar endividados, a Bunq envia "verificações de saldo em tempo real" para que as pessoas possam controlar quanto dinheiro têm e parar de gastar (ou reabastecer a conta) em vez de aumentar as despesas no cartão de crédito.

Os clientes da Bunq (até agora) tendem a ser pessoas mais jovens que se preocupam com causas sociais. A Bunq oferece um serviço que permite aos clientes escolher o que o banco faz com o dinheiro que eles depositam. Se você não quiser que seu dinheiro seja investido em empresas que se opõem às leis de mudanças climáticas, a Bunq seguirá suas instruções. Na mesma linha, a Bunq oferece um "Green Card" e, para cada cem euros gastos, a empresa plantará uma árvore.

Ali bancou todo o projeto sozinho, investindo € 45 milhões até o momento. Seu maior obstáculo não foi a tecnologia, mas as leis. Em 2012, nenhuma empresa tinha obtido autorização para abrir um novo banco na Holanda em 35 anos. "Fazia tanto tempo que ninguém mais no governo sabia como conceder uma licença", diz ele. Não ajudou o fato de a Bunq ser "um novo player com vinte pessoas trabalhando num prédio abandonado no meio do nada. Por outro lado, o governo percebeu que o setor bancário precisava de uma injeção de novas ideias. Depois de três anos, a Bunq recebeu uma licença no fim de 2015. "Foi incrível ter conseguido", disse Ali.

Levou um ano para chegar a primeira versão do software, sendo que Ali escreveu 20% do código sozinho. Em 2016, a Bunq abriu as portas virtuais para os clientes e, no fim de 2019, já tinha operações em trinta países europeus. Toda a experiência do cliente ficava em um aplicativo móvel — eles só lançaram uma versão para navegador em 2019. A Bunq opera inteiramente na nuvem, usando a Twilio, Amazon Web Services e outros serviços. Eles também têm uma operação incrivelmente enxuta, com menos de duzentos funcionários. É isso mesmo, você leu direito. Os bancos tradicionais têm boas razões para ficar aterrorizados — a escala e a eficiência do software não têm precedentes. A cultura da empresa é tão voltada à engenharia que Ali nem chega a descrever a Bunq como um banco, e sim como "uma empresa de tecnologia que por acaso tem um banco agregado". Agora que a Bunq está ganhando fôlego, a empresa se tornou um exemplo de disrupção digital, e os concorrentes dominantes estão prestando atenção.

Um desses rivais fica do outro lado da cidade — o ING tem raízes que remontam aos anos 1700 e administra mais de US$ 1 trilhão em ativos. É difícil pensar em algo mais distante de uma startup, e o banco compete em um setor famoso por ser antiquado, avesso ao risco e altamente regulamentado. Mesmo assim, o ING se tornou uma das organizações de desenvolvimento de software mais inovadoras do mundo. Nos últimos anos, tive o prazer de trabalhar com o ING e participar de sua transformação. Um dos fatores do sucesso desta instituição foi que a mudança começou no topo, com Ralph Hamers, um executivo com experiência em tecnologia que foi promovido a CEO em 2013.

Alguns anos atrás, o ING transformou radicalmente sua cultura. Parte dessa mudança envolveu dar uma enorme liberdade criativa aos desenvolvedores. Começando do topo, com Hamers, eles adotaram processos ágeis. Mas as mudanças não se limitaram à engenharia de software — a empresa toda, inclusive as agências físicas, adotaram práticas ágeis em suas operações. O banco chegou a postar, em seu site corporativo, um vídeo intitulado "O jeito ágil de trabalhar no ING", descrevendo a transformação da empresa como um todo. Cada unidade se organiza em pequenas equipes, opera em *sprints* de duas semanas e decide as coisas em *stand-ups* (breves reuniões diárias).

É assim que eles estão enfrentando os ataques de novos disruptores digitais como a Bunq. É o Construir ou Morrer se desenrolando em tempo real no setor bancário. Tive a chance de ver com meus próprios olhos os resultados dessa transformação quando a Twilio trabalhou com uma pequena equipe de desenvolvedores do ING que implantou um projeto tão ambicioso que nos deixou pasmos.

Em 2015, um gerente de engenharia do ING chamado Theo Frieswijk entrou em contato com a gente em busca de ajuda para construir um novo sistema de *contact center*. Theo gerencia quarenta engenheiros que dão suporte a sistemas de *contact center* usados por mais de dez mil agentes de atendimento em escritórios do ING espalhados pelo mundo. Ao longo dos anos, o ING cresceu adquirindo outros bancos, sendo que cada um usava um sistema de *contact center* diferente. Ao todo, o ING tinha nada menos que dezessete sistemas diferentes desenvolvidos por dezessete empresas de software empresarial diferentes rodando em todo tipo de data center interno. Era um pesadelo manter essa colcha de retalhos. "Todo ano passávamos uns nove meses trabalhando em projetos de atualização só porque o fornecedor deixou de dar suporte à versão anterior, e fazer o upgrade de um componente implicava fazer o upgrade de outro componente e mais outro e ainda outro. Não levava muito tempo para o projeto crescer e virar um monstro", Theo conta.

Essa miscelânea de sistemas legados não só era um enorme abacaxi para os engenheiros de software como também significava que os 38 milhões de clientes do banco não estavam recebendo o melhor atendimento possível. Com o passar dos anos, quando a solução existente deixava de ter algum recurso necessário, eles incorporavam outra solução. Os *contact centers* deles incharam tanto que a manutenção estava ficando insustentável. A administração queria que a equipe de Theo escolhesse um desses fornecedores de soluções de *contact center* e usasse esse único fornecedor para a empresa toda. Theo propôs uma ideia diferente. Em vez de comprar mais um sistema monolítico na esperança de um resultado melhor, por que não deixar sua equipe criar o próprio sistema de *contact center* do zero? Isso lhes permitiria incorporar soluções para cada problema adicional conforme a necessidade ou testar novas ideias. Seria um investimento considerável, mas daria mais agilidade ao banco, o que era uma das prioridades da empresa. Os líderes ficaram curiosos e até um pouco céticos no início.

Theo e sua equipe argumentaram que qualquer pacote de software pronto que o banco escolhesse seria uma solução do tipo mínimo denominador comum. O software seria genérico, criado para atrair o maior número de clientes potenciais e não atenderia com perfeição às necessidades de qualquer empresa. Criar o sistema internamente daria ao ING a chance de fazer um sistema sob medida que atendesse às necessidades específicas do banco.

À primeira vista, a ideia parecia não só audaciosa como também insana. Os sistemas de *contact center* podem não ter muito glamour, mas são incrivelmente complexos. A maioria é vendida por empresas como a Avaya e a Genesys, que têm raízes na indústria de telecomunicações. Essas companhias tinham décadas de experiência na criação de *contact centers*, e os desenvolvedores do departamento de TI de um banco estavam dizendo que conseguiriam criar algo melhor do que os sistemas produzidos por esses gigantescos fabricantes de software especializado.

Além disso, Theo prometeu que sua equipe poderia criar todo um sistema de *contact center* do zero em menos tempo do que levaria para o banco escolher um fornecedor de software empresarial e implementar o produto, tudo isso a um custo mais baixo. Ainda mais importante, o ING seria o proprietário do código e os desenvolvedores poderiam melhorar o sistema com a frequência necessária, implementando atualizações diariamente se fosse preciso, em vez de esperar o fornecedor empresarial lançar uma atualização no máximo uma ou duas vezes por ano.

Não é que Theo tivesse acordado um dia com essa ideia na cabeça. Ele já estava pesquisando o assunto. Em 2014, ele começou a monitorar novas empresas de software, como a Twilio, que não vendem aplicativos de software prontos, mas componentes que os desenvolvedores podem combinar para criar os próprios aplicativos. (Descreverei essa transição no Capítulo 2.)

Em 2015, Theo e seus colegas foram a São Francisco para participar de nossa conferência Signal. Eles nos perguntaram se era possível usar a Twilio para construir um *contact center*. Alguns meses depois, uma equipe de engenheiros da Twilio foi a Amsterdã e fez uma hackatona de três dias com engenheiros do ING. "Tudo o que fizemos foi trabalhar com uma série de cenários que, no mundo ideal, seríamos capazes de resolver, mas que eram difíceis no velho mundo", Theo explica. "Em três dias, criamos um número muito maior de cenários do que imaginávamos ser possível no início. Ficamos empolgadíssimos. Saímos daquela hackatona convencidos de que seríamos capazes de construir um *contact center* do zero e nos aproximar de uma arquitetura de APIs e microsserviços."

Com base nos resultados dessa experiência, Theo apresentou sua ideia à administração. De repente a ideia não era tão maluca quanto parecia à primeira vista. Mas ainda seria uma aposta enorme. Na verdade, é o tipo de aposta que destruiu carreiras inteiras na área de TI no passado. Essa é outra razão que leva as grandes corporações a hesitar em mudar e explica por que elas continuam se arrastando atrás das startups — porque os mandachuvas têm uma cultura de "humilhar e culpar", e os líderes de TI acabam preferindo não correr riscos. A aposta mais segura sempre foi comprar software pronto de um grande vendedor empresarial. É verdade que o software pronto pode não ser uma maravilha. Mas, quando as coisas dão errado, quem leva a culpa é o fornecedor, não você. É provável que os tomadores de decisão da área de tecnologia saibam muito bem que comprar mais software pronto é uma péssima ideia. Eles sabem que a empresa deveria estar fazendo mudanças radicais. Mas quem se importa? É mais fácil e seguro simplesmente empurrar o problema com a barriga. Deixe o pepino para o coitado que for ficar no seu lugar.

Essa mentalidade resulta da maneira como muitas culturas reagem ao fracasso. A norma é que, se você lançar uma grande iniciativa e ela fracassar (em qualquer área, não só na TI), sua carreira certamente vai sofrer as consequências. Por outro lado, nas culturas mais ágeis, o fracasso não é punido, mas é visto como uma oportunidade de aprendizado. A ideia de acolher o risco e tolerar o fracasso é uma parte importante da abordagem digital. É também uma das que as empresas conservadoras mais evitam — inclusive as que têm líderes que saem declarando aos quatro ventos, como muitos fazem, que pretendem transformar suas companhias para ser mais parecidas com uma startup.

Isso me leva a um ponto importante:

Se você quer ser um construtor de software, precisa começar mudando a mentalidade da organização toda.

Não basta contratar um batalhão de desenvolvedores ou mudar a maneira como os desenvolvedores trabalham. Nada disso vai gerar frutos a menos que você também mude a cultura ao redor deles. Caso contrário, tudo o que você estará fazendo é plantar uma nova árvore em solo estéril. Theo recebeu carta branca para implementar sua ideia porque o ING como um todo estava passando por uma reforma radical. Esse tipo de inovação poderia não ter sido possível se não fosse o intenso foco do CEO na agilidade.

Quanto ao risco, Theo diz que não se importa — pelo contrário. "Quero fazer a diferença. Quero realizar alguma coisa. Para mim, foi uma oportunidade enorme. Sou o tipo de cara que não fica feliz se não estiver correndo algum risco."

Lá por abril de 2016, os engenheiros começaram a trabalhar no projeto, apelidado na empresa de "Contact Center 2.0". Muitas empresas tinham incorporado a Twilio a seus *contact centers*, mas ninguém tinha construído um totalmente do zero como esse. "Não dava para usar o exemplo de nenhuma outra empresa como referência. Ninguém jamais tinha combinado essas funcionalidades todas antes e para mim foi uma experiência muito empolgante." Os engenheiros se entusiasmaram e acreditaram que poderiam ter sucesso, mas "muita gente duvidou que conseguiríamos", diz Theo.

Em meados de 2017, os engenheiros implantaram o piloto do Contact Center 2.0 em alguns escritórios e expandiram rapidamente o projeto a todos os *contact centers* da Holanda. No fim de 2019, o Contact Center 2.0 já estava sendo utilizado por onze mil agentes em sete países e a implantação global estava prevista para ser concluída até o fim de 2021.

A aposta começou a render frutos imediatamente. Os engenheiros fazem ajustes e atualizações constantes, implantando código semanalmente e coletando o feedback dos "clientes", ou seja, os agentes de atendimento do ING e os usuários finais do banco. "As coisas acontecem muito rápido. As coisas acontecem em tempo real. Não precisamos parar para manutenção. Podemos fazer um *deploy* de novas mudanças com a frequência que quisermos", Theo explica.

Além disso, o código é mais confiável e os agentes podem atender as chamadas com mais rapidez, o que reduz o tempo de espera. O sistema é tão bom que outras empresas passaram a visitar o ING para descobrir como podem criar algo parecido. Até nossos engenheiros da Twilio vivem aprendendo coisas novas sobre nosso próprio produto ao ver o que o ING faz com ele.

O próximo grande passo do ING é possibilitar que seus desenvolvedores espalhados pelo mundo contribuam para a plataforma. Em 2019, os desenvolvedores de Amsterdã lançaram um programa-piloto com desenvolvedores de uma subsidiária do ING nas Filipinas. Essa subsidiária não tem agências físicas e só funciona em aplicativos móveis. Os desenvolvedores filipinos do banco são especialistas na criação de funcionalidades interessantes para o app do banco. Eles também fizeram ajustes no software de *contact center* para atender às suas necessidades específicas e compartilham as novas funcionalidades com a equipe principal de Amsterdã, que as integra à plataforma principal.

Construir ou morrer   49

Assim, em vez de ter uma pequena equipe em Amsterdã fazendo todo o trabalho, o ING pode mobilizar a criatividade de dezenas de outros desenvolvedores ao redor do mundo, acelerando o processo de desenvolvimento.

"Nos próximos anos, veremos um aumento exponencial na velocidade da nossa inovação. É isso que pretendemos com esta plataforma. O primeiro *roll-out* se concentrou em substituir os sistemas de telefonia existentes. Mas a grande vantagem ainda está por vir."

O sucesso do projeto Contact Center 2.0 evidencia a capacidade dos engenheiros do ING e prova que "pessoas comuns de TI" podem se transformar em desenvolvedores espetaculares capazes de criar um software de primeira linha. Esses construtores de software de classe mundial estão por toda parte. As empresas só precisam encontrá-los e deixá-los trabalhar com liberdade. Fazer com que eles se sintam donos do projeto. Theo diz que o projeto foi o ponto alto de sua carreira. Sempre modesto, ele dá os créditos do sucesso do projeto a seus engenheiros e à alta administração do ING, que ousou deixar seu grupo assumir esse grande risco. "Estou dois níveis abaixo do diretor de TI, mas sinto que posso empreender na empresa, tentar coisas novas e até errar", ele diz.

No mundo do Construir ou Morrer, o ING Bank é o modelo de evolução.

Não foi por acaso que escolhi um exemplo do setor bancário para demonstrar a ideia do Construir ou Morrer em ação. É difícil imaginar um setor mais resistente à disrupção, considerando os altos riscos (o dinheiro das pessoas!) e as leis bizantinas envolvidas. Mesmo assim, até este segmento está se transformando em uma indústria de software. E nem estou falando dos possíveis impactos do Bitcoin e outras criptomoedas; só estou falando dos fundamentos de como administrar um banco de varejo, conquistar clientes e mantê-los satisfeitos.

Essa dinâmica pode ser vista em todos os setores ao redor do globo: em Munique, na Allianz, a maior seguradora do mundo; nos Estados

Unidos, na Domino's, Target e U-Haul. Não importa se essas companhias fazem pizzas ou emitem apólices de seguro, alugam caminhões de mudança ou entregam tulipas — não importa o mercado, todas as organizações estão se transformando em empresas de software.

Construir ou Morrer está se tornando uma lei natural dos negócios, do mesmo modo como a evolução decide quem vive e quem padece no planeta. É simplesmente a sobrevivência do mais apto, em que o mais apto será a empresa que se mostrar mais capaz de organizar com eficácia suas partículas magnéticas.

Para ver se a sua companhia está preparada para a nova realidade do Construir ou Morrer, uma ideia seria perguntar aos seus líderes técnicos como eles tomam as decisões de Construir ou Comprar. Quais tecnologias não são consideradas tão importantes e devem ser compradas e quais inovações digitais marcam a diferença entre a empresa e os concorrentes? Aprofunde-se nas respostas — muitos dos fatores que as pessoas tendem a considerar como diferenciadores perderam a importância na última década. Quais bits analógicos de sua organização devem receber investimento de digitalização? Quais soluções de software de tamanho único estão travando o avanço da empresa? Com que frequência você ouve "Não temos como construir isso"? Em vez de limitar-se a aceitar a resposta, pergunte às suas equipes quais mudanças ou investimentos poderiam torná-la um "Sim, podemos construir isso!".

CAPÍTULO 2

A nova cadeia de suprimentos de software

O que importa não é como você usa os servidores, e sim como você serve os usuários.
— Eu, 2010

Como observei no Capítulo 1, acredito que toda empresa que pretende sobreviver e prosperar na economia digital precisa desenvolver seu próprio software. É por isso que sua cadeia de suprimentos é importante. Se a sua cadeia de suprimentos digital for melhor do que a de seus concorrentes, você estará em uma posição muito melhor de ter sucesso. Por outro lado, se ela estiver obsoleta ou for inexistente e seus concorrentes estiverem melhorando a cada dia com uma que está acelerando a liderança deles, você sempre ficará para trás. É possível que a cadeia de suprimentos digital não seja uma ideia muito discutida em sua empresa — é um conceito totalmente novo. Mas entender o surgimento dela e como usá-la com eficácia para embasar sua liderança é crucial para o sucesso de sua empresa na economia digital.

Pense nas indústrias que produzem bens físicos — coisas como carros, geladeiras, casas. Elas têm cadeias de suprimentos maduras. Os fabricantes de automóveis não criam sozinhos todas as peças de um carro. Eles compram aço de uma empresa de aço, couro de uma empresa de couro, tapetes de uma empresa de tapetes, velocímetros de uma empresa de velocímetros e assim por diante. Todos aqueles carros que você vê circulando pelas ruas da sua cidade contêm peças fornecidas por centenas, talvez milhares, de grandes fornecedores. Estes, por sua vez, contam com centenas ou até milhares de fabricantes de peças menores ao longo da cadeia de suprimentos global. Conforme as indústrias amadurecem, o mesmo acontece com suas cadeias de suprimentos, permitindo que muitas organizações se especializem em partes do processo, aumentando a eficiência e a produtividade da indústria como um todo.

Até pouco tempo atrás, a indústria de software não contava com uma cadeia de suprimentos. A maioria das empresas de software — pense em nomes como Microsoft, Oracle ou SAP — escreveu praticamente todos os próprios softwares do começo ao fim. Essa abordagem funcionava quando o software era um campo altamente especializado e o número de empresas de software era relativamente pequeno, até os anos 1990 e 2000. Essa noção se aplicava especialmente quando as empresas de software vendiam produtos em CD-ROMs ou na forma de downloads.

Mas hoje em dia todas estão se tornando uma empresa de software e a maioria não consegue construir tudo do zero. Elas precisam de uma cadeia de suprimentos — assim como a Ford e a Toyota — que divida o setor em áreas de especialização e permita que cada companhia do ecossistema se especialize em sua competência essencial. Mas a cadeia de suprimentos de software é um pouco diferente. Em vez de se especializar em velocímetros ou volantes, as empresas da cadeia de suprimentos de software fornecem "pedaços" de código reutilizáveis que os desenvolvedores juntam para construir aplicativos acabados. Esses componentes são as interfaces de programação de aplicações (APIs). Cada fornecedor de API fornece apenas uma parte da solução. A Amazon Web Services fornece o data center. A Twilio fornece comunicações. A Stripe e o PayPal possibilitam fazer e receber pagamentos. Os apps modernos integram dezenas desses pequenos componentes em uma proposição de valor única para o cliente. Essa transição para o software baseado em componentes é o próximo grande salto na evolução da indústria de software.

Eu a chamo de *A Terceira Grande Era do Software*.

Essa tendência — de soluções a componentes — já tinha sido prevista em um comercial da IBM da década de 1990. Um consultor de cabelos desgrenhados está mostrando a um empresário seu primeiro site, que parece ter sido feito sem levar em consideração a opinião do dono da empresa. O consultor termina perguntando: "Agora você pode escolher... entre o logo giratório ou o logo flamejante". No canto superior esquerdo do site (onde o logotipo sempre ficava na época) via- -se o logo da empresa girando em círculos ou animado com chamas, tudo muito tosco e amador. O empresário, desconcertado, responde: "Beleza, mas como isso vai otimizar a minha cadeia de suprimentos?". A ideia era que um software que só dava uma flexibilidade superficial ao cliente jamais satisfaria as necessidades de um negócio complexo e dinâmico. E hoje, mais de vinte anos depois, o anúncio soa quase como uma bola de cristal. Mas, como costuma ser o caso, não foram as empresas dominantes que transformaram esse cenário em realidade.

Uma breve história do software

Para entender essa nova maneira de pensar sobre o software, precisamos voltar um pouco no tempo para ver como a indústria do software começou e evoluiu.

No começo, as empresas usavam *mainframes*. Muitas ainda fazem isso — mais empresas do que você poderia imaginar, na verdade. Depois vieram os minicomputadores, as estações de trabalho rodando em Unix e, finalmente, o PC. Se você tiver menos de 30 anos, pode não se lembrar disso, mas, quando o computador pessoal foi lançado, os programas vinham em disquetes. Depois, eles começaram a vir em CDs. O software vinha em caixas! Você ia a uma loja física especializada em informática e pegava o software em uma prateleira. É sério. E essas lojas eram iradas!

Dos *mainframes* aos PCs, os computadores foram ficando cada vez menores, os sistemas operacionais mudaram, mas a indústria do software continuava usando praticamente o mesmo modelo de negócio. Um fabricante de software investia em P&D para criar um aplicativo e o vendia a usuários individuais ou para grandes empresas. Vender aos consumidores era um bom negócio. Mas vender para empresas, como a Microsoft, SAP e Oracle faziam, era um grande negócio. Do ponto de vista da lucratividade, vender pacotes de software para grandes corporações podia ser o maior negócio da história. Você criava o software uma vez e os custos incrementais eram praticamente nulos para cada unidade vendida.

Para esses clientes empresariais, no entanto, o esquema todo era uma grande chateação. Cada empresa precisava ter o próprio departamento de TI, que montava os próprios servidores e instalava e mantinha essa infraestrutura. A maioria dos programas de software executava tarefas administrativas de apoio, como finanças e ERP. Esses grandes projetos de software corporativo eram notoriamente sujeitos ao fracasso — em certo ponto, mais de 70% dessas grandes instalações nunca chegaram a ser concluídas com sucesso. Esses projetos levavam tanto tempo para ser implementados que acontecia muito de várias gerações de líderes de empresas irem e virem antes de sua conclusão.

E, o mais importante, as empresas não estavam usando esse software todo para oferecer experiências melhores aos clientes ou se diferenciar no mercado. Elas só usavam o software em suas operações internas — contabilidade, planejamento de recursos empresariais e assim por diante. E, se você fosse o responsável por uma área da companhia, como o diretor de vendas ou de RH, e quisesse que o software administrasse seu departamento... bem, você teria de enviar uma solicitação ao TI e entrar na fila.

Esse problema foi resolvido quando a segunda era do software — o Software como Serviço (SaaS) — teve início, cerca de vinte anos atrás. A empresa que lançou esse modelo foi a Salesforce. Seu fundador e CEO, Marc Benioff, foi um estagiário de programação em linguagem Assembly na Apple (tradução: ele era um programador *hard-core*) e, quando se formou na faculdade, foi trabalhar na Oracle, onde rapidamente se tornou um dos melhores vendedores. Ele ganhou o prêmio "Rookie do Ano" e foi promovido a vice-presidente com apenas vinte e poucos anos, o mais jovem de todos os tempos na Oracle. Em 1999, ele lançou a Salesforce com o slogan "O Fim do Software". É claro que não era realmente o fim do software, mas só uma nova maneira de entregá-lo.

Com o SaaS, os responsáveis por áreas de uma empresa, como o diretor de vendas, que precisavam de um novo programa de software não precisavam mais mandar uma solicitação ao departamento de TI, entrar na fila e esperar que eles empreendessem uma enorme iniciativa que custaria vários milhões de dólares e levaria vários anos. O diretor de vendas poderia simplesmente entrar no site da Salesforce, preencher alguns formulários on-line e quase instantaneamente ter todo o seu departamento operando com o melhor software de automação de vendas. O diretor de vendas não precisava saber nada de TI e não precisava montar servidores, instalar software nem contratar pessoal de TI para manter o sistema. Bastava preencher um formulário e começar a vender usando o novo software.

Com o tempo, empresas de SaaS surgiram para satisfazer as necessidades de todas as áreas de uma companhia. O diretor financeiro procurava a NetSuite, fornecedora de produtos de gestão financeira em SaaS. O diretor de marketing comprava uma assinatura da Marketo, fornecedora de produtos de automação de marketing em SaaS. O diretor de recursos humanos usava a Workday, fornecedora de produtos de gestão de RH em SaaS. Você pagava com base no número de funcionários que usavam o software. E não precisava mais se preocupar com data centers nem em comprar licenças por CPU. Na verdade, muitos produtos eram tão baratos para começar que uma pequena equipe podia simplesmente pagar com seu cartão de crédito pessoal e depois cobrar a empresa no relatório de despesas do mês.

O modelo também passou a ser conhecido como computação em nuvem, que foi viabilizada pelas conexões de alta velocidade à internet e pelo que é chamado de software "multilocatário". Com *backbones* de internet super-rápidos, as pessoas perceberam que era possível enviar bits de um servidor localizado a milhares de quilômetros com a mesma rapidez do que enviar esses mesmos bits de um servidor do outro lado do corredor ou no data center da própria empresa. (Ou pelo menos a diferença era tão pequena que os usuários do programa não tinham como notá-la.) Com a computação em nuvem, você não precisa mais operar os próprios data centers. E os funcionários não precisam rodar versões individuais de um programa em seus PCs. Eles podiam simplesmente fazer tudo o que precisavam usando um navegador. Isso facilitou a vida das pessoas de muitas maneiras. Se um aplicativo tivesse um bug e precisasse de uma atualização, ou se o fornecedor do software lançasse uma nova versão do aplicativo, os clientes não precisavam enviar um técnico de TI à mesa de todos os funcionários para instalar a nova versão em cada computador. Essas correções e atualizações simplesmente aconteciam... lá na nuvem. Para o usuário, era tudo invisível.

Outra mudança envolveu o modelo de negócio. Em vez de pagar para licenciar um programa com base no número de servidores nos quais você fez a implantação — incluindo uma fortuna de entrada e anuidades de manutenção —, bastava fazer uma assinatura. Quando você não precisava mais do software, era só cancelar a assinatura, não muito diferente de uma assinatura de revista.

Quando a Salesforce foi lançada, em 1999, muitas pessoas acharam que Benioff tinha enlouquecido. Por que alguém pagaria por um software sem efetivamente comprá-lo? O que aconteceria se a internet caísse? Lembrando que, naquela época, a internet não era muito rápida nem muito confiável para o SaaS. Em 2001, apenas 6% dos americanos tinham acesso à internet de banda larga. A maioria se conectava usando estridentes modems dial-up, de acordo com o Pew Research Center.

Contudo, Benioff sabia que a internet só melhoraria e ficaria mais robusta. Quando a internet de alta velocidade se tornou a norma, a Salesforce decolou, transformando-se em uma das maiores empresas de software do mundo, com receitas de US$ 17 bilhões em 2019 declarados no ano fiscal de 2020. Mas eles não foram os únicos — muitas empresas de SaaS multibilionárias surgiram ao longo dos anos desde a virada do milênio, representando dezenas de bilhões de dólares em receita e centenas de bilhões de dólares em capitalização de mercado.

Mesmo com toda a eficácia das empresas de SaaS, a organização de software de crescimento mais rápido da história do mundo era muito diferente da Salesforce e da Workday.

A Amazon web services entra em campo para mudar o jogo

Quando entrei na Amazon em 2004, no início da Amazon Web Services (AWS), meu chefe me explicou a missão. A Amazon construiria data centers gigantescos para alugar poder de computação e capacidade de armazenamento não como aplicações, mas como *componentes* que desenvolvedores e outras empresas poderiam usar para criar os próprios aplicativos. Isso permitiria a qualquer desenvolvedor e qualquer empresa beneficiar-se da expertise da Amazon na área de infraestrutura em escala na web. O serviço seria flexível, podendo ser escalado e reduzido rapidamente. Se o seu tráfego aumentasse por alguns dias, a "Elastic Compute Cloud" simplesmente daria uma injeção de potência de computação adicional ao seu site. Quando esse súbito aumento de tráfico chegasse ao fim, seu data center virtual voltaria a encolher automaticamente. Você só pagava pelo que usava. Você pagava uma conta mensal, como faz com sua conta de luz.

O modelo "pague pelo que usar" foi uma grande revolução — talvez tão importante quanto a tecnologia em si. O antigo modelo de comprar hardware logo de cara era ridiculamente caro, além de ser um desperdício enorme. As empresas passaram décadas comprando muito mais capacidade do que precisavam. CPUs ficavam ociosos. Espaço de armazenamento ficava vazio. As taxas de utilização de sistemas de armazenamento em disco podiam chegar a minguados 30%. Os servidores normalmente ficavam com apenas 10% de utilização. Cada aplicação precisava dos próprios servidores e armazenamento dedicados — o suficiente para lidar com a carga máxima possível.

A capacidade de uma aplicação normalmente não podia ser compartilhada com as outras. O sistema de ponto de venda de um varejista podia precisar de capacidade adicional durante a movimentada temporada de Natal, mas não tinha como usar a capacidade ociosa e o espaço de armazenamento vazio do sistema de RH localizado na sala ao lado. Você era forçado a comprar potência suficiente para lidar com o pico da temporada de Natal, sabendo que não precisaria dela durante todo o resto do ano. Os fabricantes de software desenvolveram programas que permitiam que os sistemas de TI compartilhassem recursos, mas esses programas não só eram caros como exigiam mais uma equipe de TI. Para descascar um abacaxi, você acabava com outro nas mãos. Ao migrar para a AWS, você não só se livrava da necessidade de gastar uma fortuna em hardware como também não precisava mais ter um grande departamento de TI trabalhando 24 horas por dia e 7 dias por semana para administrar esse hardware todo. Essa foi outra grande redução de custos.

Com a AWS, parecia que a Amazon tinha agitado uma varinha de condão e feito todas aquelas dores de cabeça sumir. Basta comprar uma assinatura para nunca mais ter de pensar na compra, implantação e manutenção de hardware e armazenamento — agora, é só pagar pelo que usar.

A diferença entre esse e o modelo da primeira era é como a diferença entre gerar eletricidade com seu próprio gerador a diesel e comprar eletricidade de uma empresa de serviços públicos. Você não sabe onde seus programas estão rodando nem em que tipo de computador eles estão sendo executados. E você não precisa se preocupar. Tudo acontece na "nuvem". (Uma curiosidade: no começo, "a nuvem" equivalia basicamente ao estado americano da Virgínia.) Você pode ficar tranquilo porque alguém está cuidando disso. A única coisa que você precisa saber é que seu data center estará lá à sua disposição quando você quiser e com a capacidade que você precisar — nem mais, nem menos. As grandes empresas agarraram a oportunidade. E começaram a transferir aplicações de seus próprios data centers para a nuvem da Amazon.

Outras implicações da AWS não ficaram claras de imediato. Por exemplo, que a AWS reduziria o custo de abrir um novo negócio... a praticamente zero. Antes da AWS, para abrir uma empresa de tecnologia, você precisaria comprar servidores, sistemas de armazenamento, roteadores e software de banco de dados caros. Você podia gastar um milhão de dólares comprando e instalando hardware só para rodar a primeiríssima versão de sua ideia.

Com a AWS e seu modelo "pague pelo que usar", investindo uns cem dólares um empreendedor podia lançar sua ideia em questão de minutos — o tempo que leva para preencher um formulário e digitar o número de um cartão de crédito. A implicação dos baixos custos iniciais foi o aumento explosivo do número de startups. Essas startups também ganharam a capacidade de entrar no mercado com muito mais rapidez. Elas podiam ir de uma ideia esboçada em um guardanapo (ou, no caso da Twilio, em uma caixa de pizza) a entregar o produto em questão de meses. Podiam se expandir e crescer sem qualquer atrito resultante da infraestrutura necessária. Podiam avançar com rapidez e construir coisas.

Quando trabalhei na AWS, percebi que a plataforma abriria as portas para toda uma nova geração de startups que seriam tão mais rápidas e enxutas do que as empresas tradicionais que seriam quase uma nova espécie. Esses pequenos e ágeis superpredadores começariam a desestabilizar empresas em todos os setores. E essas grandes empresas também começariam a criar o próprio software, acelerando ainda mais a inovação do software.

No entanto, para mim, a implicação mais interessante da AWS é que ela mudou não apenas a maneira como o poder de computação era comprado, mas também quem o estava comprando. No mundo tradicional, as decisões de TI eram tomadas por pessoas próximas ao topo da organização, como o diretor de tecnologia ou o diretor financeiro. Afinal, eram decisões de alto risco, envolvendo anos de trabalho e um investimento multimilionário. Na AWS, contudo, muitos clientes eram apenas desenvolvedores comuns. Engenheiros de software ou gerentes de departamento podem comprar um servidor e capacidade de armazenamento na AWS bastando digitar um número de cartão de crédito. Quando a empresa começava a usar essa aplicação, o departamento de TI não levava o código de volta ao data center interno. Eles o deixavam na AWS. À medida que a utilização aumentava, a mensalidade também aumentava. Com isso, os desenvolvedores ganharam muito mais influência sobre a maneira como as empresas compravam infraestrutura.

O resultado dessas tendências se reflete nos resultados de negócio da AWS. Suas vendas cresceram de praticamente zero em 2007 para US$ 40 bilhões anualizados no primeiro trimestre de 2020. De zero para US$ 40 bilhões em doze anos, o que constitui um crescimento praticamente sem precedentes. É por isso que esse modelo de negócio — o de plataformas — representa a próxima grande era do software.

Mas a AWS não é a única empresa que está impulsionando a Terceira Grande Era do Software. Microsoft, Google e Alibaba também desenvolveram sua oferta de nuvem para competir com a Amazon, fornecendo poder de computação, armazenamento e muito mais. O Microsoft Azure reportou US$ 37 bilhões em receita em 2019 e o Google Cloud, US$ 9 bilhões. Esses são os gigantes que ocupam a liderança na área. Minha empresa, a Twilio, fornece APIs para comunicações e crescemos rapidamente para atingir receitas de US$ 1,1 bilhão em 2019. A empresa de capital fechado Stripe, que fornece APIs de pagamento, não divulgou seus números de vendas, mas investidores privados a avaliaram em US$ 36 bilhões com base na arrecadação de fundos de abril de 2020. Muito valor está sendo oferecido aos clientes e gerado para os investidores nesta Terceira Era.

Como chegamos aqui?

Ainda mais interessante do que a "economia das APIs" que se desenvolveu na última década é a maneira como ela surgiu. Não é muito fácil imaginar que um monte de APIs minúsculas, cada uma sendo vendida a meros centavos por uso, geraria dezenas de bilhões de dólares em receita e executaria os aplicativos que todos nós usamos todos os dias. Mas a história de origem das APIs está intimamente ligada a muitos dos outros aspectos do guia do software que detalho neste livro. Tudo começa com pequenas equipes.

Em 2000, a Amazon tinha uma gigantesca e monolítica babel de engenheiros de software e códigos impulsionando seu negócio de varejo em rápido crescimento. Os engenheiros remavam cada um para um lado e a coordenação necessária para fazer qualquer coisa era enorme. Quando viu que as coisas estavam desacelerando, Bezos escreveu o memorando da "equipe de duas pizzas", propondo que a empresa fosse dividida em pequenas equipes para avançar mais rápido. (A ideia era que cada equipe pudesse ser alimentada com no máximo duas pizzas.) Mas havia um problema.

Como organizar uma empresa em um grupo de equipes pequenas e independentes quando o trabalho precisa estar bem amarrado no código que escrevem? Elas não têm como trabalhar com total independência considerando que as alterações no código feitas por uma equipe causavam problemas no código no qual outras estavam trabalhando. Simplesmente não daria certo.

A solução foi manter o código e as equipes juntos. Conforme a Amazon dividia a organização em pequenos times, o código também era dividido em pequenos pedaços para que os grupos pudessem "levá-lo consigo" e trabalhar nele de forma independente. Essas equipes e seus respectivos códigos precisavam de uma maneira de se comunicar, e a solução foi usar os "*web services*". Em vez de cada equipe enviar seu código para algum repositório gigante a fim de ser implantado e executado por alguma outra, cada equipe executaria seu próprio código como um serviço com o qual outras poderiam trabalhar. Como cada equipe era pequena, a "área de superfície" de seu serviço também costumava ser limitada. Com o tempo, esses serviços ficaram conhecidos como "microsserviços" porque cada serviço individual normalmente fazia uma única coisa, e a fazia bem.

Esses microsserviços eram entregues não como um monte de código, nem como um site, mas como uma API na web. As APIs são interfaces bem definidas que permitem que o código converse com outros bits de código. Quando uma equipe cria e expõe uma API às outras, é importante ensiná-las a usar sua API por meio de uma documentação precisa e atualizada. Foi assim que surgiu a cultura interna de documentação de APIs na Amazon. Uma equipe poderia encontrar a documentação da API de outro time e começar a usar seus serviços, muitas vezes sem precisar falar com os criadores daquele código.

Com isso, as equipes poderiam trabalhar com eficácia, resolvendo o problema de coordenação.

O problema seguinte era medir a eficácia de cada um desses serviços e monitorar onde a empresa estava gastando dinheiro. Se uma equipe executou seu serviço em dez mil servidores, isso era bom ou terrivelmente ineficiente? E a qual área esse custo deveria ser alocado? Assim, a Amazon começou a atribuir um custo à utilização desses serviços internamente. Algumas pessoas chamam isso de preço de transferência, mas na verdade o sistema faz duas coisas: responsabilizar as equipes por seus custos e decidir onde investir mais recursos nos ciclos orçamentários.

As pequenas equipes são responsáveis pela eficiência de seu serviço porque precisam cobrar um "preço" de seus clientes internos, e estes têm de pagar usando recursos de seu próprio centro de custo. Se esses "clientes" não estiverem satisfeitos com seu preço, você precisa dar um jeito de reduzi-lo. O sistema interno de *accountability* alinha os interesses de todos e cria um incentivo natural para aumentar a eficiência com o tempo. A precificação interna também permite que os líderes tomem boas decisões de orçamento. Imagine que você tenha dois produtos voltados para o cliente na sua empresa, e um está gerando US$ 100 milhões de receita e crescendo rapidamente, enquanto o outro tem US$ 10 milhões de receita com crescimento lento. Qual deles você provavelmente recompensaria com mais verba para seguir em frente? A resposta é clara se você usar o critério da receita. O mesmo vale para os serviços internos. Quando um serviço interno é usado extensivamente por clientes internos e está crescendo rapidamente, faz sentido alocar mais verba a ele. No entanto, na ausência de um único critério padronizado para avaliar as iniciativas, não seria tão fácil decidir em quais equipes investir mais. É por isso que faz muito sentido incluir uma função de precificação até para os clientes internos.

E é aqui que a coisa fica *ainda mais* interessante. Depois de dividir e subdividir o negócio em pequenas equipes especializadas em áreas específicas, oferecendo microsserviços para as outros times usarem, com interfaces e preços bem documentados que representam os verdadeiros custos de entrega desses serviços... ora, para que desenvolver todos esses microsserviços internamente? Para que alocar seus próprios desenvolvedores a fim de criar microsserviços que você poderia comprar de outras empresas? Para que escrever seu próprio microsserviço a fim de calcular o câmbio em transações internacionais quando você poderia simplesmente comprar esse microsserviço de um fornecedor especializado em software de conversão de moeda? Seus desenvolvedores poderiam só instalar os componentes de fornecedores especializados e *voilà*: você teria uma cadeia de suprimentos de software. Que diferença faz se esses provedores de microsserviços forem de outra empresa?

Não demorou para as pessoas se darem conta de que seria possível ganhar dinheiro criando microsserviços e vendendo-os para outras empresas. A New Relic foi lançada em 2008 desenvolvendo um software para monitorar o desempenho de sites. A Stripe forneceu serviços de processamento de pagamentos. A Twilio produziu uma plataforma de comunicação em nuvem. Outro exemplo é o Google Maps. Com apenas algumas linhas de código, os desenvolvedores podem incluir o serviço em seus sites. É muito melhor do que eles mesmos fazerem isso, passando anos dirigindo carros com câmeras no teto por todas as ruas do mundo e criando um software de mapeamento com imagens aéreas e de ruas e todos os outros recursos que o Google Maps oferece. A proposição de valor é óbvia.

Cada um pegava um problema muito difícil de resolver, passava alguns anos desenvolvendo uma solução e oferecia o serviço aos outros. Nosso serviço é uma caixa-preta. Os clientes não sabem como ele funciona nem se importam com isso. Eles só inserem nosso código no deles, escrevem algumas linhas do próprio código e pronto. Hoje a Twilio opera mais de mil microsserviços. Nós os vendemos com base no modelo "pague pelo que usar", da mesma forma que a Amazon vende seu poder de computação.

As plataformas em nuvem são os novos componentes que os desenvolvedores modernos usam para construir software. Com elas, ficou muito mais rápido e barato desenvolver aplicativos. Elas podem ser expandidas para suportar bilhões de usuários. Tudo isso era inimaginável dez anos atrás.

Construa e compre

A Terceira Grande Era do Software oferece muitos benefícios, mas também uma nova série de perguntas a serem respondidas. Os desenvolvedores e a liderança de uma empresa estão sempre decidindo quais microsserviços comprar de fornecedores de nuvem e quais criar por conta própria. Os tomadores de decisão precisam se manter atualizados diante da explosão cambriana de novos provedores de microsserviços que estão entrando no mercado. Cada microsserviço é continuamente alterado e melhorado com muita rapidez.

"As empresas de tecnologia vivem debatendo" quais microsserviços devem desenvolver e quais devem comprar, diz Ashton Kutcher. Ele investiu em dezenas de startups e ganhou algumas grandes apostas, como seus investimentos na Airbnb, no Spotify e no Uber. "Acho que aquilo que você não constrói é tão importante quanto aquilo que você constrói. As únicas coisas que as empresas deveriam construir elas mesmas são as essenciais para seus negócios. Acontece muito de as pessoas acabarem construindo aquilo que já está disponível em um produto que elas poderiam simplesmente comprar ou licenciar a um custo relativamente baixo. Será que você deveria criar seu próprio sistema de benefícios e folha de pagamento? Eu jamais tentaria recriar a Twilio, o Slack ou o Gusto."

A minha regra é que você deve construir tudo o que diferencie o seu produto aos olhos dos clientes. Se for um software voltado para seus clientes, você deve construir. Se eles perguntarem: "Por que vocês não fazem X?" e sua resposta for: "Porque o que compramos não faz

X", você tem um problema. Se faz diferença para seus clientes, você deve construir. Em alguns casos, também pode fazer sentido escrever seu próprio software para alguma função de apoio. Você pode atuar em um setor no qual é possível obter uma vantagem competitiva se destacando na administração de estoque. Se for o caso, vá em frente e construa seu próprio software de cadeia de suprimentos.

Mas, no caso da maioria das operações de apoio e coisas que não lhe darão qualquer diferenciação com os clientes, você deve comprar. Você não vai querer construir seu próprio sistema de e-mail. Nem seu próprio software de banco de dados. Software de RH, programas de ERP — essas são áreas nas quais você provavelmente não tem como obter qualquer vantagem competitiva escrevendo o próprio código e será melhor comprar uma aplicação de um provedor de SaaS. Contudo, mantenha sempre em mente a regra básica: você deve construir qualquer coisa que seja voltada para o cliente.

Porque *você não tem como comprar diferenciação. Você só pode construí-la.*

A boa notícia é que hoje em dia é muito mais fácil criar suas próprias soluções. Antes do amadurecimento da cadeia de suprimentos de software, a resposta costumava ser comprar soluções, porque o custo de construir internamente era alto demais. Você tinha de ser tão bom no desenvolvimento de software quanto a Microsoft ou a Oracle para construir suas próprias soluções. Mas hoje, graças à Terceira Grande Era do Software e à cadeia de suprimentos digital que possibilita às empresas construir com uma facilidade e velocidade sem precedentes, as empresas não só podem como devem construir o próprio software. A dinâmica competitiva faz com que isso seja inescapável.

Você incorpora esses componentes à experiência de ponta a ponta que você cria, constrói e altera quando e como quiser — porque essa é a sua vantagem competitiva. Mas as partes que a compõem são compradas prontas e integradas rapidamente. Você usará muitos dos próprios microsserviços, mas, em vez perder tempo reinventando a roda, você só constrói os serviços que constituem a sua "fórmula secreta".

Pode ser um algoritmo de precificação patenteado ou um de logística exclusivo do seu sistema de distribuição. Ao comprar componentes prontos para o uso sempre que possível, você pode usar toda a sua energia em suas áreas de diferenciação.

A vantagem é que um número cada vez maior desses componentes prontos para uso estão ganhando maturidade o tempo todo. As plataformas em nuvem estão substituindo a infraestrutura legada em quase todas as categorias. Esses microsserviços comerciais são os ingredientes básicos de quase todos os aplicativos que você usa. Por trás da interface do usuário, os aplicativos são, na verdade, uma colcha de retalhos composta de centenas ou até milhares de microsserviços, alguns criados pelos próprios desenvolvedores da empresa e outros por fornecedores comerciais.

Hoje, em muitos lugares, os desenvolvedores não têm escolha a não ser criar microsserviços do zero, porque alternativas prontas para o uso ainda não existem. Mas a grande vantagem do modelo de microsserviços está na possibilidade de trocar um deles sem afetar o resto do código de seu aplicativo. Com o advento de novos microsserviços comerciais, é comum substituir os componentes feitos em casa por alternativas comerciais. Afinal, esses últimos recebem enormes investimentos dos fornecedores e melhoram a cada dia, enquanto as versões criadas internamente não raro ficam estagnadas com o tempo. Vejamos o exemplo da Twilio. Temos (no momento da escrita destas linhas) mais de mil pessoas em nossa equipe de P&D, melhorando nossa plataforma de comunicação todos os dias. Nossos clientes se beneficiam desse investimento porque nosso aplicativo fica melhor a cada dia que passa.

Teoricamente, um dia vai ser possível uma empresa de software produzir um aplicativo sem escrever qualquer código próprio, só juntando um monte de microsserviços criados por outras empresas. Na verdade, algumas pessoas já teorizam sobre o "unicórnio de uma pessoa só", ou seja, uma empresa avaliada em US$ 1 bilhão ou mais, mas administrada por uma única pessoa — um desenvolvedor cujo aplicativo é a cereja do bolo feito com todos aqueles microsserviços comerciais. Isso ainda não aconteceu, mas talvez seja só uma questão de tempo. O processo que vemos como "escrever software" pode se tornar, em grande parte, um processo de agrupar pedaços de código — da mesma maneira como a Dell pega componentes fabricados por outras empresas para montar um PC ou um chef pega (literalmente) ingredientes comprados para fazer seu prato especial. Na verdade, é possível que se torne tão fácil escrever um software que qualquer pessoa conseguirá fazê-lo, sem qualquer treinamento especial em ciência da computação.

Por enquanto, temos um modelo híbrido. Você compra os componentes e escreve o resto. O "valor agregado" de sua empresa pode ser a maneira como você integra as partes e sua capacidade de desenvolver o software voltado para o cliente que recobre todos os microsserviços. O iPhone da Apple contém componentes básicos, como chips de memória e *flash drives* que qualquer outra empresa pode comprar. A Apple não projeta nem fabrica as próprias versões dessas partes porque isso não diferenciaria seu produto. No entanto, a Apple cria seu próprio microprocessador especial para o iPhone, porque esse chip permite que o iPhone faça algumas coisas melhor do que outros smartphones. A Apple também escreve todo o software do iPhone. A fórmula secreta da Apple envolve saber quais partes comprar e quais construir por conta própria; saber como integrar essas partes de maneiras que só ela faz; e, o mais importante, contratar alguns dos melhores desenvolvedores do planeta para escrever um excelente software. Eles também sempre souberam contar suas histórias e vender sua marca, outra área na qual eles decidiram se diferenciar e hoje sabemos que valeu muito a pena.

Assim como a Apple, hoje os desenvolvedores de software combinam seu próprio software especial com microsserviços prontos para uso fornecidos por terceiros. A Uber é um bom exemplo. Aquele "app da Uber" no seu celular na verdade é uma colcha de retalhos composta de cerca de quatro mil microsserviços — alguns desenvolvidos por engenheiros da Uber e muitos fornecidos por operadores externos de plataforma em nuvem. Quando alguém chama um Uber, o comando vai à velocidade da luz da tela principal do app da Uber aos nossos servidores da Twilio e, de lá, encaminhamos a chamada para o motorista. Mas tudo isso é invisível para os dois lados; no que diz respeito a eles, a Uber está possibilitando que eles conversem entre si. Os pagamentos são processados por outro microsserviço, enquanto as conversões de moedas e taxas de câmbio são feitas por ainda outro microsserviço, o Tincup, desenvolvido internamente pela Uber.

É assim que todas as novas empresas do Vale do Silício constroem seu software e esse modelo está sendo adotado rapidamente por empresas tradicionais como bancos, varejistas, companhias aéreas... enfim, todas as empresas de todas as áreas.

Pergunte aos desenvolvedores quais serviços você deveria comprar

Algumas empresas acreditam que serviços como computação, armazenamento, pagamentos ou comunicações são essenciais e não podem ser terceirizados. Por exemplo, sei de algumas varejistas que, no advento da nuvem, se recusaram a usar a AWS porque a Amazon é uma concorrente no varejo. Só que as companhias que pensam assim estão ficando pelo caminho. É justamente quando a concorrência está ficando mais acirrada que as empresas devem concentrar todos os seus esforços de desenvolvimento interno nas partes diferenciadoras do negócio. Comprar os componentes básicos oferecidos nesta Terceira Grande Era do Software, mesmo do seu concorrente mais feroz, é o que lhe dá uma chance de vencer. É por isso que a Netflix, uma concorrente do Amazon Prime Video, é um grande cliente da AWS e não faz segredo disso. É por isso que, na Twilio, usamos grandes operadoras para alavancar os serviços que oferecemos nas áreas de *contact centers*, notificações a clientes e muito mais. Acontece muito de essas decisões de abrir mão dos serviços em nuvem serem tomadas no topo só porque parecem estratégicas — mas não é o caso. Acho que é um grande erro pensar assim.

Os executivos devem consultar seus desenvolvedores e talentos técnicos para tomar essas decisões. Isso já está acontecendo naturalmente. Os desenvolvedores estão usando a AWS e a Twilio, pagando com o próprio cartão de crédito e lançando o custo em seus relatórios de despesas. Em vez de repreendê-los, os líderes deveriam ver que isso é um sinal dos novos tempos e entrar na onda.

Isso me faz lembrar da história de Joe McCorkle, vice-presidente de telecomunicações da RealPage, uma grande empresa de capital aberto que fornece software a companhias do setor de aluguel de imóveis residenciais. Eles oferecem dezenas de produtos em SaaS para empresas que possuem e operam grandes imóveis residenciais, como prédios de apartamentos. E a organização está crescendo muito, tendo feito dezenas de aquisições nos últimos dez anos. Em 2012, depois adquirir várias startups que eram clientes da Twilio, as contas começaram a chegar à mesa de Joe para sua aprovação, porque ele era responsável por todos os gastos com comunicações. No começo, ele as ignorou, até que o diretor operacional pediu para Joe "descobrir que diabos é essa tal de Twilio e como podemos nos livrar deles", substituindo a Twilio por serviços que eles já compravam de uma operadora ou de uma empresa de hardware de telecomunicações.

Em 2012, Joe foi à nossa conferência anual de clientes, na época chamada de TwilioCON, com a missão de descobrir o que a Twilio fazia e como ele poderia se livrar de nós. No evento, ele conheceu centenas de outros clientes e teve uma ideia da variedade de empresas que estavam usando a Twilio para oferecer inovações a seus clientes. Ele mudou de ideia e, na volta, no avião, escreveu um memorando. Em resumo, ele disse: "Não vamos nos livrar da Twilio. Vamos levar tudo para ela". E foi exatamente o que eles passaram os últimos anos fazendo.

Esse é um excelente exemplo de um executivo que entrou na onda de seus desenvolvedores, que estavam por dentro das últimas e melhores novidades. Ao montar sua equipe de desenvolvimento de software, a maior demanda de seus desenvolvedores, arquitetos e lideranças técnicas é decidir as áreas certas para construir. Decidir quais delas são competências essenciais — uma questão que os líderes corporativos discutem muito — agora se estende até o nível do microsserviço. Não espero que a maioria dos executivos corporativos tenha a expertise nem o desejo de supervisionar as atividades até nesse nível — mas eles precisam manter em mente que suas equipes técnicas estão tomando essas decisões com bastante frequência. Os executivos devem ter um entendimento geral do ecossistema de serviços disponíveis e encorajar com veemência as equipes a adotar uma abordagem "componentizada" para acelerar a criação de valor para os clientes. Também devemos perguntar constantemente às nossas equipes técnicas quais são as áreas mais valiosas para redirecionar melhor seus talentos e quais são aquelas nas quais faz mais sentido usar componentes prontos. Essa decisão de Construir ou Morrer não é fixa. Com os microsserviços, a resposta a essa pergunta deve estar sempre mudando. Vale a pena revisitar a questão de tempos em tempos.

Os desenvolvedores costumam ser os primeiros a ficar a par das novidades na cadeia de suprimentos digital. Você pode perguntar aos seus desenvolvedores se eles sentem que têm liberdade para adotar APIs modernas e quais restrições a empresa impõe à adoção. Como você pode equilibrar demandas como segurança e ordens de compra com o desejo de permitir que seus desenvolvedores usem os serviços mais atualizados? Pergunte à sua equipe se eles estão comprando em segredo esses serviços da cadeia de suprimentos digital e pedindo ressarcimento no relatório de despesas. Se eles disserem que estão, não os puna. Descubra por que eles estão fazendo isso e como formalizar isso para eles. Pergunte aos seus desenvolvedores quais são os critérios estratégicos que eles estão usando para decidir quais serviços comprar e quais recursos são verdadeiros diferenciadores para sua empresa.

PARTE II
Conheça e motive os desenvolvedores

Se você chegou até aqui, já leu os dois primeiros capítulos que explicam como você precisa construir o software para que sua empresa sobreviva e prospere na era digital. Mas essa não é a parte mais importante da história. A parte mais importante é como você vai conseguir fazer isso. Tudo começa descobrindo o que leva os seus desenvolvedores a querer fazer seu melhor trabalho e o que você está fazendo como líder para motivar — ou desmotivar sem querer — os desenvolvedores. Nos próximos capítulos, vamos entrar na cabeça dos desenvolvedores, começando por mim.

CAPÍTULO 3

Oi, meu nome é Jeff e sou desenvolvedor

A cada duas semanas, integramos o mais novo grupo de recém-contratados da Twilio e faço uma sessão de trinta minutos com eles, que costumo começar dizendo algo como: "Oi, meu nome é Jeff e sou desenvolvedor". Todo mundo sabe que sou o CEO e fundador da empresa, mas eu me identifico como desenvolvedor de software. Em muitas organizações, há um abismo entre os executivos que conduzem a empresa pela era digital e os desenvolvedores de software que efetivamente implementam a transformação digital. Meu objetivo com este livro é fazer a ponte entre essas duas perspectivas — dando aos desenvolvedores, gestores e executivos uma linguagem em comum para estreitar a colaboração. Na qualidade de CEO de uma empresa de capital aberto e de um desenvolvedor, tenho uma perspectiva diferente da maioria dos executivos e também da maioria dos desenvolvedores. Testemunhei, dos dois lados, os desafios e as vitórias da colaboração entre gestores e desenvolvedores. Para entender a metodologia do Pergunte ao Desenvolvedor, vale a pena conhecer minha jornada. Apesar de hoje eu ser CEO, na infância eu adorava consertar e construir coisas. Acho importante você conhecer os momentos decisivos da minha vida que resultaram na abordagem do Pergunte ao Desenvolvedor.

Cresci no subúrbio de Detroit, em uma comarca chamada West Bloomfield. Minha mãe era professora particular de matemática e meu pai, radiologista. No início dos anos 1980, a radiologia era totalmente analógica. Quando o hospital comprava o filme de raios X da Kodak, ele vinha em caixas contendo umas dez folhas e um papelão branco entre cada uma. O hospital simplesmente jogaria o papelão fora — lembrando que isso foi antes da popularização da reciclagem — e, para evitar o desperdício, meu pai começou a trazê-lo para casa, acumulando um estoque de papelão branco em um quarto.

Nos fins de semana, quando não tínhamos nada para fazer além de assistir à TV, meu pai me propunha: "O que você acha de a gente fazer um projeto?". Pegávamos a caixa cheia de pedaços de papelão de vários tamanhos e ele dizia: "O que você quer construir?". Eu respondia coisas como: "Vamos fazer um robô!" ou "Vamos fazer um aparelho de videocassete" ou "Vamos fazer uma máquina de raio X!" e começávamos a trabalhar. Usávamos o papelão para fazer uma caixa mais ou menos do tamanho de um aparelho de videocassete, desenhávamos com canetinha os botões para os comandos de reproduzir, pausar, voltar, avançar etc. Eu desenhava uma fenda para indicar onde a fita Beta entraria. (Sim, éramos do time Beta!) E, quando terminávamos, eu fazia a pergunta que meu pai sempre temia: "Pai, como a gente pode fazer isso funcionar *de verdade*?". Nessas horas, tenho certeza de que meu pai gostaria de ser uma espécie de Gepeto para fazer nossas invenções funcionarem. Mas nossos robôs, aparelhos de videocassete e qualquer outra coisa que construíamos nunca funcionavam.

De qualquer maneira, aquela experiência com meu pai despertou em mim a vontade de criar e construir. Eu me apaixonei pela ideia de poder construir algo só com alguns materiais básicos e algumas ferramentas. Mesmo se a coisa não funcionasse... ainda.

Por volta de 1983, compramos nosso primeiro computador, um Apple IIe, e descobri o Basic — uma linguagem de programação simples que podia ser usada para mandar o computador fazer coisas que você queria que ele fizesse. Começando com coisas bobas, como:

10 PRINT "hello world"
20 GOTO 10[1]

Com o tempo fui aprendendo comandos mais avançados. Lembro-me de ter criado um aplicativo simples de agenda telefônica. Era divertido, mas não muito útil. Mesmo assim, meus pais fingiam ficar impressionados, como os pais são obrigados a fazer.

Em 1990, nossa família comprou nosso primeiro PC: um 386DX de 20 MHz de uma empresa chamada CompuAdd. Era uma banheira — uma caixa bege enorme que pesava pelo menos uns quinze quilos. Ao longo dos anos, mergulhei nas entranhas daquela máquina, fazendo o upgrade de componentes e do Windows 3.0 para o 3.1. Volta e meia eu travava totalmente o computador fazendo bobagens como deletar o c://command.com ou mexendo nas configurações do c:// autoexec.bat — por sorte meu tio Jerry morava na mesma rua e eu ia correndo à casa dele e copiava seu autoexec.bat para poder retomar meus experimentos.

Fiquei conhecido como o garoto que "entende de computadores". Quando alguém me perguntava por que o mouse não estava funcionando ou o computador não inicializava, eu normalmente não sabia responder de cara. Mas eu sabia que poderia fuçar até "dar um jeito". Afinal, quais eram as chances de eu quebrar ainda mais uma coisa que já estava quebrada? Com aquele computador 386DX, aprendi a fuçar

---

1 PRINT e GOTO são comandos da linguagem Basic. "Hello world" é um exemplo de código minimalista de uma linguagem de programação e costuma ser usado em testes. [N.T.]

nas coisas. Aprendi que, mesmo se você ferrar tudo, sempre dá para consertar. E, em muitos aspectos, é assim que um desenvolvedor pensa.

Foi só quando entrei na faculdade que caí de amores pela programação. Quando cheguei à Universidade de Michigan em 1995, a maioria dos meus colegas só tinha olhos para as habituais conquistas da liberdade aos 18 anos: passar a noite em festas, beber até cair e namorar. Mas o que mais me empolgou foi a porta de rede Ethernet no meu dormitório! Pela primeira vez eu tinha acesso a uma conexão de internet de 100 Mbps e que, ainda por cima, nunca caía, o que era muito diferente da conexão discada de 28.800 kbps que eu tinha em casa. A primeira coisa que fiz depois de me despedir dos meus pais foi baixar por FTP uma cópia do Netscape Navigator 1.0. Adeus, AOL; Olá, internet "de verdade". Aquilo foi poucas semanas após a oferta pública inicial da Netscape que pegou o mundo de surpresa, e eu fui um dos milhões de usuários que estavam descobrindo a internet pela primeira vez.

Lembro-me de ver os sites estáticos da época — páginas promovendo empresas, páginas de pesquisadores acadêmicos, páginas pessoais detalhando os hobbies das pessoas e muito mais. Dava para passar horas clicando e navegando, aprendendo sobre praticamente qualquer coisa. Mas ainda mais incrível do que o conteúdo da web naquela época era a possibilidade de ver o código-fonte de qualquer página da web e descobrir como ela foi feita. Não havia segredos, nenhuma mágica atrás das cortinas. Dava para literalmente ver como qualquer coisa na internet foi feita, aprender e desenvolver algo com base nisso. Era fantástico.

Ainda mais interessante, contudo, eram os sites "dinâmicos" que estavam começando a surgir na época, que faziam mais do que apenas exibir conteúdo. A Amazon.com permitia "folhear" livros e até comprá-los! O Yahoo, Lycos e AltaVista permitiam buscar coisas na internet. O MapQuest permitia encontrar qualquer lugar do planeta e receber instruções passo a passo para chegar lá!

O mais incrível nesses sites era que alguém podia escrever um programa. Mas, ao contrário da era do Apple IIe, qualquer pessoa na internet podia interagir com o código. Em vez de ter meus pais como plateia, eu tinha como escrever algo que milhões de pessoas poderiam usar. De repente, a coisa ficou séria. Não era mais um brinquedo de criança; este era o mundo real.

Fiz cursos de ciência da computação, aprendendo os fundamentos do funcionamento dos computadores, das CPUs, da memória e até os aspectos teóricos da computação moderna, como por que o sistema binário foi a base escolhida para a programação de computadores, entre muitas outras coisas. Também comecei a aprender o básico do desenvolvimento de software, escrevendo algoritmos de ordenação em C e C++, loops, funções e estruturas. Era tudo muito interessante, mas, como você já deve ter adivinhado, sou um cara mais do tipo "mão na massa". Eu queria fazer mais do que apenas algoritmos de ordenação que já tinham sido feitos milhões de vezes por milhões de outros alunos.

Nas férias de verão de 1997, depois de alguns anos de cursos de ciência da computação, consegui um estágio no Citysearch em Pasadena, Califórnia, aninhada nas montanhas a nordeste do centro de Los Angeles. O Citysearch foi um dos primeiros grandes sites da web. O produto deles era um guia de informações sobre todas as coisas para fazer em diferentes cidades. Pouco antes de eu entrar na empresa, em junho de 1997, eles reconstruíram o sistema de gerenciamento de conteúdo (CMS) que lhes permitia atualizar o site, e a nova versão passou a usar um novo formato de arquivo. (Sim, os dados eram armazenados em arquivos, nem chegava a ser um banco de dados!) No meu primeiro dia, meu chefe me deu as boas-vindas à empresa e descreveu minha tarefa: eu precisaria converter os arquivos do formato antigo para o novo. Ele me mostrou minha mesa, meu computador e os formatos de arquivo antigo e novo.

Escrevi um programa em C que lia os arquivos antigos e reescrevia os dados no novo formato. Lá pela hora do almoço, fui para a mesa do meu chefe e informei que tinha terminado a minha primeira tarefa. Ele ficou pasmo. Pelo jeito ele acreditava que aquele trabalho me ocuparia por pelo menos *dois meses*. Ele achou que eu passaria esse tempo todo copiando e colando dados de um arquivo ao outro — milhares de arquivos — e que isso daria um ótimo programa de estágio. Perguntei o que ele queria que eu fizesse no resto do dia e ele respondeu que precisaria pensar. Acontece que ele não tinha nada para eu fazer, não só pelo resto do dia, mas pelo verão todo. Aquela foi a primeira vez em que percebi que havia um abismo entre os gerentes e o que os desenvolvedores de software realmente fazem.

Então fui ao escritório todos os dias e ficava o dia inteiro à minha mesa fuçando na internet. Aprendi uma nova linguagem de programação que estava se popularizando para a construção de aplicativos de internet — o Cold Fusion. Voltei daquele estágio com muita gana de abrir meu próprio negócio.

Sempre achei que a melhor maneira de aprender algo novo é se comprometer com os "clientes" e se forçar a aprender. Chamei dois amigos, Brian Levine e Michael Krasman, que também eram fascinados pela internet, e começamos a pensar em produtos que poderíamos criar. Tivemos um punhado de ideias, mas uma se destacou.

Espalhados pelo campus inteiro, havia anúncios de empresas que vendiam anotações de aulas. Eram microempreendimentos, com nomes como Blue Notes, Superior Notes, Grade A Notes, que funcionavam em lojas de xerox por todo o campus. Pagando uma taxa de mais ou menos US$ 50 por curso por semestre, você poderia comprar as anotações de algum aluno brilhante e estudioso — você sabe, aquele que gosta de ficar na primeira fila — e usá-las em vez de estudar com suas próprias anotações, todas erradas e cheias de desenhos nas margens. Depois de pagar os US$ 50, você cruzava a cidade na neve depois de cada aula para pegar suas anotações, que eram fotocopiadas fisicamente. Esses serviços eram bastante populares, especialmente para os grandes cursos de "introdução a alguma coisa", que chegavam a ter mil calouros fazendo a mesma disciplina.

Brian, Mike e eu pensamos: em vez de cruzar a cidade na neve várias vezes por semana, não seria mais prático pegar essas anotações na internet? Você poderia ler as anotações on-line na comodidade do seu dormitório. Considerando a concentração de alunos em um número relativamente baixo de "megacursos" (Introdução à Psicologia, Introdução à Economia etc.), poderíamos contratar só alguns estudantes para fazer as anotações e cobrir as necessidades de quase todos os calouros: quase cinco mil alunos na Universidade de Michigan. Esse serviço existia em praticamente todas as faculdades e universidades do país. Fizemos as contas por cima e calculamos que a "indústria" de anotações de aulas representava um mercado colossal de US$ 15 milhões. Assim, decidimos que, em vez de vender as anotações, o que em 1997 teria sido muito difícil de fazer na internet, nós as daríamos de graça. O mercado de publicidade era muito maior do que o mercado de "anotações de aulas" e nosso lucro vinha de empresas locais e nacionais que nos pagavam para colocar seus anúncios nas anotações.

Decidimos chamar nosso empreendimento de Notes4Free.com, registramos o nome de domínio e adotamos um slogan não oficial: "Não somos a favor de matar aula. Só facilitamos o processo para você". Como você já deve ter imaginado, o serviço foi muito popular. Qual aluno não gostaria de receber anotações de aula em seu dormitório e, ainda por cima, de graça? Em pouco tempo, já estávamos levando nossas operações à Universidade Estadual de Michigan e a outras oito grandes universidades.

Lá por agosto de 1998 vimos o boom das pontocom. A oportunidade de participar desse período de prosperidade era grande demais para deixar passar. Eu e meus cofundadores largamos os estudos para nos dedicar em tempo integral à nossa empresa. Arrecadamos uma rodada de investimento inicial de US$ 1 milhão de amigos e familiares e expandimos nosso escritório três vezes em seis meses, sempre que mais espaço era disponibilizado, porque estávamos contratando todos os nossos amigos da faculdade e até alguns adultos legítimos para concretizar nossa missão. Mudamos o nome da empresa — por sorte — para Versity.com. Em meados de 1999, levantamos US$ 10 milhões em capital de risco da Venrock Associates, uma empresa famosa de *venture capital* do Vale do Silício, e transferimos a empresa — então com cinquenta pessoas — do estado de Michigan para o Vale do Silício. Continuamos crescendo. Contratamos uma equipe executiva "profissional" que, em retrospecto, estava mais interessada em vender a empresa. E foi o que fizemos. Em janeiro de 2000, vendemos a Versity. com em troca de ações de outra empresa que cortejava estudantes universitários — a CollegeClub.com —, que tinha acabado de abrir o capital. A CollegeClub retirou seu pedido de IPO para concluir a aquisição da Versity e, quando eles voltaram a solicitar o registro — em abril de 2000 —, a janela do IPO já tinha fechado, a festa estava no fim e eles estavam queimando uns US$ 30 milhões por mês. Em vez de uma injeção de dinheiro do IPO, a empresa deu de cara com a parede, declarando falência em agosto de 2000. Nossas ações viraram pó.

Em apenas dezoito meses, tínhamos passado de um projeto paralelo no tempo livre depois das aulas para uma empresa avaliada por investidores em mais de US$ 150 milhões como parte de uma companhia prestes a fazer um IPO... e acabamos morrendo na praia sem um tostão furado para contar história. Foi só mais uma das milhares de outras histórias da montanha-russa da bolha das pontocom. Olhando para trás agora, posso dizer que aquela empresa não teria muito futuro de qualquer maneira. Nós só tínhamos 21 anos, sem nenhum modelo de negócio e com milhões de dólares de investidores. Durante toda a vida da companhia, gastamos mais de US$ 10 milhões em financiamento de risco e geramos uns US$ 14 mil em receita. Mas a receita nunca foi a meta — os investidores não perguntavam sobre a receita nem os membros do conselho se preocupavam com isso. Tudo o que importava era atrair visitantes para o site. Essa parte nós fizemos bem. Conquistamos uma audiência de milhões de estudantes, que acessavam nosso site toda semana ou até todo dia. No que dizia respeito a construir a audiência de universitários, conseguimos atingir e até estourar nossa meta. Apesar de não termos conseguido gerar um valor concreto com nosso site, fui contagiado pelo espírito do empreendedorismo, mas também aprendi que dá para aprender muito com o fracasso e se preparar para o que vem por aí. Minha carreira não tinha terminado ali. Pelo contrário, ela só estava começando.

Mais ou menos naquela época, meu amigo Jeff Fluhr tinha acabado de escrever um plano de negócios para uma empresa chamada Idrenaline. A ideia era criar um site onde as pessoas pudessem comprar e vender ingressos para eventos — como esportivos, shows e muito mais — com muito mais segurança e praticidade do que apelar a um cambista na esquina pagando em dinheiro vivo. Jeff e seu cofundador, Eric Baker, tinham um plano de negócios e estavam começando a arrecadar fundos de alguns investidores, apesar de o ano 2000 não ser o melhor momento de levantar fundos para uma pontocom. Jeff e Eric trabalhavam no setor bancário e nunca tinham aberto um negócio. Como a oportunidade me pareceu interessante e eu não estava querendo ficar no CollegeClub, concordei em entrar na empresa deles como o primeiro diretor de tecnologia, ajudando-os a construir o site, montar a equipe técnica e fazer a empresa decolar. Sabíamos que precisávamos de um nome melhor e Jeff escolheu Liquidseats (algo como "assentos líquidos"), que sempre me remeteu a algum tipo de diarreia. Meu amigo Dave Bruan, que dirigia o marketing da Versity, também entrou na Idrenaline como diretor de marketing. Ele teve a ideia do nome StubHub. Jeff também contratou Matt Levenson — uma figura importante na história do Pergunte ao Desenvolvedor, sobre quem falarei mais adiante neste capítulo — como diretor de operações.

Eram meados de 2000 e estávamos tentando desesperadamente lançar o site a tempo para o início do campeonato de futebol americano da NFL em setembro. Foi uma correria insana. Tínhamos de descobrir a melhor maneira de obter nosso estoque inicial de ingressos, de encontrar compradores e onde lançaríamos o projeto. Usando o que eu sabia sobre produção audiovisual, fiz um vídeo de lançamento na tentativa de viralizá-lo. Eu nunca tinha criado um site de e-commerce antes, escrito o código para aceitar pagamentos por cartão de crédito na internet nem pensado sobre o funcionamento de leilões on-line, mas tudo isso era muito empolgante. Mergulhei de cabeça e montei uma pequena equipe para botar o site no ar em setembro — indo da primeira linha de código ao lançamento em cerca de seis semanas. O trabalho frenético para lançar o StubHub foi uma curtição. Foi incrível ver como conseguimos pegar a ideia, criar a primeira versão e colocá--la nas mãos dos clientes com tanta rapidez. Com essa velocidade, éramos capazes de fazer iterações constantes.

Só que, apesar de o StubHub ser uma grande oportunidade de negócios, eu não sentia que aquela era a minha missão. Eu queria dedicar meu tempo a uma paixão, e a venda de ingressos simplesmente não era a categoria de produto mais apaixonante para mim. Com o tempo, comecei a procurar uma oportunidade para chamar de minha.

Foi quando almocei com Kevin O'Connor, fundador e CEO da DoubleClick, a rede de publicidade na internet mais proeminente da época. O pessoal da DoubleClick basicamente inventou o banner publicitário e foi responsável pela primeira onda de monetização da internet. Kevin tinha sido um investidor-anjo na Versity e nunca perdemos o contato. No almoço, contei que estava interessado em abrir uma nova empreitada e ele disse que tinha interesse e me ajudar a ter uma ideia. Foi assim que Matt Levenson, que tinha trabalhado tanto na Versity quanto na StubHub, entrou no barco comigo.

Tivemos quase mil ideias em sessões de brainstorming, pesquisamos umas cinquenta que tinham algum potencial e devemos ter escrito uns vinte planos de negócios — mas, no fim, a ideia que escolhemos surgiu do nada. Matt cresceu em Santa Bárbara, na Califórnia, e testemunhou a rápida popularização dos esportes radicais — como skate, surfe, snowboard e ciclismo BMX. Só que, para essas modalidades, as únicas opções de varejo eram pequenas lojas familiares. Esses comércios independentes atendem muito bem às necessidades dos praticantes de esportes de nicho, mas, como esses esportes estavam ganhando cada vez mais adeptos, Matt achou que os clientes gostariam da experiência de comprar em uma grande loja de varejo — com um horário de funcionamento previsível, boas políticas de devolução e uma ampla seleção de produtos. Começamos a imaginar como seria uma loja como essa para esportes radicais.

Por incrível que pareça, de todas as mil ideias que tivemos nas sessões de brainstorming, pensando nas principais tendências da internet e dos smartphones, a única ideia que obteve um consenso envolvia lojas físicas. Você pode estar estranhando. Nós também achamos estranho, mas também era um sinal dos tempos. Depois do crash das pontocom, a ideia de um negócio onde você comprava produtos por X e os vendia por mais de X parecia muito boa em comparação com os modelos de negócio malucos da internet, que pareciam estar implodindo entre 2000 e 2001.

Mas eu tinha as minhas dúvidas. Perguntei a Matt o que uma loja de esportes radicais tinha a ver com um desenvolvedor de software como eu, ainda mais considerando que eu não praticava nenhum desses esportes. Falamos sobre a tecnologia que poderia melhorar a experiência do cliente e os benefícios de abrir uma loja do zero em 2001 sem ter de lidar com nenhuma tecnologia legada. Teríamos a possibilidade de construir o que quiséssemos para encantar nossos consumidores e aumentar a eficiência da loja. Fiquei intrigado com o argumento, entrei no carro com Matt e voltamos à ensolarada Califórnia — dessa vez para Los Angeles, que é o epicentro dos esportes radicais.

Matt e eu arregaçamos as mangas e nos pusemos a trabalhar. Escolhemos o nome Nine Star, mas confesso que não caí de amores, apesar de ser melhor do que o provisório que estávamos usando: Rough Riders. Quando encontramos um imóvel comercial, Matt e nossa equipe se concentraram em criar a loja física e comprar os produtos enquanto eu me concentrei em construir o software para maximizar a eficiência das operações da loja. Foi uma oportunidade de ouro pesquisar o funcionamento de toda aquela tecnologia das varejistas e construir algo ainda melhor do que a maioria. Em todas eu via caixas registrando as compras com um scanner, passando cartões de crédito na maquininha e imprimindo notas. Agora eu tinha a chance de aprender como tudo isso funciona. O que acontece quando o laser do scanner atinge o código de barras do produto? Quais informações estão codificadas na fita magnética do cartão de crédito? Como a caixa registradora sabe em que momento deve abrir para dar acesso ao troco?

Construí tudo isso como um aplicativo da web, porque, bem... eu só conhecia a web. Na linguagem PHP, escrevi um sistema de ponto de venda completo, o software que os varejistas usam para registrar as vendas, receber o pagamento em dinheiro e cartão de débito e crédito, imprimir notas e muito mais. Melhor ainda, como fui eu que escrevi a coisa toda, eu poderia expandir e alterar o sistema como bem entendesse. Quando decidimos oferecer um programa de fidelidade aos nossos clientes, incorporei tudo no sistema de ponto de venda. Quando um novo cliente passava pelo caixa para pagar a compra, perguntávamos se ele gostaria de participar do programa. Se ele aceitasse, o caixa pegava seu nome e endereço de e-mail e usava uma pequena webcam para tirar uma foto. Em trinta segundos, um cartão de associado do programa, todo colorido, saía da caixa registradora. Nossos jovens consumidores adoraram a ideia! Era como um cartão de crédito personalizado para pré-adolescentes. Decidimos que os participantes do programa receberiam um *cashback* de 20% de todo o dinheiro que gastassem em um ano, que seria disponibilizado na forma de créditos para gastar em fevereiro (quando estávamos tentando nos livrar do estoque que sobrou da temporada de Natal). Incorporei esse programa de *cashback* ao sistema de ponto de venda.

Eu escrevia o código em uma salinha nos fundos da loja e, quando o movimento era grande, inevitavelmente alguém vinha me convocar para trabalhar no caixa. No começo tudo corria às mil maravilhas. Todo dia eu tinha a chance de usar o software que estava construindo. Eu encontrava um bug ou pensava em alguma melhoria para acelerar as operações dos caixas, voltava para a salinha dos fundos e saía meia hora depois para fazer o *deploy* da melhoria. O ciclo de feedback era estreito e a satisfação de trabalhar nele era enorme. Mas, no fundo, eu sabia que estava na salinha de uma loja de skates, cercado (literalmente) de caixas de sapato e skates. Meus colegas eram fanáticos por skate ou surfe e eu era "o cara do computador".

Um desenvolvedor precisa de muita concentração para manter todo o sistema na cabeça. As pessoas chamam isso de "fluxo" — aquele estado em que você entra quando sua mente está engajada em um problema, o tempo voa e sua produtividade decola às alturas. Mergulhar em um código-fonte, lembrar-se do funcionamento de uma parte específica do código para poder fazer alterações, exige uma concentração incrível. E era difícil me concentrar trabalhando nos fundos de uma loja de skates. O design da loja possibilitava aos clientes andar de skate em todas as superfícies para que os jovens se sentissem como em uma pista. Eles adoravam. Eu odiava. O barulho era constante e os funcionários da loja precisavam falar alto para serem ouvidos.

Um dia, um dos funcionários entrou esbaforido na sala dos fundos quando eu finalmente tinha conseguido me concentrar. Ele me deu um tapinha no ombro. "E aí? O site caiu?"

Tirei meus fones de ouvido, irritado com a interrupção. "Você está me *perguntando* ou me *dizendo*?!", eu rosnei.

O funcionário skatista recuou lentamente e me dei conta do monstro que eu tinha me tornado: eu era o cara da informática rabugento com quem ninguém queria falar. Foi quando percebi que eu nunca deixaria de ser um peixe fora d'água naquele lugar.

Enquanto eu construía toda aquela tecnologia bacana na Nine Star, vi o Google surgir do nada para se tornar um gigante da tecnologia. A Amazon não parava de crescer, incluindo constantemente novas categorias de produtos no site. As empresas que sobreviveram à implosão das pontocom estavam começando a mudar a vida das pessoas. Eu queria voltar a trabalhar no setor da tecnologia, não no fundo de uma loja de skates. Além disso, vivíamos duros na Nine Star. Usamos todo o nosso dinheiro para comprar os produtos que seriam vendidos aos clientes. Matt e eu tínhamos passado três anos sem receber, minha conta bancária estava no vermelho e eu tinha estourado o limite de todos os meus cartões de crédito. O Subway que ficava do outro lado da rua da Nine Star tinha uma promoção do tipo "compre um, leve dois" todos os dias depois das cinco da tarde. Eu comprava um sanduíche de US$ 3,99 para comer no jantar e guardava o outro para o almoço do dia seguinte. Certa vez, a Baja Fresh, uma rede de comida mexicana, lançou um cupom no site para ganhar um burrito. A internet só estava começando e pelo jeito eles não perceberam que os clientes poderiam imprimir o cupom quantas vezes quisessem. Matt e eu passamos uns três meses comendo burrito de graça até que eles descobriram o erro. Essa é a vida de um empreendedor.

Ao pensar nas possibilidades para o futuro, me dei conta de que já tinha atuado em três startups em estágio inicial. Eu já tinha atuado em uma startup desde o início, quando éramos só um punhado de pessoas em uma garagem (ou uma loja de skate, no caso) tentando construir algo do nada. Mas eu não tinha experiência em uma grande empresa, tirando aquele estágio de verão (que na verdade só durou uma manhã) no Citysearch. Se um dia eu quisesse criar uma empresa sólida, precisaria aprender como as grandes operam. O que funcionava? Quais lições eu poderia levar à minha próxima startup? O que deixou de funcionar quando as companhias cresceram? Que armadilhas eu teria de evitar? Eu precisava aprender o funcionamento de uma empresa, como gerenciar, liderar e escalar uma organização em rápido crescimento. Nas startups, a ideia é correr o mais rápido possível, mas como as empresas *de verdade* funcionam? Eu queria descobrir. Também não faria mal algum ganhar um salário fixo e reabastecer o cofre.

No segundo trimestre de 2004, aceitei uma oferta para trabalhar na Amazon Web Services (AWS) e me mudei para Seattle. Eu só tinha trabalhado em startups com pouca verba e pessoal. Era totalmente diferente atuar em uma empresa de classe mundial, com talentos de classe mundial. Aprendi como os sistemas funcionam em escala. Aprendi sobre a tecnologia que eles estavam inventando para dar conta da escala da Amazon — sistemas distribuídos, *consistent hashing*, idempotência, o teorema CAP —, coisas que eu nunca tinha visto na prática. Quando entrei, a equipe da AWS tinha umas trinta pessoas e eu era um gerente de produto, trabalhando no sexto andar do Pacific Medical Center, o antigo hospital em estilo *art déco* que tinha sido convertido na sede da Amazon. Jeff Bezos trabalhava no sétimo andar e trabalhar perto dele significava que ele se importava com seu projeto. A AWS era o projeto favorito dele, o que explicava nossa presença no sexto andar.

Estávamos construindo produtos não para os consumidores, mas para desenvolvedores como eu. As pessoas com quem eu trabalhava estavam realmente inventando algo novo. Tudo teve de ser repensado. Os produtos, o marketing e até a precificação. Meu colega de escritório, Dave Barth, foi o primeiro gerente de um novo produto chamado Simple Storage Service, ou S3, destinado a dar uma chacoalhada no mercado de armazenamento digital. Eu tinha sido alocado a um produto que posteriormente foi batizado de Flexible Payment Service (FPS). O objetivo do FPS era possibilitar que os desenvolvedores aceitassem pagamentos em seus aplicativos. Assim como o S3 deu aos desenvolvedores acesso ao armazenamento em escala na internet, o FPS daria aos desenvolvedores acesso à mesma infraestrutura de pagamentos que embasou o maior site de e-commerce do mundo. Gostávamos de brincar dizendo que o S3 era chamado de serviço de armazenamento *simples*, enquanto o FPS era o serviço de pagamentos *flexível*, e não era por acaso. Nosso produto era complicado demais e não estava sendo fácil lançá-lo. Mesmo assim, foi uma experiência incrível. A Amazon parecia ser uma empresa *enorme*, mas a sensação era de trabalhar em uma startup. A empresa toda era dividida em pequenas equipes de duas pizzas, cada uma operando como uma pequena startup. Tínhamos um senso de urgência. Uma eletricidade no ar. Uma sensação de que nosso trabalho tinha o potencial de mudar o mundo. Estávamos inventando o futuro. É assim que você quer que seus talentos técnicos se sintam.

Uma das coisas que mais me impressionaram na Amazon foi que os desenvolvedores tinham muita influência e autonomia para tomar decisões. A maioria dos líderes seniores de muitos desses projetos na época não eram líderes de negócio, mas técnicos. O S3 era informalmente liderado por Al Vermeulen, diretor técnico da Amazon. Meu projeto, o FPS, era liderado por um engenheiro chamado Vikas Gupta, que construiu muitos dos sistemas de pagamento de varejo da Amazon. Líderes de negócios como Andy Jassy davam orientações e mentorias de liderança, e seu trabalho envolvia mais criar um ambiente para os líderes técnicos terem sucesso e agregarem valor ao negócio, não só escrever código. Essa experiência me convenceu de que os desenvolvedores também podem ser grandes líderes de negócio — um dos pilares da abordagem deste livro.

Trabalhar na Amazon mudou minha visão de mundo e das oportunidades possibilitadas pela escala da internet. Também aprendi muito sobre a cultura organizacional — as coisas que os líderes podem fazer para criar um ambiente que possibilite que seus talentos façam seu melhor trabalho. E tive a chance de ver os grandes acertos da Amazon nos primeiros anos e também algumas coisas que eu faria de outro jeito.

A mudança para Seattle transformou minha vida. Conheci Erica, hoje minha esposa. Ela tinha acabado de se formar em medicina pela Universidade de Washington em Saint Louis e tinha se mudado para Seattle a fim de fazer residência em pediatria no Hospital Infantil de Seattle.

Depois de alguns anos, comecei a ter uma vontade enorme de pegar o que aprendi na Amazon para abrir minha próxima empresa. Dessa vez, prometi a mim mesmo criar uma companhia voltada a clientes com quem eu realmente me identifico — não compradores de ingressos de shows ou eventos esportivos nem skatistas adolescentes.

Eu queria aprender com os meus erros e criar algo para suprir uma necessidade minha e do mundo. Também prometi pegar o que aprendi na Amazon sobre escalabilidade e criar uma empresa capaz de manter toda essa energia e ímpeto a cada passo do caminho.

Saí da Amazon em meados de 2006, ainda sem ter um plano, mas decidido a encontrar minha próxima ideia. Mudei de apartamento a fim de economizar, saindo de um belo bairro com vista à baía para ir morar em um apartamento velho e bolorento em um bairro universitário com um aluguel mais condizente para quem, como eu, não tinha um salário fixo. Minha experiência na Amazon me mostrou como era fácil criar uma startup de software. Se eu não precisasse mais de um data center nem de servidores, poderia levantar muito menos fundos e contratar menos pessoas do que antes. Eu poderia focar toda a minha energia empreendedora no que mais importa: o cliente e o problema que eu me propunha a resolver para ele. Eu tinha um monte de ideias flutuando na cabeça. Uma delas era criar uma nova maneira de fazer backups de computador. Outra ideia ajudaria as pessoas a transmitir vídeos de locais distantes do planeta usando redes *peer-to-peer*. Para decidir qual oportunidade buscar, resolvi conversar com os clientes potenciais.

Quando você apresenta uma ideia de novo produto para clientes potenciais, especialmente quando eles são seus conhecidos, duas coisas podem acontecer. Se eles realmente gostarem da ideia e ela tiver o potencial de resolver um problema na vida deles, eles começarão a fazer perguntas. A sua solução vai conseguir fazer isso? Vai fazer aquilo? Eles vão querer saber como a sua solução se encaixa no problema deles. É um bom sinal. Se eles acharem que a sua ideia não vai resolver um problema deles, a conversa tomará outro rumo. Eles tentarão ser educados e dirão algo como: "Parece uma boa ideia..." sem muita empolgação. Depois de alguns momentos de silêncio constrangedor, eles mudarão de assunto. "E aí? Você viu o jogo de futebol ontem?" Não é um bom sinal.

Muitas ideias que tive levaram a conversas sobre futebol, mas tudo bem, porque tudo o que eu investi nelas foram algumas semanas e nenhum tostão.

É assim que a coisa funciona: *a experimentação é indispensável para a inovação*. Quanto mais rápidos e baratos forem seus experimentos, menos tempo você vai levar para encontrar algo que dê certo. Continuei à caça de ideias.

Uma que não me saía da cabeça era que, nas três startups onde trabalhei, usamos o poder do software para construir excelentes produtos e criar excelentes experiências para o cliente. Apesar de as empresas serem muito diferentes entre si — uma companhia de anotações de aulas, um site de revenda de ingressos, uma loja física de skates —, todas envolviam descobrir uma maneira de construir um software para encantar nossos clientes. Na minha cabeça, o superpoder do software era a rapidez com a qual era possível pegar uma ideia e oferecê-la aos consumidores. Você lhes daria a oportunidade de brincar com a sua ideia, eles lhe devolveriam um feedback, dizendo do que gostavam e o que achavam que precisava melhorar. Você usaria isso para criar a próxima coisa e assim por diante. Daria para lançar uma nova versão todos os dias se você quisesse. O grande apelo do software está nessa mentalidade de iteração constante. Pense em como lançamos o StubHub em seis semanas ou como eu podia melhorar o sistema de ponto de venda da Nine Star em tempo real enquanto trabalhava na loja.

Além disso, as três empresas tinham outra característica em comum: em todas elas, tivemos situações nas quais precisamos de recursos de comunicação para fechar o ciclo com nossos clientes ou melhorar as operações. Na Versity, se um anotador se esquecesse de fazer o upload de suas anotações e, mesmo depois de um ou dois lembretes por e-mail, ainda não tivesse concluído a tarefa, seria prático automatizar uma ligação telefônica para a casa dele. Se você comprasse um ingresso pela StubHub e tivesse de se encontrar com o motoboy, vocês precisariam ligar um para o outro para se encontrar do lado de fora de um evento lotado. Na Nine Star, os clientes ligavam o tempo todo para perguntar se o conserto de uma prancha de surfe ou skate estava pronto e um vendedor deixava de atender os clientes na loja para consultar no computador o status do reparo, uma tarefa que poderia muito bem ser automatizada.

As comunicações estavam profundamente integradas em nossos produtos e fluxos de trabalho e sempre surgiram como uma necessidade da empresa. Mas, como desenvolvedor, eu não entendia bulhufas de comunicações. Como fazer um telefone tocar em algum lugar a milhares de quilômetros de distância? Parecia mágica.

Sempre que esses problemas surgiam, eu ligava para companhias que sabiam como essas coisas funcionavam, como a Cisco e a AT&T. Se, por sorte, eu recebesse um retorno da equipe de vendas dessas empresas (éramos peixes pequenos demais para eles), eles diziam que até seria possível fazer minha solução funcionar, mas precisaríamos passar cabos de cobre desde uma operadora até o nosso data center, instalar um monte de hardware e comprar um monte de software. E ninguém vendia uma tecnologia pronta para fazer o que queríamos. Precisaríamos contratar um monte de terceiros com experiência em telecomunicações e certificações da Cisco para criar uma solução customizada. No total, a solução custaria milhões de dólares e levaria dois anos para ser construída. Acabávamos nunca fazendo as coisas que queríamos.

O mundo das comunicações era diametralmente oposto à mentalidade do software. A indústria de comunicações se desenvolveu com base em um século de investimentos em infraestrutura física: cavando milhões de quilômetros de valas e instalando cabos, lançando satélites no espaço ou gastando fortunas na compra de frequências sem fio de governos. Devido ao tamanho e risco dessas atividades, as empresas avançaram lentamente.

Mas o hardware deixou de pautar a extração de valor das comunicações. O planeta já está envolto em fios e cabos e agora podemos nos dar ao luxo de pensar no que podemos construir inovando com o software em questão de dias ou semanas, não mais meses ou anos. Construir, testar, iterar. Foi o que eu precisei fazer em todas as minhas três empresas anteriores. Depois pensei no que estávamos construindo na AWS — uma infraestrutura na forma de interfaces de programação de aplicações (APIs) que os desenvolvedores poderiam acessar com algumas linhas de código e alguns poucos centavos por uso. Modernizar as comunicações para a era do software parecia um grande problema e pensei que uma maneira de resolvê-lo seria transformando a comunicação em APIs para desenvolvedores de software.

Conversei com meus clientes potenciais — os desenvolvedores de software —, lançando a pergunta: "E se você tivesse uma API que permitisse fazer ou receber ligações de seu app e realizar coisas como reproduzir áudio, ler textos ou conectar várias pessoas ao mesmo tempo? Você acha que isso teria alguma utilidade?".

No começo, eles diziam: "Parece uma boa ideia... E aí? Você viu o jogo de futebol ontem?". Depois de um tempo, eles acabavam voltando ao assunto. "Então... Sobre aquela sua ideia do telefone, será que eu teria como... avisar os clientes que a encomenda foi enviada?" E eu respondia, empolgado: "É claro que sim!".

Isso aconteceu vez após vez. Quase dava para ver as engrenagens começando a girar quando os desenvolvedores associavam a ideia a algum recurso que eles queriam criar mas não tinham como porque não entendiam nada de telecomunicações.

No fim de 2007, entrei em contato com John Wolthuis — a primeira pessoa que contratei na Versity e depois na StubHub — para ver o que ele andava aprontando e se tinha interesse em ajudar a resolver esse problema. Em seguida, entrei em contato com Evan Cooke, professor assistente de um curso que fiz na Universidade de Michigan com quem mantive contato e gostava de trocar ideias empreendedoras de vez em quando. Ficamos muito empolgados e, como as entrevistas com os clientes potenciais sempre revelavam interesse, em janeiro de 2008 decidimos focar exclusivamente o novo negócio.

A primeira coisa de que precisávamos era um nome. Acho importante que a empresa tenha um nome de uma palavra só, uma palavra inventada que ninguém mais usa. Começamos tentando sons aleatórios, balbuciando sílabas que lembravam a palavra *telefone*. "Teliph." "Telefoo." "Telapia." Não... falta alguma coisa. Continuamos testando sons. Ainda bem que aquela sessão de brainstorming não foi filmada, porque seria hilário de ver. Depois de uns vinte minutos, eu disse: "Twili. Tweli. Twilio". Este último nome tinha um quê de especial. Por incrível que pareça, o domínio Twilio.com estava disponível por sete dólares e agarrei a chance. E foi isso. Já tínhamos um nome para nossa empresa.

Escrever um software capaz de interagir com o sistema de telecomunicações se revelou uma tarefa extremamente difícil. O mundo das telecomunicações é estranho e complicado, cheio de tecnologias e terminologias obscuras, com várias camadas arqueológicas que se acumularam ao longo das décadas, além de uma litania de regras e regulamentos. Como se tudo isso não bastasse, as operadoras são morosas e é difícil trabalhar com elas. Mas, à medida que íamos nos aprofundando e vendo o tamanho do desafio, nossa motivação aumentava. Quanto mais dificuldades encontrávamos para lidar com o mundo legado, maiores eram nossas oportunidades de simplificá-lo para melhorar a experiência do cliente.

Começamos aprendendo o básico do funcionamento do sistema de telecomunicações e escrevendo a primeira versão da Twilio. Nosso software abstrairia cem anos de complexidade acumulada pela indústria e os apresentaria como uma API simples para desenvolvedores. Uma API permite que os desenvolvedores da web façam coisas no sistema de telecomunicações sem precisar aprender a falar "telecomunicanês". Tudo o que eles precisam é escrever algum código em linguagens que já conhecem, como Ruby, Python, JavaScript ou Java, e usá-lo para construir aplicativos capazes de fazer e receber chamadas telefônicas.

Você se lembra dos desenvolvedores com quem conversei sobre a ideia e que disseram que tinham problemas que poderiam ser resolvidos com a nova API? Quando estávamos começando a criar a Twilio, voltamos a entrar em contato com eles, lhes demos acesso às primeiras versões e tudo o que pedimos em troca foi seu feedback. Ainda estávamos nos estágios iniciais do desenvolvimento, mas eles ficaram empolgadíssimos com as possibilidades.

Quando mostramos protótipos para capitalistas de risco, contudo, eles não se impressionaram. Fomos rejeitados vinte vezes. A grana era tão curta que, em 2008, quando eu e Erica nos casamos, vendemos nossos presentes e depositamos o dinheiro no banco. Os investidores podem não ter acreditado na Twilio, mas eu e meus cofundadores acreditamos de corpo e alma na ideia. Nós não iríamos desistir. Estávamos convencidos de ter criado algo que os clientes adorariam e de que o mercado era enorme.

Agora sabemos que a empolgação daquela dezena de desenvolvedores que consultamos no início era representativa do sentimento de milhões de desenvolvedores ao redor do mundo. Os desenvolvedores, e as empresas nas quais eles trabalham, realmente estavam em busca de uma maneira melhor de interagir com seus clientes conforme criavam novas experiências digitais. Essa demanda tem nos impelido à medida que expandimos continuamente nosso serviço — inicialmente apenas para chamadas de voz nos Estados Unidos — para mais de dezenas de produtos englobando o planeta todo. Doze anos depois, posso dizer que tenho um orgulho enorme do que nós e nossos clientes construímos.

As origens da metodologia do pergunte ao desenvolvedor

Olhando para trás agora, as experiências que tive e as pessoas com quem trabalhei me abriram os olhos para a interação entre o mundo dos negócios e o mundo do software, entre os executivos e os desenvolvedores. Depois de fundar quatro startups, aprendi que é bem fácil construir um software, o difícil é construir o software *certo*. É por isso que a rápida iteração, a experimentação e um bom diálogo com os clientes são imprescindíveis para a inovação. Além disso, minha experiência com grandes empresas como a Amazon e com pequenas startups como a StubHub me ensinou que o principal fator para liberar a inovação é cultural mais do que qualquer outra coisa e que a cultura começa no topo. E, o mais importante, percebi que muita gente não entende muito bem a relação entre desenvolvedores e executivos, mas que a boa cooperação entre esses dois grupos é fundamental para resolver problemas de negócios usando a tecnologia. Este último ponto é a lição mais importante deste capítulo.

Foi em 2004 que me dei conta de tudo o que um excelente relacionamento entre executivos e desenvolvedores pode fazer. Na época, eu estava na Nine Star, aquela loja de esportes radicais de Los Angeles que fundei com Matt Levenson, que tinha sido meu colega na Versity e na StubHub. Na Versity, Matt era o diretor de operações. O trabalho dele era administrar a enorme operação de campo em dezenas e, depois, centenas de universidades. Ele contratava o que chamávamos de gerentes de campus e os capacitava para contratar anotadores e equipes de marketing. No auge das nossas operações, tínhamos quase quinze mil pessoas trabalhando para nós, todos estudantes universitários, que não costumam ser os empregados mais disciplinados, e ainda por cima nossa equipe precisava ser recontratada praticamente todo semestre, quando os anotadores mudavam de curso. Ficava claro que uma operação desse tamanho poderia se beneficiar muito da ajuda de um software. Mas Matt tinha um verdadeiro horror à tecnologia. Quando ele entrou na Versity, dei-lhe um laptop e um endereço de e-mail e ele disse que não precisaria daquilo.

"Matt, você vai gerenciar milhares de pessoas espalhadas pelo país. Como pretende fazer isso sem usar o e-mail?"

"É só eu ligar para eles", ele retrucou. (Pelo menos é assim que me lembro daquela conversa surreal.)

Como é que um cara que se recusou a usar um laptop e um e-mail pode trabalhar em uma empresa de tecnologia? Bem, Matt conseguiu e fizemos isso desenvolvendo um estilo de colaboração que eu viria a batizar de "metodologia Pergunte ao Desenvolvedor".

Volta e meia Matt me procurava com um problema de negócio que precisava resolver. Na Versity, ele estava tentando transformar os gerentes de campus — em geral um estudante de pós-graduação que trabalhava conosco para ganhar uma grana extra — em excelentes gerentes. Com dez mil anotadores para gerenciar e centenas de milhares de anotações de aulas chegando a cada semestre, não era fácil resolver esse problema. O trabalho começava descobrindo quais anotadores estavam fazendo um bom trabalho e quais não estavam. Na época, eu era o diretor de tecnologia e um dia ele me procurou com a pergunta: "Como a gente poderia saber quais anotações nossos usuários acham que são boas?". Com essa pergunta simples em mente, fizemos um brainstorming para criar um sistema de reputação, parecido com o que o eBay usa para pontuar compradores e vendedores. (Hoje em dia vemos esse tipo de sistema por toda parte, mas, na época, era um conceito relativamente novo.) Em questão de dias já tínhamos um widget agregado a cada conjunto de anotações para que os usuários pudessem dar notas na escala de uma a cinco estrelas, que eram armazenadas em um banco de dados e geravam um relatório em tempo real de quais anotações eram boas e quais eram consideradas ruins pelos usuários.

Em seguida, ele me perguntou: "Agora que sabemos as notas que os usuários estão dando a cada conjunto de anotações, temos como enviar recomendações diárias ao gerente de campus sobre qual ação ele deve tomar para gerenciar seus anotadores?". Pegamos o sistema de recomendação e outros critérios e geramos uma painel diário com todas as métricas mais importantes dos cinquenta e poucos anotadores de cada gerente e uma "ação recomendada", que variava de "Não fazer nada" a "Mandar um e-mail elogiando" a "Mandar um e-mail de feedback" até "Demitir o anotador". A ação recomendada já vinha pré-selecionada e, uma vez aprovada pelo gerente de campus, o sistema executaria a ação em seu nome. Com exceção, é claro, de demitir o anotador — para essa ação, o sistema fazia uma lista de pessoas para as quais ligar e dar a má notícia pessoalmente. (Não éramos monstros!) Chegamos a ter uns dez modelos de e-mails no sistema, para que os anotadores nunca recebessem e-mails repetidos de "elogio" ou "feedback". O sistema, que batizamos de "RoboManager", permitia que nossos gerentes de campus gerenciassem sua equipe em uns cinco minutos por dia.

Eu e Matt vivíamos tendo esse tipo de troca na Nine Star. Um dia Matt me perguntou: "Estou querendo incentivar os gerentes da loja com base na taxa de conversão de visitantes da loja em compradores. Será que teria um jeito de saber quantas pessoas entram na loja, usando aqueles contadores infravermelhos de pessoas? E depois correlacionar isso com os dados do ponto de venda e calcular nossa taxa de conversão em cada loja física?".

"Acho que dá para fazer, sim", eu respondi. "Não sei exatamente como. Mas é uma ideia interessante. Vou pensar em alguma coisa."

E lá fui eu aprender sobre os sistemas de contagem de pessoas que usam sensores na porta da loja. Descobri que esses sistemas têm uma API. Com isso, eu poderia escrever um aplicativo capaz de se comunicar com os sensores e extrair dados deles. Escrevi outro programa que extraía dados de nosso sistema de ponto de venda e conectava os dois programas. E *voilà*! Tínhamos um sistema rudimentar para calcular a taxa de conversão em nossa loja física. Em seguida, escrevi um programa para que nossos funcionários pudessem ver os dados de conversão na intranet da loja. Isso nos deu uma nova métrica para medir nosso desempenho.

E continuamos fazendo esse tipo de coisa o tempo todo. Matt queria um jeito de descobrir quais mercadorias deveríamos devolver aos fornecedores. Construí um sistema que nos permitia atribuir categorias aos itens. Por exemplo: shorts; estampado de bolinhas; azul; tamanho grande. Codifiquei uma interface para que os compradores pudessem atribuir categorias a novas mercadorias e todo mês identificávamos as que não estavam vendendo e as devolvíamos.

Com essa dinâmica, pudemos trabalhar juntos nos problemas da empresa, apesar de ele ser um total tecnófobo e eu ser um fervoroso evangelizador da tecnologia. Esse estilo de trabalho expõe um fato que parece simples, mas na verdade é bastante profundo e surpreendentemente raro: o segredo para executivos e desenvolvedores trabalharem bem juntos é que os primeiros devem *compartilhar problemas, não soluções.*

Matt não me dizia qual código escrever. Ele não sabia que tipo de aplicativo queria. Ele não escrevia listas intermináveis de especificações. Ele só dizia: "Ei, não seria legal se a gente pudesse fazer X?". Ou: "Tem como a gente fazer Y?". Ele não entendia nada de software, o que acabou sendo uma vantagem porque, quando ele me pedia para resolver um problema, eu ficava mais motivado.

O problema é que a maioria das empresas não trata seus desenvolvedores assim. A maneira como construímos software, ou fazemos qualquer outra coisa, depende de a quem pedimos e o que pedimos deles. Este livro, assim como a abordagem Pergunte ao Desenvolvedor, na verdade não é sobre software. É sobre pessoas — desenvolvedores de software e executivos que devem trabalhar juntos para se informar sobre as necessidades dos clientes e satisfazê-las.

CAPÍTULO 4

Escrever código requer criatividade

Se você quiser construir um navio, não chame as pessoas para juntar madeira, não lhes atribua tarefas nem dê ordens. É muito melhor ensiná-las a ansiar pelo vasto e infinito mar.
— Antoine de Saint-Exupéry

Se você é um executivo, deve passar um bom tempo com sua equipe de vendas e sabe como seus vendedores fazem o trabalho e o que os motiva. Você deve saber que os vendedores gostam de vencer e que a maneira como você estrutura o processo de vendas e as comissões ajuda a criar um jogo que lhes permite competir. Os melhores vendedores são saudados como heróis e os executivos os conhecem pelo nome. Mas descobri que poucos executivos sabem o que motiva os desenvolvedores de software. Como a maioria das pessoas, os desenvolvedores também gostam de vencer, mas o jogo deles é diferente. Se você está se perguntando por que é tão difícil recrutar e reter excelentes desenvolvedores — do tipo que o Facebook, a Amazon e o Google empregam —, comece descobrindo o que motiva os desenvolvedores. Se você está se perguntando por que alterações "simples" no seu site ou aplicativo móvel demoram tanto para ser feitas, comece entendendo a interação entre os desenvolvedores e os gestores. Se você criar um ambiente que possibilite que os desenvolvedores façam o que eles fazem melhor, ficará surpreso com o que eles serão capazes de construir. Mas tudo começa descobrindo o que os motiva — e, ao contrário do que se costuma acreditar, o trabalho deles é mais criativo do que puramente lógico. Digo isso porque é preciso ter criatividade para escrever qualquer código.

Trinta anos atrás, se você quisesse produzir música, precisaria "ser descoberto" — contratado por uma gravadora para poder pagar por tempo de estúdio, produzir CDs e ganhar espaço nas rádios. Só alguns poucos artistas eram descobertos a cada ano e sua carreira musical tinha poucas chances de deslanchar, mesmo se você fosse um músico incrivelmente talentoso. A maioria das pessoas não largava o emprego para se dedicar à música. O mesmo pode ser dito da indústria cinematográfica. Os aspirantes a cineastas iam morar em Hollywood e passavam anos trabalhando como garçons em busca de sua grande chance. Hollywood só produzia uns cem longas-metragens por ano e a concorrência era acirrada pelas funções criativas envolvidas em sua realização. Até os cineastas extremamente talentosos podiam ser rejeitados por esse sistema, e a maioria voltava para sua cidade natal com os sonhos frustrados.

No entanto, nas últimas décadas, os computadores pessoais, os softwares de baixo custo e a internet desestabilizaram e abriram essas áreas, e hoje qualquer um pode gravar e distribuir músicas ou filmes. Ferramentas de baixo custo e qualidade profissional e canais de distribuição baratos ou gratuitos reduziram as barreiras à entrada, empoderaram os artistas independentes e derrubaram os guardiões que controlavam o acesso.

Por US$ 299, qualquer aspirante a cineasta pode comprar o Final Cut Pro, o mesmo software usado para editar os maiores sucessos de Hollywood, e alcançar um bilhão de pessoas no YouTube. Por US$ 199, qualquer aspirante a músico pode comprar o Logic Pro X, o mesmo software que a Beyoncé usa para gravar seus álbuns, e distribuir suas músicas no SoundCloud sem pagar nada.

Esse tipo de coisa está acontecendo o tempo todo. Montero Lamar Hill, também conhecido como Lil Nas X, um rapaz de 21 anos, comprou uma batida na internet por trinta dólares, usou-a para cantar o rap que compôs e, em dezembro de 2018, lançou uma canção, "Old Town Road", no SoundCloud. A música foi um sucesso e já foi ouvida mais de um bilhão de vezes. A canção também bateu o recorde de número de semanas no primeiro lugar nas paradas da *Billboard* e foi eleita a Música do Ano no MTV Video Music Awards de 2019. Outros exemplos incluem o comediante Joe Rogan, que lançou um podcast gratuito em 2009 e em 2020 fechou um contrato de US$ 100 milhões com a Spotify; e Ryan Kaji, um menino de 8 anos que ganha US$ 26 milhões por ano (de acordo com a revista *Forbes*) com um canal no YouTube chamado Ryan ToysReview, em que ele faz avaliações de brinquedos.

E o mesmo está acontecendo com outro grupo de artistas criativos: os desenvolvedores de software. A infraestrutura de software costumava ser absurdamente cara, mas hoje os custos iniciais são muito baixos ou até nulos. Você não precisa mais comprar servidores enormes nem alugar espaço em um data center. Você pode comprar todo um kit de ferramentas prontas e usá-lo para construir seus aplicativos — Amazon ou Microsoft para servidores e armazenamento, Google para mapas, Twilio para comunicações, Stripe para pagamentos. Qualquer criança tem acesso aos mesmos componentes que as maiores corporações do mundo.

O mesmo vale para a distribuição. Os desenvolvedores não precisam mais fechar um contrato com uma empresa de software, negociar prateleiras de uma loja física de informática nem conseguir um cobiçado espaço pré-instalado em um celular. Qualquer pessoa pode disponibilizar seu app em uma loja de aplicativos, assim como qualquer pessoa pode disponibilizar seu vídeo no YouTube. Um desenvolvedor da web pode comprar anúncios no Google usando seu cartão de crédito, por apenas alguns centavos por clique.

Nenhum outro momento da história foi mais propício a ser um desenvolvedor de software. O único limite é a sua imaginação. Mas o software tem tanto em comum com as indústrias da música e do cinema por outra razão, que muita gente não percebe: o código é criativo.

A cultura popular representa os desenvolvedores como nerds da ciência e da matemática. Personagens como Steve Urkel da série cômica *Family Matters*, Sheldon do *The Big Bang Theory* e Dennis Nedry de *Jurassic Park* criam uma imagem de antissociais, emocionalmente imaturos, que se sentem mais confortáveis usando uma calculadora científica do que conversando com alguém. A mídia adora esses estereótipos, mas eles são extremamente enganosos.

Escrever software é mais parecido com fazer música ou escrever um livro do que fazer cálculos matemáticos ou científicos. E, assim como o YouTube e o SoundCloud possibilitaram o sucesso de uma nova geração de pessoas criativas, os desenvolvedores estão usando seu poder criativo para criar produtos e empresas impressionantes, alcançando públicos compatíveis com as maiores estrelas da música, do cinema e dos podcasts.

Três engenheiros fundaram o Instagram e o venderam ao Facebook por US$ 1 bilhão, quando a empresa ainda tinha só treze funcionários. Dois desenvolvedores inventaram o WhatsApp e empregavam apenas umas cinquenta pessoas quando venderam a empresa para o Facebook por US$ 20 bilhões. Alguns anos atrás, dois desenvolvedores participaram de uma hackatona em Nova York com a ideia de programar um aplicativo de mensagens em grupo. Usando a Twilio, eles escreveram a primeira versão em um único *sprint* de dezoito horas. Eles batizaram o app de GroupMe e, quinze meses depois, venderam a empresa para a Microsoft por US$ 80 milhões.

Essas são as histórias que inspiram os desenvolvedores, não só pelas fortunas envolvidas, mas por mostrarem as coisas incríveis que um punhado de engenheiros pode fazer quando têm a liberdade de sonhar e resolver os problemas dos clientes usando sua criatividade.

Muitos desenvolvedores acreditam nisso de olhos fechados. "Sempre achei que a engenharia de software fosse um dos trabalhos mais criativos do mundo", diz o diretor de tecnologia da Amazon, Werner Vogels. "Você cria alguma coisa nova todos os dias. A engenharia de software é uma profissão extremamente criativa. Nem todos os engenheiros são treinados para ser criativos. Mas dá para ensinar isso com o tempo."

O problema é que a maioria das empresas não entende isso e não cria um ambiente em que os desenvolvedores possam exercitar seus músculos criativos — e todo mundo sai perdendo. Os desenvolvedores não fazem seu melhor trabalho e ficam sonhando em pedir demissão para abrir seu próprio negócio. As empresas perdem porque alguns de seus melhores talentos são subutilizados. Os clientes perdem porque os produtos são os tristes resultados de uma fábrica de software fria e sem qualquer paixão. Para resolver esse problema, as empresas devem começar reconhecendo que o código é criativo, que muitos desenvolvedores são, na verdade, solucionadores criativos de problemas — e devem ser tratados como tal.

Não adianta encher o escritório de mesas de pingue-pongue

As empresas que não atuam no setor da tecnologia passam muito tempo estudando como as companhias de tecnologia funcionam. Eles enviam equipes em "safáris do silício" para visitar startups e gigantes da área como o Google e o Facebook e abrir laboratórios de inovação no Vale do Silício. Conheci várias dessas equipes executivas em suas excursões e tem uma coisa que gosto de enfatizar: os executivos precisam deixar que seus desenvolvedores mostrem o caminho. Mas acontece muito de os executivos saírem do Vale do Silício levando consigo as lições erradas. É fácil adotar detalhes superficiais que são claros quando você percorre os escritórios de empresas de tecnologia, como disponibilizar comida de graça ou deixar as pessoas irem de camiseta e moletom ao trabalho e levar animais de estimação para o escritório. Depois de visitar um bom número de empresas do Vale do Silício, seria fácil presumir que basta encher seu escritório de mesas de pingue-pongue e patinetes coloridos para ter um excelente software como um passe de mágica. É verdade que você deveria deixar seus desenvolvedores usarem camisetas e moletons se eles quiserem, mas não é isso que mais importa.

Os observadores casuais da inovação muitas vezes esquecem o que realmente importa: dar mais responsabilidade e liberdade aos desenvolvedores. Não só liberdade de trabalhar em horário flexível ou usar a roupa que eles quiserem no trabalho, mas liberdade em termos de criatividade.

Ao pensar nos desenvolvedores de software, em vez de Urkel, Sheldon ou Dennis Nedry, pense em Patrick McKenzie, Ryan Leslie, Leah Culver e Chad Etzel.

Patrick McKenzie trabalha na Stripe e é mais conhecido na internet como "Patio11", o nome que ele usa no Hacker News (o site mais popular para desenvolvedores discutirem seu trabalho), onde é um dos comentaristas mais bem avaliados há um bom tempo — e com razão. Em seu site Kalzumeus.com, ele escreveu alguns dos ensaios mais perspicazes e divertidos sobre ser um programador de software. Patrick mora no Japão, onde já trabalhou como programador corporativo antes de sair em carreira solo para abrir dois negócios on-line simples — um app gerador de cartelas de bingo para professores e um app de lembrete de compromissos — que lhe deram independência financeira. É uma daquelas pessoas que surpreendem pela variedade de áreas que dominam. Ele fala espanhol e japonês, conhece os aspectos mais herméticos do código tributário dos Estados Unidos e já escreveu apaixonadamente sobre o desempenho dos sistemas de resposta a emergências do Japão no terremoto de 2011. "O fato de isso ter acontecido foi, sem qualquer exagero, um dos triunfos da civilização humana. Todos os engenheiros de software deste país podem se orgulhar disso", ele escreveu.

Ryan Leslie é um produtor e rapper indicado ao Grammy, um empreendedor e (você adivinhou) um desenvolvedor de software. Aos 14 anos, ele tirou a nota máxima no SAT (um teste de aptidão escolar usado nos Estados Unidos para admissão na faculdade). Ele estudou ciência política e macroeconomia em Harvard e se formou aos 19 anos. Enquanto isso, aprendeu produção musical sozinho e, depois de se formar, fechou um contrato de gravação com a Universal Motown. *Transition*, seu lançamento de 2009, chegou à quarta posição nas paradas de rhythm & blues dos Estados Unidos. Mas, quando Ryan pediu à gravadora uma lista de seus fãs, eles se limitaram a dar de ombros; eles não faziam ideia de como fazer isso. Que tipo de empresa não tem um relacionamento com os clientes? Não uma empresa que espera sobreviver na economia digital, isso é certo. Ryan viu nisso uma oportunidade de negócio e resolveu mudar o jogo. Ele aprendeu a escrever código e criou um software chamado SuperPhone, que permite que os artistas se engajem diretamente com seu público.

O SuperPhone permite que Ryan divulgue seu número de telefone nos shows, em seu site e nas redes sociais; quando as pessoas ligam ou enviam mensagens de texto para o número, Ryan os inclui em sua lista de milhões de fãs. O SuperPhone é basicamente um app de gestão de relacionamento com o cliente baseado em mensagens de texto. Quando Ryan lança um novo single ou anuncia uma nova turnê, ele pode mandar uma mensagem de texto diretamente aos fãs. Esse código de software o ajudou a gerar milhões de dólares com álbuns e outros produtos! Melhor ainda, o SuperPhone se tornou um negócio próspero por si só, contando com o financiamento de alguns dos melhores capitalistas de risco do Vale do Silício e uma equipe de doze pessoas. O SuperPhone tem cerca de dois mil clientes, desde artistas como Miley Cyrus e 50 Cent até grandes varejistas de produtos eletrônicos e marcas de relógios de luxo — todos usando o app para construir relacionamentos próximos e individuais com seus clientes. Ryan não é só um rapper; ele também é um desenvolvedor, um empreendedor talentoso e uma pessoa de software que usa o poder do código para resolver problemas. "Está sendo uma tremenda aventura", ele conta. "Esse aplicativo está mudando a vida de muita gente. Estamos muito empolgados com o benefício que achamos que nossa solução tem para oferecer."

Leah Culver se formou em ciência da computação pela Universidade de Minnesota em 2006 e mudou-se para o Vale do Silício. Até agora, ela fundou ou cofundou três empresas. As duas primeiras foram adquiridas e hoje ela comanda a Breaker, uma empresa de sete funcionários que vende software de criação de podcast. Entre uma e outra startup, ela trabalhou como desenvolvedora na Medium e no Dropbox. Como empreendedora, ela diz que tem a chance de exercitar todo o seu cérebro. Ela está aprendendo novas habilidades, como desenvolver produtos, gerenciar funcionários e administrar uma empresa. "O que eu gosto das startups é a dificuldade. Muitos trabalhos normais de software são fáceis demais. Não têm desafio. As pessoas entram na engenharia de software porque é uma área desafiadora e divertida. Gosto de ter coisas diferentes para fazer todos os dias. Gosto do desafio de não saber fazer alguma coisa, aprender essa coisa e dominá-la." Essa ideia de viver aprendendo e expandindo os horizontes é algo que ouço vez após vez de excelentes desenvolvedores.

Chad Etzel é um dos desenvolvedores mais criativos que já conheci. Ele tem o dom de ouvir os clientes e transformar o que ouve em softwares interessantes. Passou os últimos cinco anos como engenheiro do iOS da Apple, o primeiro lugar onde se sentiu em casa depois de passar por vários empregadores (incluindo a Twilio) nos nove primeiros anos depois de se formar. Ele tem uma barba bem criativa, gosta de usar chapéus diferentes e responde por "Jazzy Chad", seu apelido na AOL quando era um menino. (Ele toca saxofone tão bem que chegou a fazer algumas apresentações em clubes de jazz de São Francisco e às vezes leva seu instrumento para o escritório.) Como Patrick, Chad tem um senso de humor aguçado, opiniões fortes e uma tolerância quase zero para qualquer tipo de conversa fiada, corporativa ou não. O que ele mais gostou de fazer foi abrir sua própria empresa e trabalhar por conta própria. "Eu tinha total autonomia", ele explica. "Criar algo do zero é quando eu fico mais motivado e tenho mais energia. Quando alguém me diz como devo fazer alguma coisa ou fala: 'Você só precisa fazer estas três coisas que estou mandando. Não se preocupe com o quadro geral', minha motivação cai no chão." Chad diz que passou por tantos empregos porque, até chegar à Apple, foi muito difícil "encontrar uma empresa que me desse esse tipo de autonomia ou liberdade para que eu pudesse fazer tudo o que eu sabia que era capaz de fazer".

Desenvolvedores como Patrick, Ryan, Leah e Chad são incrivelmente criativos. Eles dominam a arte de construir software para atender clientes e resolver seus problemas — e construir negócios. Só que, na maioria das empresas, o responsável por conversar com os clientes, projetar o produto e gerar especificações para o desenvolvedor é um executivo ou talvez um gerente de produto.

Lá por abril de 2020, a Twilio fez um levantamento com cerca de mil desenvolvedores de todo o mundo perguntando como eles e seus gerentes viam o papel dos desenvolvedores na empresa. Os resultados foram reveladores. Mais de 66% dos desenvolvedores disseram achar que tinham uma criatividade acima da média, mas apenas 50% disseram que precisavam ter uma criatividade acima da média para fazer seu trabalho. Hummm.... E como você acha que os desenvolvedores estão usando essa criatividade excedente? Muitos encontram atividades fora do trabalho: 48% disseram que têm hobbies envolvendo design (como arquitetura, movelaria, web) e 32% se dedicam às artes (pintura, escultura, cerâmica) no tempo livre. (Ah, e outro resultado que derruba estereótipos: os desenvolvedores são atléticos! Trinta e seis por cento são corredores, 33% são ciclistas, 28% jogam basquete e 25% fazem caminhadas na natureza!)

Para desenvolvedores como esses, entregar um "documento de requisitos do produto" detalhando exatamente o que construir é como jogar no lixo a maior parte de seu potencial. É por isso que meu maior conselho para os executivos que viajam pelo mundo para visitar o Vale do Silício é o seguinte:

Apresente problemas, não soluções aos seus desenvolvedores.

Se você seguir esse conselho, vai se espantar com o que vai acontecer. A qualidade do software melhora, os tempos de ciclo despencam, os usuários ficam mais satisfeitos e seus desenvolvedores passam mais tempo na empresa. Nunca conheci um executivo que não quisesse todos esses benefícios.

Ashton Kutcher e o poder das hackatonas

O que acontece quando você permite que os desenvolvedores sejam criativos? Ashton Kutcher e Demi Moore criaram uma organização sem fins lucrativos movida pela tecnologia, a Thorn, para fazer exatamente isso.

Em 2012, Ashton e Demi assistiram a um documentário sobre abuso sexual infantil e ficaram tão chocados que acharam que não podiam ficar de braços cruzados. Eles fundaram a Thorn, que desenvolve tecnologia para defender crianças de abuso sexual. As ferramentas da Thorn são usadas por órgãos policiais ao redor do mundo para identificar vítimas de tráfico sexual infantil com mais rapidez e eliminar a pornografia infantil da internet. Até o momento, o software da Thorn ajudou a identificar mais de quatorze mil crianças vítimas de tráfico sexual e a resgatar cerca de duas mil crianças de situações nas quais o abuso estava sendo documentado e distribuído na internet.

Vários anos atrás, Ashton perguntou à Twilio se poderíamos fazer uma hackatona para ajudar a Thorn a desenvolver recursos de comunicação para seu software. Foi um privilégio poder participar e contribuir com uma missão tão importante.

Ashton sabe mais sobre a maneira como os engenheiros trabalham — e como motivá-los — do que a maioria dos capitalistas de risco (e definitivamente a maioria dos atores!). Essa é uma das razões pelas quais o fundo de capital de risco que ele cofundou em 2010, a A-Grade Investments, cresceu de US$ 30 milhões para US$ 250 milhões (de acordo com a *Forbes*), dando a Kutcher a reputação de um *venture capitalist* de destaque. Sua capacidade de reconhecer oportunidades o levou a investir em histórias de sucesso como Warby Parker, Spotify, Skype e Airbnb. Um de seus melhores investimentos foram os US$ 500 mil que ele colocou na Uber em 2011.

Nada disso surpreende se você souber que Kutcher estudou engenharia bioquímica na Universidade de Iowa. "Quando eu estava na faculdade", ele me contou, "um dos meus professores de engenharia costumava dizer: 'Os cientistas *encontram* problemas e os engenheiros *resolvem* problemas'. Sempre pensei nos engenheiros de software nesses termos. Eles resolvem problemas. Eles analisam um problema e encontram o jeito mais eficiente de resolvê-lo".

No início, a Thorn pediu a ajuda de outras empresas de tecnologia da região da baía de São Francisco. "Nós sabíamos que tinha muita coisa que não sabíamos", diz Kutcher. "Não sabíamos necessariamente como resolver os problemas. Mas fomos a um grupo de desenvolvedores brilhantes e dissemos: 'Parece que esse crime (tráfico sexual de crianças) está na internet. Precisamos de um jeito de fazer com que isso seja um péssimo negócio para os criminosos. Para fazer isso, vamos precisar criar ferramentas. Mas precisamos saber quais ferramentas criar'."

Foi assim que a empresa começou a fazer hackatonas. De tempos em tempos, a Thorn faz hackatonas em cidades diferentes e convida desenvolvedores para passar um fim de semana resolvendo problemas.

Os desenvolvedores chegam com muito pouco ou até nenhum conhecimento sobre o problema do tráfico sexual infantil, mas sabem que é um tema importante que precisa ser resolvido. Ashton e outros líderes da Thorn explicam como a tecnologia está agravando a situação e perguntam aos desenvolvedores como a tecnologia pode ser usada para impedir isso. Eles dão algumas informações sobre as ferramentas e os dados disponíveis e deixam os desenvolvedores livres para fazer o que quiserem. Ashton e os líderes da Thorn ficam disponíveis para ajudar com o brainstorm, oferecendo seu conhecimento específico e respondendo às perguntas dos desenvolvedores.

A ideia nasceu da necessidade — como a maioria das organizações sem fins lucrativos, a Thorn não tinha uma carteira recheada. As hackatonas foram integradas ao laboratório de P&D da empresa. "A gente só apresentava uns quatro ou cinco problemas e dizia: 'Certo, agora podem ir resolver como vocês acharem melhor'", Kutcher conta. A Thorn continua usando hackatonas para expandir seu trabalho e também montou a própria equipe de engenheiros de software e cientistas de dados, 100% dedicada a construir ferramentas avançadas para acabar com o abuso sexual infantil na internet.

E, para mim, o mais interessante é o que isso revela sobre os próprios desenvolvedores. As pessoas que participam dessas hackatonas geralmente trabalham em empresas que as tratam como robôs sem iniciativa. A Thorn os convida para passar um fim de semana tentando resolver um problema de tecnologia importante e difícil — como acabar com o tráfico sexual infantil — e lhes dá toda a liberdade de agir como quiserem. E sabe o que acontece? Eles brilham. Esses cordatos trabalhadores de escritório se transformam em super-heróis. Agora imagine o que poderia acontecer se os empregadores dessas pessoas soubessem tudo o que elas são capazes de fazer.

Pare um pouco para pensar. Você toparia trabalhar nos fins de semana, de graça, por pura paixão? Você acha que maioria dos contadores passa o fim de semana fazendo cálculos contábeis como um hobby?

Talvez um ou outro gato pingado, mas duvido que sejam muitos. Será que os dentistas voltam para casa e dedicam seu tempo livre a fazer experimentos odontológicos? (Caramba, espero que não!) Para os desenvolvedores, o código é mais do que um emprego, é uma maneira de dar vazão à sua criatividade. Quando os desenvolvedores não têm a chance de expressar essa criatividade no trabalho, eles encontram outras áreas para fazê-lo. Muitos têm projetos paralelos e até abrem a própria startup no tempo livre.

Como Kutcher estudou engenharia, ele tem mais facilidade de confiar nos desenvolvedores e sabe que eles são excelentes em resolver problemas de negócios. Mas e se você não for um engenheiro? Posso dizer que essa abordagem funciona até se você for o presidente dos Estados Unidos.

O presidente obama pergunta aos desenvolvedores

Depois de sair da Twilio em 2014, Evan Cooke, meu amigo e cofundador da Twilio, recebeu uma ligação de Todd Park, ex-diretor de tecnologia do governo federal dos Estados Unidos. Todd perguntou se Evan estaria disponível para uma reunião, sem dar mais detalhes. Evan ficou intrigado, principalmente com o endereço de e-mail whitehouse.gov de Todd. Como solicitado, ele mandou suas informações pessoais (por um sistema de e-mail arcaico e inseguro) para uma verificação de antecedentes e, no dia marcado, foi ao Hotel Fairmont de São Francisco usando um jeans bege e um blazer barato, o que ele tinha de mais parecido com um terno de verdade.

Ele e alguns outros (depois ele ficou sabendo que eram engenheiros seniores da Amazon, Apple e Facebook) foram levados para uma suíte na cobertura com uma vista magnífica da Baía de São Francisco. Eles foram recebidos por Todd e Megan Smith, ex-vice-presidente do Google que tinha acabado de assumir o cargo de Todd como diretora de tecnologia dos Estados Unidos. Todd e Megan explicaram que eles estavam criando uma nova unidade, o Serviço Digital dos Estados Unidos. Eles queriam recrutar alguns dos melhores especialistas em tecnologia do Vale do Silício para se mudar a Washington e reestruturar as partes mais importantes da infraestrutura digital do governo — uma espécie de SWAT da tecnologia.

Quando o sol estava se pondo, eles viram o helicóptero oficial do presidente e um helicóptero militar passando sobre a famosa Ponte Golden Gate e pousando no Crissy Field, um antigo aeródromo do exército e hoje uma atração turística.

Era fevereiro de 2015, e os últimos dezoito meses tinham sido infernais para a Casa Branca. No fim de 2013, o governo lançou o site HealthCare.gov com grande alarde, mas o sistema entrou em colapso. Foi um grande baque para o governo e especialmente para o presidente Barack Obama, que tinha usado a reforma do sistema público de saúde como o carro-chefe de sua presidência. Todd e seus colegas recrutaram vários engenheiros do Vale do Silício para ajudar na recuperação e conseguiram estabilizar o site.

Mas a experiência escancarou a importância da infraestrutura de tecnologia do governo, em grande parte desatualizada, para concretizar as principais prioridades administrativas. Os problemas estavam por toda parte — no Pentágono, Administração de Pequenos Negócios, Departamento de Educação, Departamento de Saúde e Serviços Humanos, Administração de Serviços Gerais, Departamento de Segurança Interna. Havia milhares de sistemas e bilhões de linhas de código, uma maçaroca de códigos ineficientes e desnecessários, *patches* e gambiarras, sendo que a maioria era tão antiga que ninguém se lembrava de onde veio ou quem a criou.

O governo estava enfrentando o mesmo desafio que as empresas — cada vez mais as coisas que o governo faz dependem de software e, graças a empresas como Spotify, Uber e Facebook, as pessoas ficaram muito exigentes no que diz respeito à experiência do usuário. Além disso, a aquisição e implementação de novos softwares enfrentavam problemas gigantescos de ineficiência e baixa qualidade. Contratos multibilionários costumavam ser concedidos às mesmas empresas, que levavam anos para entregar um projeto que muitas vezes acabava sendo diferente do prometido, apesar de a indústria da tecnologia já saber há muito tempo como entregar um software de alta qualidade com rapidez e a baixo custo. O que antes era um site improvisado passou a ser um site de bilhões de dólares. Mas pelo menos o site improvisado funcionava!

Foi por isso que Evan e outros desenvolvedores foram chamados para a reunião.

Todd e Megan precisavam convencê-los a embarcar no desafio, mesmo sem ter muito o que oferecer em troca. Afinal, os desenvolvedores poderiam trabalhar onde quisessem. Não adiantaria lhes oferecer dinheiro, já que o governo não tinha condições de pagar o que eles ganhavam no Vale do Silício.

Diante disso, Megan usou uma abordagem diferente. Ela foi até a janela e apontou para o grande estaleiro do outro lado da baía. Ela explicou que foi lá que os Estados Unidos construíram gigantescos navios de carga, verdadeiras maravilhas da engenharia capazes de ir mais rápido que os submarinos alemães. Ela disse que Evan e os outros desenvolvedores que estavam naquela reunião eram como os engenheiros que projetaram aqueles cargueiros e permitiram que o país triunfasse na Segunda Guerra Mundial.

Foi quando a porta da suíte do hotel se abriu e o presidente Obama entrou com uma mensagem simples e forte: "Seu país precisa de vocês". Ele deu a volta na mesa, dirigindo-se a cada pessoa individualmente. "Dê-me uma boa razão para você não ir a Washington e servir seu país", ele pediu. "Teria algum problema no seu emprego? Você quer que eu ligue para alguém? Posso ligar para qualquer pessoa." Nenhum dos cinco desenvolvedores pediu a Obama para fazer uma ligação. Nenhum deles conseguiu pensar em uma boa razão para não topar o desafio. Eles tiraram uma foto rápida do grupo e Obama desapareceu porta afora com sua comitiva.

Dois meses depois, Evan se mudou para Washington e compareceu em seu primeiro dia de trabalho no Serviço Digital dos Estados Unidos, a apenas duas quadras da Casa Branca. Ele passou os três anos seguintes trabalhando na unidade e diz que foi uma das melhores experiências de sua vida profissional.

Agora, pense no que Obama fez e deixou de fazer. Ele não disse a Evan e aos outros desenvolvedores para ir escrever código em Washington. Ele apresentou um problema — a propósito, um problema gigantesco. *O governo dos Estados Unidos precisa ser consertado e quero que vocês façam isso.* Isso, sim, é que é compartilhar um problema. Ele fez um apelo direto ao lado criativo dos desenvolvedores: como eles criariam a tecnologia no governo? Que tipo de problemas eles seriam capazes de resolver se contassem com o apoio do presidente? Ele mostrou que queria a mente e a criatividade deles, não só suas habilidades técnicas de codificação. As oportunidades eram inúmeras — "Um ambiente repleto de possibilidades", como Evan gosta de dizer.

O Basecamp: atribua problemas, não tarefas

A empresa de Ashton, a Thorn, pedia a ajuda de desenvolvedores conforme o necessário. Obama pediu a ajuda de Evan e outros desenvolvedores porque precisava resolver uma crise. Mas as melhores empresas praticam diariamente a abordagem Pergunte ao Desenvolvedor, liberando seus desenvolvedores para usar a criatividade o tempo todo. Um excelente exemplo de como fazer isso é a Basecamp, uma pequena e próspera empresa de software de Chicago, com cerca de sessenta funcionários.

Jason Fried e seu cofundador, David Heinemeier Hansson, lideram o Basecamp quase como um laboratório dedicado a estudar novas maneiras de trabalhar para manter os funcionários satisfeitos e capacitados a fazer seu melhor trabalho. David, conhecido como DHH, é um desenvolvedor de software que ficou famoso por ter criado o Ruby on Rails, um popular framework de desenvolvimento na web. Mas ele e Jason também pensam e escrevem muito sobre o trabalho. Juntos, eles publicaram dois livros sobre desenvolvimento de software e três livros sobre o ambiente de trabalho moderno, intitulados *Reinvente sua empresa, O trabalho não precisa ser uma loucura* e *Remote*. Eles adoram compartilhar suas ideias. Chegam a oferecer seminários de um dia voltados a ensinar a abordagem um tanto incomum da Basecamp para administrar uma empresa.

Fried explica que o método deles se baseia em compartilhar problemas. "A gente só diz a uma equipe: 'A ideia é essa, é mais ou menos por aqui que a gente quer que vocês vão ou é mais ou menos isso que a gente quer que vocês construam. Agora cabe a vocês pegar isso e dar um jeito'. Eles têm muita autonomia e poder de decisão. Eles decidem como preferem resolver o problema. Podemos até nos envolver em um ou outro detalhe, mas o projeto é deles. Poderíamos muito bem detalhar especificações, definir que o projeto precisa ser feito em 42 etapas e alocar 42 tarefas a alguém... mas isso seria como dizer: 'Não queremos que vocês usem o cérebro, só queremos que vocês façam exatamente o que estamos mandando'." Eles nos contaram a história da origem da ideia e explicaram sua importância. Eles até podem apresentar à equipe um esboço genérico em um quadro branco para mostrar as primeiras ideias, mas isso é tudo.

Fried usa essa abordagem desde que fundou a empresa em 1999, que antes era chamada de 37signals. "Acho errado entregar o trabalho mastigadinho", diz ele. "Se o trabalho envolve qualquer criatividade, você tem de dar liberdade para as pessoas fazerem do jeito que acharem melhor. Afinal, foi por isso que você as contratou. Se você quer controlar tudo, acaba contratando pessoas que não usam o cérebro. E como alguém conseguiria fazer um excelente trabalho sem usar a cabeça? Prefiro contratar pessoas capazes e sair do caminho para elas resolverem os problemas."

Fried e DHH nunca divulgaram números sobre o tamanho do negócio da Basecamp, mas os dois juntos têm cerca de meio milhão de seguidores no Twitter, acabaram de escrever um livro contando que trabalham muito pouco e DHH é famoso por sua coleção de carros de corrida. Com base nisso tudo, eu diria que eles vão muito bem. Se eles conseguem confiar nos desenvolvedores para resolver seus problemas mais importantes, aposto que você também consegue. Para mim tem dado muito certo.

Compartilhe o problema rapidamente

No início da história da Twilio, aprendi uma lição sobre o potencial criativo dos desenvolvedores e como eles podem fazer as coisas rapidamente se você sair do caminho deles e deixá-los trabalhar em paz. Para você ter uma ideia, um gerente de produto e um engenheiro conseguiram produzir em apenas duas semanas algo que poderia ter levado nove meses.

Quando fundamos a Twilio, nossos dois primeiros produtos foram a Twilio Voice e a Twilio Phone Numbers. Como os desenvolvedores tinham de fazer o telefone tocar para trabalhar com o nosso produto de voz, eles precisavam de números de telefone para fazer e receber chamadas — assim, criamos uma API para comprar números de telefone, originalmente espalhados pelos Estados Unidos e, depois, em cem países ao redor do mundo. Como alguns clientes queriam usar um número de telefone que já era deles, permitimos que eles o transferissem de sua operadora à Twilio. Você já deve ter feito essa portabilidade se já trocou de operadora.

Nos bastidores, fazer a portabilidade nos Estados Unidos é um processo muito complicado. O sistema foi implementado às pressas pelas operadoras em 1997, em resposta à Lei de Telecomunicações de 1996 — e elas nunca se deram ao trabalho de melhorar muito. Geralmente esse é um processo feito manualmente. E, como uma operadora está perdendo um cliente quando um número é levado para a concorrente, ela tem todo o incentivo do mundo para dificultar o processo e fazer corpo mole.

No começo da história da Twilio, o trabalho operacionalmente pesado de fazer a portabilidade de números de telefone para nossos clientes ficou nas mãos de nossa primeira funcionária de operações, Lisa Weitekamp. Lisa era pau para toda obra. Eu a contratei da Wells Fargo Foreign Exchange, onde ela coordenava as transações de câmbio. Sempre que eu jogava um problema nas mãos dela, ela voltava com uma solução genial. E não faltam problemas quando uma empresa está começando. Para nós, a portabilidade era um desses.

Um dia, Lisa contratou um jovem — vamos chamá-lo de Tim — para assumir a portabilidade. Ela ensinou o caminho das pedras a Tim e lhe deu uma planilha para controlar o status de cada processo. Nossa atenção se voltou a outro problema, seguros de que Tim estava dando conta de migrar os números dos clientes à Twilio. E ele até deu conta... pelo menos por um tempo.

Lá por abril de 2012, alguns clientes começaram a reclamar que a portabilidade estava demorando uma eternidade. Começou com um ou outro cliente reclamando no nosso e-mail de suporte, depois mais reclamações começaram a chegar no Twitter, e-mails pessoais para mim e até e-mails para os membros do conselho de administração. O que começou com um chuvisco logo se transformou em uma verdadeira tempestade de reclamações. Quando percebemos que 90% das reclamações dos clientes eram sobre a portabilidade, fomos investigar.

Descobrimos que o volume de pedidos para migrar números de telefone para a Twilio estava nas alturas. Conforme nosso negócio decolava, o mesmo acontecia com a quantidade de solicitações de portabilidade. Tim estava tentando correr atrás do prejuízo, mas claramente não estava dando conta do volume de trabalho. Ele incluía os pedidos na planilha, mas não conseguia processar todas as solicitações. Como ainda era muito jovem e não tinha muita experiência profissional, ele ficou com vergonha de revelar o que lhe parecia ser um sinal de incompetência. E lá estava ele, atolado debaixo de uma montanha de pedidos de portabilidade.

Era como aquele velho episódio de *I Love Lucy*, em que Lucy trabalhava na fábrica de doces. A esteira da linha de produção começa a acelerar e, para dar conta, ela começa a comer os doces e enfiar os bombons na camisa. Era hilário ver Lucille Ball fazer isso, mas não achei tanta graça quando passou a acontecer na minha empresa.

Ficou claro que não dava mais para o fluxo de trabalho de portabilidade ser um processo manual controlado em uma planilha, era preciso reescrevê-lo em software e automatizá-lo ao máximo. E era para ontem.

Como Lisa estava familiarizada com o funcionamento do processo, ela tinha o conhecimento necessário para automatizá-lo. Chris Corcoran era um novo engenheiro da equipe e já tinha demonstrado ser muito capaz de resolver problemas de ponta a ponta. Apesar de ter acabado de se formar em ciência da computação pela Universidade de Massachusetts Lowell dois anos antes, ele já tinha feito um estágio na Nasa, sido estagiário de desenvolvimento no Google e atuado como técnico de computação durante todo o ensino médio e na faculdade. As pessoas começaram a chamá-lo de Ozone ("ozônio" em inglês) porque as iniciais de seu nome eram CFC, e os CFCs são os destruidores da camada protetora de ozônio da Terra.

Peguei Ozone e Lisa e reservei uma das poucas e preciosas salas de reunião do nosso escritório por duas semanas. Falei sobre o problema do nosso fluxo de trabalho da portabilidade e lancei o desafio de construir o software necessário para automatizá-lo... em duas semanas. Lisa sabia tudo de portabilidade e o Ozone conhecia nosso código-fonte de cabo a rabo. Lisa compartilharia tudo o que sabia com Ozone, que ficaria livre para criar o software como quisesse. Dito isso, eu saí da sala.

No começo, eles ficaram aturdidos. Mas logo botaram as mãos na massa. Lisa fez algumas portabilidades para o Ozone ver, mostrando todos os detalhes. Feito isso, ela lhe entregou o teclado para ele executar umas dez portabilidades — um exemplo do que chamamos de calçar os sapatos do cliente. Foi só depois de ele ter sentido o problema na pele que ela perguntou: "E agora? Como podemos fazer isso com um software?".

Ozone começou a demonstrar o problema com estruturas de dados, perguntando a Lisa: "Você acha que é isso mesmo?". No fim do primeiro dia, eles já possuíam a base do modelo de dados. Com isso, Ozone já tinha como criar o formulário que os clientes usariam para enviar suas informações de portabilidade. Uma coisa que eles notaram era que os clientes muitas vezes enviavam as informações erradas, o que exigia muitas idas e vindas. Mas o software pode resolver esse problema com facilidade. No fim do segundo dia, eles já dispunham de um formulário funcional para coletar adequadamente as informações necessárias.

Lisa notou que, se o operador pudesse agrupar o fluxo de portabilidade em diferentes fases, daria para acelerar bastante o trabalho. Ozone disse que, em um processo de desenvolvimento de software mais tradicional, incluir essa funcionalidade poderia levar alguns meses. Mas, nesse caso, ele conseguiu construir uma implementação funcional em apenas uma hora.

É claro que teria sido melhor se não tivéssemos chegado ao ponto de ter tantos clientes reclamando. Mas esse tipo de coisa pode ser inevitável em uma startup de rápido crescimento. Só para esclarecer, não estou sugerindo que você deva criar o hábito de desenvolver software trancando um desenvolvedor e um gerente de produto em uma sala de reunião por duas semanas e alimentá-los com pizzas passadas por debaixo da porta. Essa definitivamente não é a melhor prática de gestão. Conto essa história só para mostrar o que os desenvolvedores são capazes de fazer quando estão motivados. E, para Lisa e Ozone, o que eu tenho a dizer é sinto muito. E muitíssimo obrigado.

O projeto do software de portabilidade representa um excelente exemplo de compartilhamento de um problema para resolvê-lo não só bem, mas com eficiência. O objetivo do compartilhamento de problemas é permitir que o desenvolvedor entenda profundamente a necessidade do usuário e deixar que ele satisfaça essa necessidade. Lisa ajudou Chris a entender por que as pessoas precisavam do código que ele estava escrevendo e como isso as ajudaria. Depois de criar essa empatia, escrever o aplicativo de fluxo de trabalho foi uma tarefa trivial.

Empatia pelo usuário = produtos melhores e mais rápidos

A verdade é que a maioria dos softwares é relativamente simples. É o que os desenvolvedores chamam de aplicativos CRUD: Create (criar), Read (ler), Update (atualizar), Delete (excluir). A maioria dos apps on-line são formulários que permitem ao usuário inserir dados, modificar dados, sugerir alterações de dados ou excluir dados. Quase todos os sites ou aplicativos móveis que você já usou são 95% de operações CRUD. Não é um bicho de sete cabeças.

O que isso significa é que a verdadeira diferença em termos do tempo que leva para resolver um problema e da eficácia da solução depende de o desenvolvedor entender o problema, como Ozone fez. Quando os desenvolvedores realmente *se importam* com seu trabalho, a motivação entra em ação e libera ideias novas e ainda mais criativas. Quando a tarefa de um desenvolvedor se restringe a ler um documento de especificação, ele acaba isolado das pessoas que usarão o software. O código sai deselegante e sujeito a erros porque o desenvolvedor não teve como saber de que forma as pessoas o usariam. Além disso, leva uma eternidade para escrever o código porque o desenvolvedor não se empolga com o projeto e escreve mecanicamente.

É por isso que, se você já trabalhou com desenvolvedores ou teve equipes criando software para o seu negócio, você sabe que nem sempre é fácil acelerar o trabalho. Sempre parece demorar mais do que a empresa deseja. Chad Etzel — também conhecido como Jazzy Chad — acha que esse é um resultado natural de um processo falho no qual os gerentes dizem aos desenvolvedores quais soluções construir, em vez de incluí-los no início do processo, quando o problema a ser resolvido ainda está sendo definido.

"Os gerentes são pressionados pelos executivos do lado comercial ou financeiro da empresa. Eles têm uma ideia e definem um prazo, mas dependem dos engenheiros para fazer acontecer. E é muito desmotivador para uma equipe de engenharia quando um gerente simplesmente entra na sala e diz: 'Façam isso, rápido, dentro do prazo', e depois vira as costas e vai embora."

Incluir os desenvolvedores no início do processo tem mais vantagens do que ser legal e evitar magoá-los. Os benefícios vão muito além. Como os gerentes podem se comprometer com os prazos sem um bom entendimento do trabalho que precisa ser feito? E se a solução especificada não puder ser construída no prazo determinado? Algumas funcionalidades precisarão ser cortadas, o trabalho será feito às pressas ou os desenvolvedores vão se estressar e sair da empresa. Nenhum desses resultados beneficia a empresa.

Em vez de apresentar aos engenheiros uma solução definida, os gerentes de produto podem compartilhar o problema e pedir ajuda aos engenheiros para descobrir a maneira mais rápida de resolvê-lo com base na maneira como os sistemas existentes — estruturas de dados, caminhos de código — são construídos.

"Sempre que ouço alguém dizer algo como 'É rapidinho' ou 'Você consegue fazer isso em um dia', eu quero morrer", diz Chad. "Porque, se você não entender o sistema, se não souber como a infraestrutura foi construída, você não faz ideia do tempo que vai levar. Acho que essa é um grande causa da guerra entre os gerentes e os engenheiros."

Chad observa que muitos desenvolvedores "têm uma visão mais profunda da integração ou da viabilidade de alguns produtos ou funcionalidades e, quando o gerente de produto diz: 'Precisamos da funcionalidade X', a engenharia responde: 'Tudo bem, vai levar seis meses, porque, do jeito como a infraestrutura foi construída, não vai ser fácil incluir isso'. O problema é que o gerente pode não entender a dificuldade".

Os engenheiros são pagos para encontrar o caminho técnico mais curto dentro de um determinado contexto. Eles estudaram para fazer isso nos cursos de ciência da computação. Existe até um algoritmo chamado Dijkstra, feito para encontrar o caminho mais curto entre vários nós — e todos os engenheiros de software aprendem isso. Mas, em vez de aproveitar a capacidade dos engenheiros de encontrar o melhor atalho, a maioria das empresas quer que os desenvolvedores desliguem essa parte do cérebro. É quase um crime.

Jazzy Chad é um desenvolvedor tão talentoso que até hoje me recrimino por não termos dado um jeito de mobilizar sua energia criativa quando ele trabalhou na Twilio. Ele foi acolhido na Apple, onde trabalha há mais de quatro anos no iOS, o sistema operacional do iPhone e do iPad.

Como eles o fisgaram? Pedindo que ele resolvesse os problemas e saindo do caminho. Quando Chad entrou na Apple, eles o colocaram em uma equipe com muitos talentos da inteligência artificial, mas nenhum desenvolvedor de aplicativos móveis como ele. Em seguida, eles lhe deram o seguinte desafio: descobrir a melhor maneira de fazer com que a Siri seja mais do que um aplicativo de controle de voz. Chad é o pai de todas as "Sugestões da Siri" no seu iPhone. Ele adora a liberdade de trabalhar nesse esquema. Em vez de instruir: "Este pixel entra aqui", o gerente só lhe disse: "Dê um jeito de a Siri agregar mais valor aos clientes do iPhone".

Chad diz que os gerentes da Apple fazem a ponte entre as necessidades dos clientes e os desenvolvedores e os ajuda a criar uma solução. Os melhores gerentes de produto não são uma mera camada entre as necessidades do cliente e os desenvolvedores. Na verdade, eles removem camadas, eliminam soluções preconcebidas e suposições equivocadas e simplificam as comunicações. Os melhores gerentes de produto não isolam o desenvolvedor das necessidades do cliente; pelo contrário, eles ajudam o desenvolvedor a entender os problemas do cliente. Quanto maior for o número de camadas entre as pessoas que usam um produto e as pessoas que o criam, pior é. Acaba sendo uma gigantesca brincadeira de telefone sem fio, no qual a mensagem é transmitida por tantas pessoas que os desenvolvedores acabam sem saber direito como as pessoas usarão o software que eles estão construindo.

Por que alguns softwares são tão toscos?

Quem me contou um dos casos mais extremos de "excesso de camadas" foi Patrick McKenzie (também conhecido como Patio11), que trabalhou em uma integradora de sistemas japonesa que fornece serviços de terceirização de desenvolvimento de software para empresas japonesas, principalmente instituições educacionais. O modelo de negócio da companhia exacerba todos os problemas com uma abordagem de "compartilhamento de soluções" em um nível quase astronômico. Um projeto particularmente frustrante envolveu tantas conversas frustrantes com tantas pessoas diferentes que Patrick saiu não só da empresa como do mundo corporativo por mais de quinze anos.

Uma universidade japonesa queria automatizar seu sistema manual de faturamento. No sistema manual, um funcionário sentava-se a uma mesa com uma pilha de faturas do lado esquerdo da mesa e uma pilha de extratos bancários à direita. O funcionário encontrava os extratos que correspondiam às faturas, carimbando aquelas já pagas. Fazia sentido automatizar a tarefa com um software. Um gerente da universidade passou o pedido a uma pessoa do setor de compras que lidava com os representantes de vendas, que passou a especificação a um gerente de projeto, que a passou a um gerente de produto — e, finalmente, para os engenheiros.

A solução solicitada foi: criar um programa de computador que tenha uma pilha virtual de faturas no lado esquerdo da tela e uma pilha virtual de extratos bancários à direita. O operador clicará em um item da pilha da esquerda, depois no item correspondente da pilha da direita e dar um "enter". Vez após vez após vez, literalmente imitando o processo manual em papel, mas em uma tela de computador.

"Nossos vendedores disseram: 'Sim, dá para fazer isso'. E, quando a ideia chegou aos desenvolvedores, pensamos: 'Isso é absolutamente insano'."

Um computador poderia simplesmente comparar extratos bancários e faturas automaticamente, em milissegundos, sem precisar de um operador humano. Mas os desenvolvedores não tinham como passar por todas as camadas envolvidas e explicar isso às pessoas que usariam o sistema.

"Acabamos fazendo um sistema que não deveria existir, que foi mais difícil de construir do que um sistema computador que faria todo o trabalho, a um custo maior para os clientes. Sem falar que algum pobre coitado vai ser obrigado a passar meses de sua vida clicando, clicando, clicando, clicando, clicando e clicando nesse sistema burro", lembra Patrick. "A tarefa toda podia ser feita por um computador — mais rápido, mais barato, melhor e sem forçar um funcionário a trabalhar feito um robô."

Depois de ver esse tipo de disfunção repetidas vezes, Patrick decidiu dar um basta e saiu para abrir a própria empresa. Ao ver que os professores representavam um mercado promissor para softwares de baixo custo para administrar suas aulas, ele construiu o Bingo Card Creator, um site em que os docentes podiam se inscrever por alguns dólares mensais e criar cartões de bingo personalizados, que são uma excelente ferramenta pedagógica. Professores do ensino fundamental fazem cartões customizados com base nas aulas que vão dar, como fonética ou vocabulário. Mas eles estavam fazendo tudo à mão. Se você tiver uma turma de trinta alunos, vai precisar de trinta cartelas de bingo diferentes, o que dá muito trabalho. O site de Patrick permite que você especifique palavras, números ou imagens e basta baixar o número de cartelas de bingo que precisar, tudo pela bagatela de US$ 30 mensais. Ele conseguiu atrair nada menos que oito mil clientes e, no auge das operações, o site Bingo Card estava gerando US$ 80 mil em receita e US$ 48 mil em lucro bruto. Ele não enriqueceu com isso, mas, quando calculou o tempo que trabalhou para levar o produto até aquele ponto do ciclo de vida, descobriu que seu salário era de mais de US$ 1 mil por hora. Nada mal para um público e uma necessidade que a maioria das pessoas nunca deve ter cogitado.

Em seguida, ele se voltou a um cliente diferente: profissionais autônomos. Pessoas que marcam horários e não comparecem representam uma enorme receita perdida para médicos, dentistas e cabeleireiros. Para uma microempresa, muitas vezes de uma pessoa só, o velho ditado "tempo é dinheiro" não poderia ser mais verdadeiro. Patrick criou o AppointmentReminder.com, outro site em SaaS, com a finalidade de mandar lembretes de compromissos automatizados e de baixo custo por telefone, para os clientes não se esquecerem do horário marcado. O negócio estava gerando receitas e lucros de seis dígitos quando ele o vendeu. Era um problema que ele adorou resolver porque sabia que melhorava a vida dos clientes.

A magia da internet é que, ao contrário da época do software vendido em mídias físicas, Patrick podia não só construir sozinho os sites como também promovê-los e vendê-los para um público global usando anúncios do Google e do Facebook. Ele pagou um pouco ao Google para adquirir clientes, escreveu todo o código sozinho, dava suporte aos clientes e era uma empresa de uma só pessoa. Conseguia pagar as contas e escrevia um blog regularmente sobre as lições que aprendeu no caminho. Ele eliminou completamente todas aquelas camadas de pessoas que separam o produto dos clientes, demonstrando as vantagens dessa abordagem. E, ainda mais importante, mostrou que um desenvolvedor é mais do que um robô que só sabe cumprir ordens. Isso fez dele uma espécie de celebridade entre os empreendedores — ele esnobou o mundo corporativo e sustentou a família bancando sozinho dois negócios.

No início da Twilio, Patio11 se tornou um dos nossos maiores fãs. Ele construiu o Appointment Reminder totalmente com base em nossas APIs para enviar lembretes por telefone e mensagens de texto.

Mas então algo curioso aconteceu. Patio11, um dos desenvolvedores independentes mais famosos do mundo — se não *o* mais famoso — recebeu uma ligação de Patrick Collison, o cofundador da Stripe. A Stripe é uma API, como a Twilio, mas eles trabalham com pagamentos em vez de comunicação. Com algumas linhas de código, um desenvolvedor pode receber dinheiro pelo software que criou. Patio11 chegou a usar a Stripe para cobrar pelo Appointment Reminder. Mas, apesar de Patio11 ter anunciado aos quatro ventos que nunca mais faria parte do mundo corporativo, Collison fez uma oferta irrecusável.

Collison e a equipe da Stripe estavam trabalhando em uma nova iniciativa, chamada Atlas, para resolver um problema que muitos clientes tinham: a maioria das pessoas acha muito difícil abrir uma empresa. A Stripe queria resolver esse obstáculo porque sua missão é aumentar o PIB da internet, e cada nova empresa no ambiente digital aumenta o número de transações on-line, sendo que a Stripe fica com uma pequena fração de muitas delas. Collison pediu a Patio11, um sujeito apaixonado por abrir e administrar o próprio negócio, para trabalhar com a equipe de Taylor Francis, que tinha conduzido a Atlas pelos primeiros estágios de desenvolvimento. O objetivo era facilitar para *qualquer pessoa* abrir e administrar o próprio negócio, bastando preencher um formulário on-line. Com isso, a Stripe agarrou o solteirão mais cobiçado da internet, por assim dizer. (Caso você esteja se perguntando, sim, eu não me conformo de não ter pensado em um jeito de contratar o Patio11.)

A Atlas é um aplicativo de fácil utilização que simplifica a abertura de uma empresa, "removendo toda a burocracia, idas ao banco, complexidade jurídica e taxas variadas". Em vinte minutos, um empreendedor pode abrir uma microempresa, abrir uma conta bancária jurídica, configurar o site para receber pagamentos com cartão de crédito e até obter créditos de startups para usar serviços populares, como a Amazon Web Services e o Google Cloud.

Será que Patio11, o exímio desenvolvedor independente, toparia trabalhar em uma grande empresa se lhe pedissem para escrever código? É pouco provável. Mas Collison compartilhou um problema gigantesco e cabeludo pedindo que Patio11 o resolvesse, ao mesmo tempo que lhe dava os recursos de uma startup bem financiada do Vale do Silício e o apoio dos fundadores da empresa. Para um desenvolvedor como Patio11, foi um desafio muito empolgante.

Um chamado às startups

Paul Graham cofundou a Y Combinator, uma das incubadoras de empresas do Vale do Silício e investidoras em startups em estágio inicial de maior sucesso. Desde sua fundação em 2005, a YC financiou mais de duas mil startups, incluindo o Airbnb, Stripe, DoorDash e Dropbox. O valor combinado das startups financiadas pela YC ultrapassou US$ 150 bilhões em outubro de 2019. Paul é desenvolvedor, empreendedor e cientista da computação. Ele é um pensador lógico que ensina o caminho das pedras a novos empreendedores e depois os deixa livres para agir.

Uma abordagem que a Y Combinator usa para encontrar ou até ajudar a gerar novas startups é postar uma lista de problemas que precisam ser resolvidos. A Y Combinator chama a prática de "Solicitação de Startups", descrevendo-a como segue: "Muitas das melhores ideias que financiamos foram as que nos surpreenderam, não as que esperávamos. No entanto, seria de grande interesse para nós se os fundadores de algumas startups específicas se candidatassem. Veja abaixo uma Solicitação de Startups atualizada, descrevendo algumas dessas ideias em linhas gerais".

A lista não especifica exatamente como resolver os problemas. Cabe aos empreendedores, geralmente técnicos, pensar em soluções propostas. Não é raro para a Y Combinator financiar várias empresas, todas tentando resolver o mesmo problema, mas de maneiras diferentes.

Veja algumas Solicitações de Startups recentes:

Lojas Físicas 2.0

Queremos conhecer startups que usam escritórios e lojas físicas de maneiras interessantes e eficientes. A Amazon está obrigando shoppings e grandes varejistas a fechar as portas. Em vez de travar uma batalha perdida, as marcas precisam repensar a utilização do espaço de varejo para se beneficiar de seus pontos fortes. A fabricante de automóveis Tesla, a ótica Warby Parker e a academia de ginástica virtual Peloton, por exemplo, usam locais físicos como showrooms para complementar seus canais de venda on-line. Sem a necessidade de manter estoques, o espaço de varejo pode ser usado com muito mais eficiência.

Tecnologias de remoção de carbono

O Acordo de Paris estabeleceu a meta global de restringir o aumento da temperatura da Terra a 1,5 °C neste século. Essa meta não será atingida apenas com a transição para as energias renováveis. Também teremos de retirar o carbono da atmosfera.

Agricultura celular e "carne limpa"

Avanços científicos recentes estão levando a humanidade a repensar a produção de proteínas. Pela primeira vez na história, podemos produzir alimentos cientificamente indistinguíveis dos que possuem origem animal, como carne e laticínios, usando apenas células e sem prejudicar qualquer animal. O cultivo de carne animal diretamente de células é uma ciência revolucionária. Adoraríamos financiar mais startups que estão levando esse experimento ao mercado. Também queremos financiar startups especializadas no estágio de escalabilidade da agricultura celular. O mundo se beneficiará enormemente de uma produção de carne mais sustentável, barata e saudável.

> *Defesas contra fake videos*
>
> Os vídeos falsos são cada vez mais comuns. Já existe a tecnologia para criar produções adulteradas que são indistinguíveis da realidade e em breve estará disponível para qualquer pessoa com acesso a um smartphone. Temos interesse em financiar uma tecnologia que equipará o público com ferramentas para identificar áudios e vídeos falsos.

Paul e sua equipe são investidores e, como muitos outros líderes de negócio, são pressionados pelos próprios investidores — de parceria limitada — a gerar retornos por meio da inovação e do sucesso comercial. E é o que eles fazem recorrendo a desenvolvedores e empreendedores. É uma abordagem brilhante.

Imagine se todos os líderes usassem essa mesma tática em suas empresas. Identifique os problemas mais cabeludos da empresa e faça um "Chamado a Soluções" para seus funcionários. Nem toda solução será apropriada ou viável, mas, ao compartilhar os problemas, você dará aos desenvolvedores a chance de pensar nas mesmas coisas que você.

Para o bem ou para o mal, todo mundo se apaixona pelas próprias ideias. Existe uma maneira melhor de fazer as pessoas lutarem pelas ideias do que deixar que elas encontrem as próprias soluções? Quando fazemos isso, elas são capazes de mover montanhas. Essa é a abordagem que Paul, Ashton e Obama estão usando.

Compartilhe problemas, não soluções

Diz a lenda que a Nasa queria desenvolver uma caneta que os astronautas pudessem usar no espaço. Era difícil fazer a tinta sair de cabeça para baixo e as canetas sempre falhavam. O governo americano gastou milhões de dólares tentando inventar uma caneta espacial, até que alguém descobriu como os russos resolveram o problema: eles usavam lápis. Na verdade, essa história não passa de um mito, mas circula muito no mundo do software. Como todas as boas fábulas, essa história ilustra um erro comum: a obsessão em tentar resolver o problema errado. O problema que a Nasa precisava resolver não era "Como podemos fazer uma caneta que escreva de cabeça para baixo em gravidade zero?". O verdadeiro problema era "Como podemos escrever no espaço?".

Em sua essência, a abordagem do Pergunte ao Desenvolvedor é sobre empoderamento. Pessoas atuando em qualquer área sempre dão um jeito de alçar à altura das expectativas. A metodologia do Pergunte ao Desenvolvedor se baseia em definir grandes expectativas para os desenvolvedores — não em termos do volume de código que eles são capazes de escrever, mas em termos da capacidade de usar sua engenhosidade e criatividade para resolver os maiores problemas do mundo. E eles só podem fazer isso se forem empoderados e tiverem liberdade de ação. O mais importante é *dar aos desenvolvedores problemas, não soluções.*

Não tenho nada contra disponibilizar mesas de pingue-pongue e patinetes para os funcionários, mas estou convencido de que o segredo para criar uma excelente cultura de engenharia é incluir os desenvolvedores nos grandes problemas que você está tentando resolver e alavancar toda a capacidade cerebral deles. É fácil saber se isso está sendo feito na sua empresa. Quando cruzar com um desenvolvedor no corredor, pergunte no que ele está trabalhando e qual problema do cliente o produto disso resolverá. Ele sabe responder? Pergunte quando foi a última vez que ele interagiu com um cliente e como ele se sentiu. Ele ficou motivado? Pergunte o que ele aprendeu com a conversa com o cliente. Com base nas respostas, você terá como saber se os desenvolvedores realmente estão sendo incluídos nos problemas do cliente ou se só são chamados a implementar soluções.

CAPÍTULO 5

Sem experimentação não há inovação

Se você realmente estivesse inventando algo, não deveria saber o que está fazendo.

— CATERINA FAKE, COFUNDADORA DO FLICKR

Se você for como muitas pessoas, deve ter se maravilhado com as conquistas da inventividade humana, como o voo espacial ou o advento do iPhone. E deve sonhar em liderar equipes capazes de realizar coisas desse tipo. Como executivo, aposto que você gostaria que suas equipes lhe trouxessem ideias grandiosas e ousadas com potencial de transformar sua empresa, seu setor e talvez até o mundo. Ou você pode levar essas ideias às suas equipes e ser recebido com resistência, ouvindo das pessoas tudo o que pode dar errado. Se você já sentiu essas frustrações na pele, saiba que elas têm a mesma causa: as pessoas têm medo do fracasso. É natural e muito humano querer ter sucesso e evitar o estigma normalmente associado ao fracasso. Mas a tolerância a ele

— tanto pessoal quanto profissional — é indispensável para libertar a inovação. Não é raro gestores inteligentes e bem-intencionados cometerem pequenos erros que desencorajam esse tipo de risco. Construir uma organização que incentiva e recompensa o atingimento progressivo de grandes metas aumenta suas chances de sucesso com a inovação e reduz os custos dos erros inevitáveis. Sem isso, a experimentação é inviável. Com o software, nunca foi tão fácil, ou tão necessário, criar uma cultura propícia à experimentação. Vejamos por quê.

Em sua biografia de 2016 sobre os irmãos Wright, David McCullough detalha o processo que levou dois mecânicos de bicicleta do estado de Ohio, nos Estados Unidos, a serem os primeiros a realizar o voo humano motorizado, uma das maiores conquistas do século 20. Eles não eram os inventores mais bem financiados — por exemplo, Samuel Langley contava com fundos do então Departamento da Guerra dos Estados Unidos para criar uma máquina voadora mais pesada que o ar, mas ele passou tanto tempo fazendo tours para chamar a atenção da imprensa que não lhe sobrava muito tempo para criar.

Os irmãos Wright venceram porque fizeram experimentos — e muitos. E não tinham medo de fracassar espetacularmente, mesmo quando a própria vida estava em jogo.

Em sua bicicletaria, nos idos de 1899, eles tiveram a ideia e construíram o protótipo de uma máquina voadora. No verão do ano seguinte, eles levaram sua invenção à cidade de Kitty Hawk, na Carolina do Norte, que era um lugar miserável, cheio de mosquitos e mato. Mas ventava muito lá. Eles tentaram fazer a máquina voar. E a engenhoca caiu feito uma jaca podre. Eles a consertaram e fizeram alguns ajustes. Tentaram de novo e a engenhoca se estatelou no chão. Eles repetiam o ciclo até que a máquina ou eles estivessem quebrados demais para continuar e, no inverno, faziam as malas e voltavam para casa. Com base em todas as medidas e dados da temporada de testes, eles construíam a próxima versão de sua máquina voadora. No verão seguinte, eles voltavam a Kitty Hawk para fazer mais testes, repetindo o processo desanimador. Em 1903, depois de muitos ossos quebrados, acidentes quase fatais e destroços retorcidos de máquinas voadoras, eles finalmente encontraram a combinação certa de formato de asa, estabilizadores, sistemas de controle, potência do motor e muitos outros detalhes para viabilizar o primeiro voo motorizado e tripulado. E o resto é história.

Que exemplo inspirador! Dá para imaginar o medo de entrar naquela geringonça depois de se esborrachar tantas vezes? Um fracasso podia realmente fazer a diferença entre a vida e a morte e mesmo assim eles continuaram tentando até que finalmente atingiram o sucesso. Se, nessas condições, os irmãos Wright se comprometeram a experimentar incansavelmente até alcançar o sucesso, você e eu também podemos.

Experimentar com o software é a mesma coisa — só que mais fácil, rápido e você tem muito menos chances de acabar morto do que ao fazer experimentos envolvendo uma máquina voadora. Você sabia que os apps do seu celular são atualizados toda semana? Muitos sites são atualizados todos os dias, ou até de hora em hora.

O que talvez você não saiba é que incontáveis experimentos estão sendo executados em muitos desses apps e sites. Novos recursos são disponibilizados para 0,5% dos usuários para ver se as pessoas gostam. Se a reação for boa, a empresa lança o novo recurso para mais usuários. Se algo der errado — uma falha técnica ou se as pessoas não curtirem o recurso —, a empresa simplesmente o interrompe.

Essa é a base da experimentação. É também a base da revolução da Startup Enxuta lançada por Eric Ries, que escreveu o prefácio deste livro. Se você tem como fazer experimentos com baixo risco e aprender rapidamente sobre as necessidades de seus clientes, o que te impede de fazer isso?

A experimentação rápida no desenvolvimento de software é o principal aspecto do Construir ou Morrer. Também é a razão pela qual o descrevo como um processo darwiniano. Assim que uma empresa começa a adotar a experimentação rápida e acelerar sua inovação, o resto do setor segue o exemplo. A concorrência sedenta pela sobrevivência significa que o progresso do setor inteiro é forçado a acelerar. Conforme o custo da experimentação cai, o número de experimentos aumenta. O resultado é uma explosão cambriana, uma enorme explosão de inovação.

Tem uma piada que diz assim: uma mulher vai à igreja toda semana e reza para ganhar na loteria. Semana após semana, ano após ano, ela reza. Finalmente, décadas depois, Deus finalmente responde: "Eu não tenho muito o que fazer se você não comprar um bilhete de loteria!".

A inovação é mais ou menos assim: os experimentos são como comprar bilhetes de loteria pela chance de uma grande inovação. Quanto mais você comprar, melhores serão suas chances. Eu só não gosto muito dessa analogia porque nenhuma habilidade pode aumentar suas chances de vencer. Já no caso da experimentação e da inovação, você pode melhorar cada vez mais com a prática. Este capítulo mostra como melhorar na experimentação para aumentar suas chances de criar uma solução para os maiores problemas de seus clientes.

Toda grande ideia começa pequena

Vários anos atrás, tive uma conversa com Eric Ries que lembra a história da mulher que rezava para ganhar na loteria sem nunca ter comprado um bilhete. Eric descreve experimentos como plantar sementes na terra. Você não sabe necessariamente quais vão brotar e se transformar em árvores gigantes — se é que alguma vai vingar. Mas sabe de uma coisa: se não plantar semente alguma, nenhuma árvore vai nascer. Em seu trabalho de consultoria para ensinar a metodologia da Startup Enxuta, é comum ele ver executivos de grandes empresas que querem matar os pequenos experimentos — pequenas mudas, nessa analogia — porque eles ainda não fazem diferença alguma, o que significa que não estão gerando, digamos, US$ 100 milhões em receita, o suficiente para criar um impacto para a empresa. Essas mudas não são árvores gigantes.

Eric explica que é verdade que o experimento ainda não está gerando o nível desejado de receita, mas é impossível saber quais novos testes se transformarão na próxima grande linha de negócio de US$ 100 milhões. "Se você soubesse quais ideias seriam um sucesso garantido, é claro que só investiria nelas. Mas, como ninguém tem o poder de ver o futuro, você precisa se dispor a plantar muitas sementes e observá-las crescendo." Quando começarem a brotar, não as pisoteie só porque elas ainda não cresceram. Pelo contrário, regue-as e deixe-as ao sol. Ou, na linguagem corporativa, invista mais.

Tal qual as árvores, toda grande ideia começa pequena.

As ideias podem vir de equipes que atuam na linha de frente ou dos executivos. Não importa a origem, os próximos passos devem ser os mesmos.

Comece analisando a ideia. Não precisa ser uma análise exaustiva — a energia de ativação para iniciar um novo experimento deve ser baixa. Tudo o que você precisa saber são duas coisas:

1. Quais são as suas suposições sobre os clientes, o problema ou o mercado e como seu experimento irá provar ou refutar essas hipóteses?

2. Se a ideia for um sucesso estrondoso, os ganhos serão espetaculares? Considerando que a meta é ter uma árvore grande, veja se a semente que você está plantando tem essa chance se for bem-sucedida.

A única razão que eu teria para vetar um experimento seria se: a) a oportunidade é pequena demais e, portanto, nem o maior sucesso faria uma grande diferença; ou b) a equipe ainda não sabe como medir o progresso.

Se as respostas às duas perguntas acima forem razoavelmente boas, comece com uma equipe pequena. Pode ser uma nova ou parte de uma existente, mas cinco pessoas devem bastar para começar a brincar.

Não fale em termos de uma "grande ideia", e sim de um segmento de clientes e um problema que precisa ser resolvido. Não diga necessariamente o que você quer que eles criem, mas em qual cliente eles devem se concentrar e qual problema valioso vocês (se tudo der certo) poderão resolver para esse cliente. Agora que você especificou o cliente e a missão, definam juntos as métricas de sucesso. Eric Ries é um mestre em fazer isso e sugiro ler seus livros *A startup enxuta* e *O estilo startup* para aprender em profundidade os métodos que ele propõe para o que ele chama de "contabilidade da inovação". Em resumo, a pequena equipe precisa de uma série de métricas para saber se o experimento teve sucesso. Note que não estamos falando de métricas de longo prazo, mas de resultados experimentais de curto prazo. Eric chama isso de validar as "suposições de salto de fé".

Quando a equipe validou a oportunidade (a pergunta número dois acima), eles devem ter construído um modelo projetando cinco ou dez anos no futuro com um cálculo nas seguintes linhas: "Se tivéssemos mil clientes nos pagando US$ 500 mil cada em cinco anos, seria espetacular". Foi pensando assim que vocês devem ter decidido que o experimento vale o investimento. Mas o próximo passo não é construir o negócio de US$ 500 milhões; é validar as suposições desse modelo, ou seja: mil clientes e US$ 500 mil em receita cada.

Seu experimento pode ter como objetivo: a) descobrir se um cliente realmente pagaria tanto para resolver o problema; e b) validar se o problema é aplicável a um número suficiente de clientes a ponto de vocês efetivamente conquistarem mil clientes nos próximos cinco anos.

Se vocês não conseguirem atrair nenhum cliente, isso será um problema. Ou, se vocês conseguirem conquistar clientes, mas eles só se dispuserem a pagar US$ 1.000 por ano em vez de US$ 500 mil, isso será um problema. Ou, se eles se dispuserem a pagar o valor esperado, mas vocês descobrirem que só dez empresas no mundo têm essa necessidade, isso será um problema.

Esses parâmetros foram pensados para vocês descobrirem, da maneira mais rápida e barata possível, se os fatores de sucesso de seu modelo de fato são viáveis. Deixem para escalonar depois. Por enquanto, tudo o que vocês precisam fazer é tentar provar a hipótese.

Outro ponto importante é que a hipótese não é técnica nem científica. Para entender isso, pense em alguns experimentos famosos. Ao tentar fazer a lâmpada funcionar em seu laboratório, Thomas Edison tinha uma hipótese científica: ele seria capaz de produzir luz passando a eletricidade por um filamento. Ele testou mais de três mil materiais diferentes para provar sua hipótese. Os irmãos Wright também tinham uma hipótese técnica: o fator que possibilitava o voo era o formato das asas. Eles traçaram suposições sobre várias curvas e como elas poderiam afetar o fluxo de ar e a sustentação da asa. Essas hipóteses precisavam ser provadas com experimentos em campo.

Essas são hipóteses científicas. No caso do software, a resposta à hipótese *científica* ou *técnica* — "Um programa de computador é capaz de fazer X" — é quase sempre positiva, já que praticamente tudo é possível. A hipótese que vocês estão tentando provar é a do *negócio*, que é: "Os clientes pagarão por um programa de computador que faça X" ou, em termos mais gerais, "Um programa de computador que faça X gerará mais dinheiro para nós".

Qualquer planilha projetando perspectivas de negócio para um novo produto ou iniciativa é uma hipótese — números literalmente inventados, baseados apenas em suposições. Essas suposições são testadas em pequena escala, enquanto os custos são minimizados. No mundo do Construir ou Morrer, os experimentos são feitos não para testar o software, mas para testar própria empresa. Como podemos crescer? Que produtos devemos criar?

Os irmãos Wright tinham uma hipótese técnica sobre o formato da asa. Eles não tinham hipóteses de negócio sobre como construir aeronaves para vender, desenvolver a indústria da aviação ou criar aeroportos nas grandes cidades a fim de transformar os aviões em um sistema de transporte de massa. Eles construíram uma aeronave mínima viável, um planador modificado com um motor. (Depois de provar a hipótese técnica, eles se voltaram aos negócios e abriram uma empresa para fabricar aviões, mas nenhum dos dois tinha muito interesse nem tino para o comércio. A maior inovação deles focou a tecnologia, não os negócios. Já Henry Ford fez as duas coisas; ele foi um designer inovador de motores a gasolina e outros aspectos da tecnologia automotiva e depois criou inovações nos negócios que foram ainda mais notáveis.)

Um erro comum que as empresas cometem é não ter uma hipótese que preceda o experimento — ou seja, elas investem em testar uma hipótese técnica e até na construção de protótipos sem parar para descobrir se há demanda suficiente para o produto. Alguém diz: "Ei, não seria legal se a gente pudesse...?". Ou um executivo se apaixona por uma ideia e manda os desenvolvedores em uma missão para concretizá-la.

É ótimo ter tanto entusiasmo, e grandes inovações podem nascer assim, mas você não deve seguir em frente antes de transformar a ideia em uma hipótese de negócio. Sem isso, você não saberá o que o experimento está medindo. O sucesso ou o fracasso serão vagos e tudo o que você vai ter para medir é: "O projeto já está fazendo alguma diferença?". E a resposta quase sempre será não.

É bom ter uma hipótese e um conjunto de suposições para prová-la ou refutá-la — mas é preciso colocar isso no papel para monitorar o progresso. Na Twilio, um dos nossos valores essenciais é "Bote no papel", e os experimentos são uma excelente oportunidade de exercitar essa prática. Como acontece muito de as pessoas esquecerem a hipótese original, anotar a hipótese e os resultados mantém todos no caminho certo. Deve ser por isso que os cientistas e inventores mantêm anotações detalhadas de seus experimentos. Notei que, quando o experimento e seu progresso não são devidamente documentados ao longo do caminho, as pessoas (especialmente nós, os executivos) tendem a esquecer o contexto — e reverter a conversas do tipo: "Por que o projeto ainda não está fazendo nenhuma diferença!?!". Colocar no papel, lembrar as pessoas do propósito do experimento e atualizá-las sobre o progresso é uma excelente maneira de manter viva a mentalidade experimental e manter o apoio ao experimento.

Quanto mais experimentos melhor

Os próprios experimentos são um processo darwiniano com o qual podemos aprender. É o que a natureza faz com as mutações genéticas. Muitas não dão em nada, mas algumas produzem organismos que se adaptam melhor, têm um desempenho melhor e, portanto, sobrevivem. Experimentos e iterações rápidas e constantes são um processo básico, fundamental para tudo na vida. A Mãe Natureza não chora nem se envergonha das milhões de mutações que morrem na praia. Ela só continua gerando mais mutações.

Na Twilio, estamos sempre tentando fazer o maior número possível de experimentos. Enviamos novas versões de nosso produto mais de 120 mil vezes por ano — o equivalente a mais de trezentas vezes por dia. A cada nova versão, incluímos novos recursos e funcionalidades, corrigimos bugs, melhoramos o desempenho e realizamos experimentos.

Em 2019, recrutamos Chee Chew para atuar como nosso diretor de produto com a missão de nos ajudar a encontrar maneiras de acelerar esse processo. Chee é bacharel e mestre em ciência da computação pelo Instituto de Tecnologia de Massachusetts (MIT). Ele é um tecnólogo veterano com experiência em administrar grandes organizações de desenvolvimento em três das empresas de software mais icônicas do mundo: quatorze anos na Microsoft, oito no Google e quatro na Amazon. Nunca conheci ninguém que tivesse pensado tanto e com tanta profundidade sobre o processo de construir uma organização de software e uma cultura propícia à inovação.

Chee entrou na Twilio e já começou a apresentar algumas novas ideias. É uma maneira bastante tradicional de fazer as coisas na maioria das empresas. Todo mundo apresenta ideias, algumas são aprovadas e a administração aloca pessoal e verba para os vencedores. A maioria das pessoas sai desapontada do processo.

O problema é que "as boas ideias não seguem o ciclo de planejamento. Elas surgem em qualquer época do ano", Chee explica. Com base nisso, ele lançou a ideia de uma temporada contínua de apresentação de ideias. Em vez de forçar as pessoas a se apresentar uma vez por ano com um enorme pedido de verba, criamos um fórum em que qualquer pessoa pode apresentar uma ideia quando quiser. Se ela for aprovada, financiamos uma minúscula equipe exploratória, talvez até parte do tempo de trabalho de uma pessoa. A "equipe" só recebe financiamento suficiente para fazer um pequeno experimento.

Em algumas ocasiões, os experimentos não envolvem entrar em um novo mercado ou aumentar a receita, mas outro resultado de negócio, como reduzir algum custo. Pouco tempo atrás, Chee criou um concurso voltado a coletar ideias para "A Maior Melhoria de Eficiência" e a equipe vencedora recebeu permissão de fazer um *sprint* de duas semanas para elaborar a ideia e financiamento adicional se o *sprint* comprovar as hipóteses iniciais.

"A partir daí", diz Chee, "se vocês atingirem os *milestones*, aumentamos a aposta como qualquer startup, obtendo a próxima rodada de financiamento de risco. Com isso, podemos explorar, aumentar nossa confiança e finalmente financiar uma pequena equipe para chegar ao primeiro lançamento no mercado".

Com esse novo processo, conseguimos realizar um número muito maior de experimentos ao mesmo tempo e, ainda que alguns não deem em nada, pelo menos podemos constatar isso antes de investir muito e passar rapidamente para o próximo experimento.

Tentar crescer demais

Em 2019, Jeff Immelt entrou no conselho de administração da Twilio depois de uma longa carreira na General Electric, onde atuou como sucessor do CEO Jack Welch de 2001 a 2017. Sob a liderança de Immelt, a GE tentou fazer uma transformação digital em uma escala épica. Com mais de 330 mil funcionários, mudar o rumo de um navio daquele tamanho e de mais de 125 anos acabou sendo um feito hercúleo. Uma de suas apostas foi a GE Digital: construir um negócio de software que ajudasse os clientes a obter mais eficiência de seus investimentos em equipamentos industriais da GE, como turbinas eólicas, motores a jato e motores de locomotiva. Usando os dados coletados dessas máquinas, ele raciocinou que a GE seria capaz de prever falhas antes que elas acontecessem, fazer ajustes no equipamento em tempo real usando a inteligência artificial para aumentar o desempenho e, como resultado, ajudar os clientes a operar máquinas mais eficientes que precisavam de menos manutenção e reparos. O problema era que grande parte das receitas e dos lucros da GE vinha de peças e reparos, de modo que a iniciativa digital foi inicialmente recebida com ceticismo por outros líderes da GE. Mas Jeff sabia que se tornar uma empresa de software era a única maneira de proteger e expandir o negócio de manutenção. Acreditando na ideia, ele lançou a GE Digital para impulsionar essas unidades de manutenção com big data, a Internet das Coisas e o aprendizado de máquina — e, com isso, ultrapassar toda uma variedade de empresas nativas digitais. Ao lançar a iniciativa, ele comprometeu centenas de milhões de dólares em uma grande ideia: uma plataforma para aplicações industriais de Internet das Coisas.

O investimento era enorme e, como ele observou, necessário para todas as pessoas da empresa saberem que ele estava falando sério. Ele explicou: "Para sermos uma empresa industrial de sucesso, temos de ser uma empresa digital de sucesso. Eu não tenho um Plano B". Apesar do investimento de centenas de milhões de dólares, depois de cinco anos a GE Digital só estava gerando US$ 15 milhões em receitas de clientes — muito abaixo da meta. Depois da saída de Jeff, grande parte da GE Digital foi desmontada e a concorrente Honeywell lançou, no vácuo deixado pela GE, um produto industrial de Internet das Coisas que foi um grande sucesso.

Qual foi o erro da GE? Se você apresentar o problema como "Precisamos fazer essa empresa de US$ 100 bilhões avançar com uma única grande ideia", a pressão é enorme e não há muito espaço para fracassar. Como Jeff diz: "Eu tinha que mostrar às pessoas que eu estava falando sério e que não seria só um modismo passageiro na empresa. Um jeito de fazer isso em uma companhia do nosso tamanho é abrindo a carteira". Só que essa abordagem foi o contrário da experimental. Eles traçaram um plano, alocaram uma verba de centenas de milhões de dólares, construíram um escritório novinho em folha no Vale do Silício e montaram uma equipe executiva experiente para executar o plano. Eu diria que a GE teria tido resultados muito melhores se comprometesse não US$ 200 milhões, mas US$ 20 milhões divididos em cinco a dez equipes diferentes, cada uma com uma hipótese a ser provada sobre o futuro digital da GE. Em intervalos de alguns meses, a liderança avaliaria o progresso, dando mais financiamento às equipes que estavam provando suas hipóteses sobre o que os clientes precisavam da GE no futuro digital. Algumas equipes seriam desmontadas ou adotariam novas hipóteses.

Jeff também observa que os talentos que ele contratou não eram os mais adequados para a transformação. "Contratei líderes com experiência em *grandes empresas* de tecnologia — como a Cisco, SAP, IBM e Oracle —, mas que não tinham necessariamente uma veia empreendedora. Eles pensavam em escala, não em experimentação. Se eu pudesse voltar no tempo, teria feito diferente."

Pode parecer um contrassenso para líderes de grandes empresas, mas às vezes o problema é se comprometer demais. Quando você investe centenas de milhões de dólares em uma iniciativa e faz um grande estardalhaço, a equipe sente-se pressionada para gerar um resultado espetacular em um tempo curto demais. Com um financiamento menor e uma abordagem experimental, mais iterativa, eu suspeito que eles teriam ido muito mais longe. Hoje Jeff olha para trás e concorda: "Eu tinha uma equipe e um processo pensado para a escala, não para a experimentação. Teria sido melhor ter começado pequeno, com uma equipe empreendedora, e sem chamar tanta atenção. E só depois de eles obterem um sucesso inicial, eu poderia aplicar a escala que a GE faz tão bem".

Um sucesso estrondoso, um fracasso retumbante e tudo entre esses dois extremos

Tudo bem, agora que você fez seu experimento, o que pode acontecer? Você encontra uma mina de ouro; dá de cara com a parede; ou se vê em algum ponto entre os dois. Cometemos erros nesses três cenários.

Vamos começar falando sobre o cenário do sucesso estrondoso: o sonho de qualquer um, no qual as suposições iniciais são validadas e os clientes fazem fila para comprar a ideia. O problema é que a abordagem dos experimentos só funciona se você não deixar os vencedores ao léu. Foi um erro que cometemos na Twilio. Começávamos um experimento, víamos que estava dando certo, mas passávamos tempo demais tratando-o como um experimento sem lhe dar o financiamento necessário para entrar no mercado com a força que queríamos. Não regamos direito a muda.

O que aprendemos foi que, ao conduzir experimentos, você deve administrar os recursos para poder dar uma grande injeção aos experimentos vencedores. A Amazon é um exemplo de uma empresa que faz isso muito bem. A Alexa, a assistente virtual baseada em inteligência artificial, nasceu como um experimento. Quando começou a decolar, a Amazon percebeu que se tratava de um projeto especial que precisava ser regado e adubado.

A pequena equipe da Alexa de repente precisou ser reforçada com a contratação de novos integrantes. O número de vagas era tão grande que o grupo poderia ter passado todo seu tempo recrutando e entrevistando candidatos em vez de dedicar-se a construir a Alexa. Eles corriam o risco de se afogar no próprio sucesso! Diante disso, a Amazon criou uma regra: qualquer pessoa que entrasse em qualquer área da empresa tinha a opção de ir trabalhar na Alexa se quisesse. Dá para imaginar? A equipe da Alexa podia roubar qualquer novo contratado de qualquer lugar da empresa. Trata-se de uma versão extrema de alimentar o experimento.

Agora vamos dar uma olhada no que acontece se a hipótese não for validada. Muito se fala sobre gerar e testar hipóteses. Mas o que mata uma cultura empreendedora e experimental é quando as pessoas são punidas por fazer um experimento que acaba derrubando uma hipótese. (Note que evitei a palavra "fracasso".)

É fácil para o chefe dizer: "Demos um bom dinheiro a vocês e vocês não voltaram com um produto de sucesso, o que quer dizer que vocês fracassaram". Essa atitude garante que ninguém nunca mais aproveitará a oportunidade de fazer um experimento ou se arriscar.

É muito melhor pensar nos seguintes termos: "Tínhamos uma hipótese que se provou falsa. Ainda bem que só levamos três meses e só investimos US$ 50 mil para descobrir isso. Agora podemos voltar nossa energia a alguma outra coisa".

Uma alternativa seria a empresa alocar uma equipe de centenas de pessoas à ideia, levar cinco anos para criar o produto "perfeito" e gastar US$ 25 milhões em uma grande campanha publicitária para no final descobrir que os clientes não se importam ou o número de clientes que se importam não é o suficiente para pagar o investimento.

Não seria muito melhor descobrir isso em alguns meses por milhares de dólares em vez de anos e milhões de dólares? Em vez de pensar que aquela pequena equipe desperdiçou US$ 50 mil, pense que eles pouparam US$ 25 milhões à empresa! Você deveria estender o tapete vermelho para eles e lhes atribuir a próxima tarefa o mais rápido possível.

Agora vamos dar uma olhada na situação mais complicada, tudo o que fica na zona cinza entre os dois extremos, onde a hipótese não é comprovada, nem verdadeira nem falsa, e algumas métricas mostram grandes vantagens enquanto outras apontam grandes desvantagens. Essas são as decisões mais difíceis. É só em casos como esse que uma equipe que está fazendo um experimento pode realmente fracassar. Se o seu objetivo é provar ou refutar uma hipótese e você não conseguir fazer nenhum dos dois em um tempo razoável, o experimento pode de fato estar fracassando. Por isso que é tão importante definir metas claras no início de um experimento.

E agora? Comece vendo se você deu tempo suficiente ao experimento. Às vezes, a paciência é uma virtude. Mude as suas táticas. Se os testes que você está executando não estão gerando respostas claras, tente mudá-los. Pode ser que sua hipótese seja impossível de testar e, se for o caso, tente ajustar a hipótese para algo mais testável. Ou o problema pode ser sua equipe. É possível, como em qualquer empreitada, que uma equipe esteja errando na execução. Em um experimento, uma forma de fracasso envolve passar tempo demais sem conseguir constatar com clareza se a hipótese é ou não verdadeira. Durante a fase de rápidas iterações de um experimento, é interessante verificar o andamento toda semana, ou talvez a cada duas semanas, para ajudar a orientar o experimento usando as lições que a equipe está aprendendo em ritmo acelerado. Mas, se a equipe passar seis meses ou um ano sem aprender, pode ser a hora de fazer algumas mudanças.

Quando desistir do experimento? Pergunte aos desenvolvedores

Uma maneira de resolver o problema da zona cinza e descobrir se você deve ou não descartar um experimento é — como em tantas outras decisões — perguntando aos desenvolvedores. Pode ser que ninguém esteja tomando uma decisão porque ninguém quer dizer a verdade ao executivo. Faz parte da natureza humana não querer ser o portador de más notícias. Mas você deve ter percebido uma coisa ao ler sobre Chad Etzel, Leah Culver, Ryan Leslie e Patrick McKenzie:

os desenvolvedores muitas vezes tendem a: a) ter opiniões fortes; e b) não deixar de expressar essas opiniões. Para os engenheiros de software, os fatos são importantes. Eu gosto de pensar nos seguintes termos: os engenheiros de software não suportam papo furado. Então, se você precisar de alguém que lhe diga a verdade, mesmo se ela for desagradável, pergunte a um desenvolvedor que trabalhou no experimento.

Jeff Immelt se viu em uma situação parecida quando foi o CEO da GE e estava em uma reunião de análise de produto com um grupo de executivos para discutir um problema do design de um novo motor que a companhia tinha desenvolvido para a aeronave Boeing 787 Dreamliner. Os engenheiros identificaram que a causa do problema era um erro crucial no projeto da turbina de baixa pressão. Com isso, a GE estava diante de uma possível crise. A empresa tinha investido cinco anos e mais de US$ 1 bilhão no desenvolvimento do motor. O mercado para esse motor valia US$ 50 bilhões.

Enquanto as pessoas debatiam o que fazer, algo inesperado aconteceu. Um dos engenheiros que tinha trabalhado na turbina se levantou. Ele não era gerente nem executivo. Ele era só um colaborador técnico da equipe. Ele disse algo que a maioria das pessoas na sala provavelmente não queria ouvir: "O projeto está errado", ele disse. "Nós erramos no projeto. O motor não funciona do jeito que deveria funcionar, o erro vai nos custar centenas de milhões de dólares, mas precisamos recomeçar do zero."

Jeff conta: "O cara conhecia a tecnologia de cabo a rabo. Nem passava pela cabeça dele ser politicamente correto. Ele falou com muita convicção. Ele sabia que o erro custaria uns US$ 400 milhões para a empresa consertar".

Jeff seguiu o conselho do engenheiro. Foi uma decisão cara, mas correta. Essa história mostra a importância de incluir no processo decisório engenheiros que estão trabalhando nos experimentos porque eles conhecem os detalhes como ninguém. Só que os experimentos para fazer o projeto de um motor a jato são muito mais caros do que a maioria das decisões que tomamos na indústria do software.

Confesso que já cometi esse erro. No início da história da Twilio, fechamos um contrato com uma grande operadora de telefonia para criar vários aplicativos de comunicação para os pequenos clientes empresariais da operadora. O projeto não tinha nada a ver com o nosso negócio essencial, e os desenvolvedores que aloquei para construir os aplicativos questionaram a minha decisão. Ouvi a opinião deles, mas pedi para eles criarem os aplicativos mesmo assim pensando na possibilidade de estreitar nosso relacionamento com a operadora. "Vamos ver no que vai dar", eu lhes disse. Eles passaram a maior parte do ano trabalhando nos aplicativos apesar de continuarem duvidando da decisão. Literalmente um dia antes do lançamento, um executivo sênior da operadora mudou de ideia e descontinuou o projeto. O trabalho dos nossos desenvolvedores nunca chegou a ver a luz do dia. Ninguém disse em voz alta, mas eu sabia que eles teriam adorado apontar o dedo para mim e dizer: "Eu avisei".

Aprendi duas lições com essa experiência. A primeira foi que eu errei ao não ter começado com um experimento. Eu fechei o contrato e mergulhamos de cabeça, construindo os aplicativos às cegas, sem qualquer validação do cliente. Os desenvolvedores que trabalhavam no projeto sabiam disso. A segunda, que eu deveria ter dado ouvidos aos engenheiros que estavam trabalhando no projeto, que achavam os aplicativos inúteis e que eu tinha tomado a decisão errada. Desperdiçamos mais de um milhão de dólares do nosso precioso investimento inicial nessa mancada colossal. Tudo isso poderia ter sido evitado se eu tivesse dado ouvidos aos meus desenvolvedores de linha de frente.

Não precisa gostar do fracasso, mas aprenda a tolerar o processo

Poucas palavras geram mais polarização no mundo dos negócios do que *fracasso*. No Vale do Silício, o fracasso quase chega a ser um fetiche.

As pessoas defendem celebrar o fracasso. Os investidores falam em recompensar o fundador que fracassa financiando sua próxima empresa. O fanatismo pelo fracasso está tão entranhado no DNA do Vale do Silício que você até esperaria ver empreendedores de sucesso andando pela rua chateados por não terem conseguido alcançar o fracasso.

Na verdade, o que eles celebram não é o fracasso, mas as lições aprendidas que ajudam as empresas a concretizar sua missão. O fracasso é visto como uma mera consequência natural do aprendizado. Quando as pessoas falam sobre aceitar o fracasso, elas estão falando sobre aceitar a jornada da descoberta.

Note que, quando falei antes sobre fazer experimentos, não falei em termos de sucesso ou fracasso, mas em termos de acelerar a aprendizagem. Quando você refuta uma hipótese, sai com uma valiosa lição que muitos chamariam de fracasso. Mas eu chamaria de sucesso: quando você chega a um beco sem saída com rapidez e a baixo custo, o valor para o negócio é enorme. Esse é o objetivo de pensar sobre o processo como uma série de experimentos que um dia levarão a uma inovação. Não é possível simplesmente esperar de braços cruzados a inovação chegar. Dá muito trabalho inovar. E, se você não celebrar a jornada e extrair valor de seus erros, a maioria das pessoas desistirá pelo caminho. É por isso que o Vale do Silício meio que exagera ao acolher o fracasso com tanta efusão.

Mas sejamos sinceros: ninguém gosta de fracassar. O verdadeiro fracasso não é nada agradável e qualquer pessoa normal odeia se sentir um fracassado. O fracasso por si só não é celebrado e nenhum empreendedor cuja empresa esteja fracassando está pulando de alegria como os mitos nos levam a acreditar. A fetichização do fracasso corre o risco de sair do controle, mas é o estigma que os inovadores fazem de tudo para evitar.

Como fracassar sem deixar seus clientes na mão

A maior preocupação que as pessoas têm com relação aos experimentos é como evitar prejudicar os clientes no processo. Porque, no caminho da invenção, mesmo depois de encontrar um excelente produto, você ainda vai precisar de clientes dispostos a comprá-lo. Se você queimou todas as pontes com seus clientes no meio da descoberta, eles vão procurar satisfazer suas necessidades em outro lugar. Mas você tem como fazer seus experimentos e conduzir seus clientes na jornada se estruturar bem o processo desde o começo.

As grandes empresas de tecnologia, como o Facebook, a Amazon e o Google, têm sistemas sofisticados de implantação (*deploy*) em camadas capazes de acionar um novo recurso apenas para um subconjunto de clientes. Algo como 1% de todos os usuários podem ser escolhidos aleatoriamente para participar de um experimento e testar a resposta. Ou essas empresas podem usar uma abordagem mais direcionada — como apenas usuários em um determinado país ou um grupo demográfico. Fazer os experimentos com apenas uma fração dos usuários é uma excelente maneira de aprender sem se comprometer muito com sua base de clientes. É fácil e barato descontinuar um experimento com apenas 1% dos usuários. Seria muito mais difícil e caro (em termos financeiros e danos à reputação) interromper um experimento que foi lançado para um grande número de usuários. É claro que essa abordagem é eficaz quando você tem centenas de milhões ou bilhões de usuários, porém ela não se aplica para todos os tipos de empresa. Mas pode ficar tranquilo porque muitas maneiras de testar ideias são muito menos sofisticadas e têm a mesma eficácia.

O jeito mais fácil é simplesmente conversar com os clientes. "Você compraria algo que fizesse..." é uma maneira muito fácil de sondar o interesse. Como contei anteriormente, quando abrimos a Twilio, perguntei a muitos desenvolvedores se eles usariam um serviço que viabilizasse a comunicação em seus apps. Foi um experimento de baixíssimo custo e baixíssimo risco. Na verdade, passei várias outras ideias pelo mesmo processo ao mesmo tempo — uma dessas foi um sistema de backup de dados distribuído parecido com o Dropbox. A outra foi usar a internet e o BitTorrent para viabilizar uma TV a cabo barata ou gratuita. Tudo o que fiz foi conversar com clientes potenciais para ver se minha proposta resolveria um problema que eles tinham na vida. Como você não está fazendo nenhuma promessa, tem poucas chances de decepcionar um cliente. Em geral eles só ficam felizes de saber que alguém se importa com a opinião deles e está pensando em seus problemas.

Outra maneira de testar ideias on-line é a "porta fantasia". Se você tiver a hipótese de que o mundo precisa de um determinado produto de tecnologia, é fácil testá-la. Basta criar rapidamente um site, comprar anúncios no Google e ver se consegue atrair o interesse das pessoas. Você não precisa construir o produto, só o site de marketing para ver se as pessoas se identificam com a proposição de valor. Dada a eficiência da publicidade on-line, você pode se direcionar com muita precisão a seus compradores hipotéticos e testar se eles clicam ou não em "comprar". É nesse ponto que você pode decepcionar as pessoas, porque o botão "comprar" não vai funcionar se você ainda não construiu o produto. Em experimentos desse tipo, o botão normalmente leva a uma página que diz algo como: "O produto ainda não está pronto, mas agradecemos seu interesse". Você sempre pode usar um nome de empresa fictício se não quiser arriscar danos à sua marca.

Eu fiz isso em 2007, quando estávamos fazendo o brainstorming antes de abrir a Twilio. Durante o processo de construir a Nine Star, eu estava tendo dificuldade de enviar e-mails de nosso sistema de ponto de venda aos clientes. Os e-mails viviam caindo nas pastas de spam deles. Imaginei que outros desenvolvedores estivessem tendo o mesmo problema e, para validar minha hipótese, fiz um teste rápido de "porta fantasia". Comprei o nome de domínio MailSpade.com e passei mais ou menos uma hora criando um site simples para explicar a proposição de valor aos clientes potenciais. Feito isso, gastei uns cinquenta dólares em anúncios do Google para direcionar algum tráfego ao site. Incluí um botão "Comece agora" que, ao ser clicado, levava a uma página que dizia apenas "Em breve". Eu só queria testar se a proposição de valor era forte a ponto de levar clientes potenciais a querer comprar o produto. Aprendi muito observando os padrões desses primeiros "compradores" e só precisei investir umas cinco horas de trabalho e cerca de cinquenta dólares. Nada mal. Acabei decidindo mergulhar de cabeça na ideia da Twilio, mas, em 2009, três desenvolvedores, Isaac Saldana, Jose Lopez e Tim Jenkins, abriram uma empresa chamada SendGrid para resolver o problema dos e-mails caindo na caixa de spam. Dez anos depois, a Twilio adquiriu a SendGrid por mais de US$ 2 bilhões, provando que aquela também era uma ideia excelente!

Na verdade, é bem fácil fazer experimentos sem prejudicar seus clientes. Mas é importante evitar o erro de tratar o experimento como se não fosse um. Se você não souber ao certo que o mundo realmente precisa de sua ideia, não deixe de testá-la com experimentos, como eu argumento neste capítulo. Se você, já de cara, sair fazendo um investimento enorme e um grande estardalhaço no lançamento, vai ter mais chances de prejudicar sua reputação aos olhos dos clientes. Se você fizer um grande alarde para lançar um grande fracasso, vai acabar com um grande abacaxi para descascar. (Um exemplo que ficou para a história foi o caso da New Coke.) Se você fizer um grande lançamento, com certeza vai aumentar suas chances de atrair mais clientes, mas, se o número desses não corresponder ao grande investimento, você vai ter grandes incentivos para encerrar o projeto. E vai correr um risco enorme de decepcionar os consumidores. É por isso que defendo que a experimentação tem menos chances de prejudicar seu relacionamento com eles. Pelo contrário, é não fazer experimentos que pode levar a danos mais duradouros.

Não se contente com pouco

Os melhores inovadores sabem que o caminho para o sucesso pode estar repleto de tentativas fracassadas. Como Thomas Edison disse: "Eu não fracassei. Só descobri 10 mil maneiras que não funcionam". Winston Churchill observou: "O sucesso é tropeçar de fracasso em fracasso sem perder o entusiasmo". Mas a frase da qual mais gosto sobre a experimentação foi dita por Jeff Bezos. Em sua carta de 2015 aos acionistas da Amazon, Bezos lembrou os investidores de que três dos maiores sucessos da Amazon — Marketplace, Prime e Amazon Web Services — começaram como experimentos que, quando nasceram, ninguém sabia se funcionariam ou não. Afinal, a maioria dos experimentos da empresa fracassa. Bezos usou uma analogia do beisebol para explicar por que incentiva seus desenvolvedores a continuar fazendo o maior número possível de experimentos: "Se você rebater tentando jogar a bola para fora do campo, vai errar muitas tacadas, mas também vai fazer alguns *home runs*". Ele observou que, no beisebol, o melhor resultado possível é fazer um *grand slam*, uma rebatida de *home run* marcando quatro corridas. Mas "no mundo dos negócios, de tempos em tempos, quando você dá uma tacada, consegue marcar mil corridas".

Pensando assim, por que não dar o maior número de rebatidas que puder? Especialmente considerando que o custo de fazer experimentos é tão baixo. Estamos falando de só umas três a cinco pessoas para começar, com o potencial de obter resultados fenomenais! Devido à escala da internet, um experimento pode levar a um app com centenas de milhões de usuários. Considerando que o risco é bastante baixo e as potenciais recompensas são tão incríveis, continue rebatendo!

No beisebol, uma média de rebatidas de 0,300 é fenomenal e 0,400 é praticamente impossível[1]. Em outras palavras, na maioria das vezes um jogador não consegue fazer nada com o taco. Nos negócios, considerando que o potencial é 250 vezes maior do que um *grand slam*, uma média de rebatidas de apenas 0,0012 bastaria para a empresa entrar

---

1 A média de rebatidas é um índice de desempenho que divide o número de rebatidas (i.e., quando o jogador acerta a bola e chega à primeira base e além) pelo número de vezes que o jogador esteve ao bastão (grosso modo, toda vez que encara um arremessador); no caso, um média de rebatida de 0,300 significa que houve rebatida em 30% das oportunidades. [N.E.]

no Hall da Fama! É claro que são só conjecturas, mas você entendeu. No mundo dos negócios, é comum esperar uma taxa de sucesso de 100%, o que leva ao medo da experimentação. É impossível inovar se esse medo não for combatido.

Na próxima vez que você sentir que seus líderes estão resistindo a tentar uma nova ideia, pergunte qual é o pior que pode acontecer. Se a resposta for: "Vai demorar muito", pergunte como seria possível reduzir o tempo de aprendizagem. Daria para aprender alguma lição em um ou dois dias com um teste de porta fantasia ou algumas conversas com os clientes? Se a resposta for: "Pode não dar em nada", concorde efusivamente com eles e volte a perguntar o que os impede de tentar mesmo assim! Se a resposta for: "Podemos decepcionar os clientes e prejudicar a marca", sugira testar a ideia só com um pequeno grupo. Pergunte a seus líderes (talvez em conversas individuais) se eles têm medo de um fracasso manchar sua carreira. Se a resposta for sim, pense em maneiras de celebrar o processo de experimentação e não apenas os resultados. Pergunte a seus desenvolvedores como eles medem o progresso intermediário dos experimentos que estão fazendo — em outras palavras, antes de construir um negócio de US$ 100 milhões, como eles sabem se estão no caminho certo? Pergunte qual hipótese eles estão tentando provar com o experimento e, se necessário, ajude-os a ajustá-la para que ela possa ser testada com um investimento razoável. Essas perguntas ajudarão a criar uma cultura que reconhece e celebra o processo de experimentação e, em consequência, uma cultura de inovação.

CAPÍTULO 6

Recrutando e contratando desenvolvedores

Não faz sentido contratar talentos e lhes dizer o que fazer.
Contratamos talentos para que eles nos digam o que fazer.
— STEVE JOBS

Nos capítulos anteriores, expliquei a importância de as empresas construírem o próprio software e mostrei como é fácil fazer isso. Um requisito indispensável é ter talentos. Na próxima década, as empresas vencedoras serão aquelas capazes de criar o melhor software — ou, em outras palavras, as que tiverem os melhores desenvolvedores de software. Se você acha que não está conseguindo contratar ou reter excelentes talentos técnicos, este capítulo te ensinará a atrair e manter os melhores desenvolvedores usando o que mais importa para eles. Se a sua empresa sempre tem mais vagas técnicas do que você consegue preencher, pode ser uma boa ideia mostrar aos desenvolvedores que você está comprometido em lhes dar as condições para eles fazerem o que fazem de melhor. Se você perdeu talentos para empresas como a Apple, o Google e o Facebook, eu realmente acredito que não é tão difícil mostrar que a sua tem como oferecer condições melhores para o crescimento profissional dessas pessoas. Nós contratamos muitos talentos técnicos dessas companhias ou convencemos os candidatos a vir trabalhar conosco, e não em um dos gigantes da tecnologia. Neste capítulo, compartilharei algumas lições que aprendi ao longo dos anos, tanto como desenvolvedor quanto como empregador, sobre como recrutar, reter, motivar e recompensar excelentes talentos técnicos.

A oferta de desenvolvedores no mundo é menor que a demanda. Em 2019, havia quatro vezes mais vagas na área de desenvolvimento de software do que recém-formados em ciência da computação. Estamos falando de um mercado de talentos extremamente competitivo, mas a vantagem é que você não precisa gastar uma fortuna com patinetes, cortes de cabelo grátis e cinquenta tipos de cerveja artesanal para vencer os concorrentes nesse quesito.

Basicamente tudo o que você precisa fazer é tratar os desenvolvedores de software como pessoas. Não como nerds antissociais que devem ser mantidos trancados em uma sala. Nem como flores raras e delicadas que podem se esfacelar diante de um olhar mais rigoroso. Os desenvolvedores são só pessoas, que ambicionam aprender e crescer, motivados para fazer seu melhor trabalho e com vontade de pôr em prática toda uma gama de habilidades. Em empresas onde isso é entendido e respeitado e onde os desenvolvedores são empoderados, eles se engajarão ativamente para construir a empresa com você.

As primeiras pessoas que você contrata são especialmente importantes. Contratar o líder certo no começo pode fazer a diferença entre o sucesso e o fracasso da empresa porque esse líder atrairá um grupo de seguidores fiéis que poderão, por sua vez, recrutar gerentes e colaboradores individuais do mais alto nível. Mas recrutar talentos é só o primeiro passo. Saber gerenciar para mantê-los satisfeitos pode ser ainda mais difícil. Se a sua organização for disfuncional, os desenvolvedores não vão ficar esperando que as coisas melhorem. Eles vão abandonar o barco. Infelizmente, aprendi essa lição por experiência própria, como explicarei no Capítulo 11.

Recrute um líder espetacular... e o resto virá naturalmente

Quando Patrick Doyle assumiu como o CEO da Domino's em 2010, a primeira coisa que ele quis fazer foi melhorar a qualidade do produto — em outras palavras, produzir uma pizza melhor. Seu objetivo seguinte foi expandir os recursos tecnológicos da empresa. Você pode estranhar uma pizzaria fazendo grandes investimentos em tecnologia. Mas Patrick constatou que destacar a Domino's com base nos produtos oferecidos tinha as suas limitações. Afinal, uma pizza é só uma pizza. Patrick decidiu explorar as oportunidades ainda maiores de diferenciar a Domino's dos concorrentes usando a tecnologia para melhorar a experiência do cliente.

O departamento de TI precisaria passar de funções mais voltadas à própria empresa para criar um software voltado aos clientes. Como muitos departamentos de TI da época, a equipe de tecnologia da Domino's se concentrava principalmente em funções como implantar hardware, instalar atualizações e patches e manter os servidores em funcionamento. Porém, a Domino's precisava criar uma organização de software criativa capaz de construir novos aplicativos e oferecer novas experiências para os usuários. Para construir essa organização, Patrick começou procurando o líder certo. Em 2012, ele sondou Kevin Vasconi, um especialista em tecnologia veterano que admite que a princípio não tinha muito interesse em trabalhar em uma pizzaria.

Quando Kevin entrou na empresa em 2012, sua missão foi construir uma organização de tecnologia completamente nova. Na época, a Domino's tinha 150 funcionários de TI ao redor do mundo. Oito anos depois, esse número tinha crescido para 650, dos quais apenas 50 faziam parte do grupo herdado por Kevin. Ele começou recorrendo a seu network profissional e contratando uma equipe forte. As primeiras pessoas que ele levou à empresa não eram só executivos. Uma boa equipe de liderança técnica deve ser composta de arquitetos seniores, engenheiros-chefes e gerentes de linha. O mais importante é garantir que suas primeiras contratações tenham um talento técnico forte. Essas também podem ser as mais difíceis. Mas é preciso tranquilidade porque, com o tempo, vai ficando mais fácil. Kevin aconselha não se apressar e não se contentar com pouco.

Nos oito últimos anos, a Domino's fez uma transformação radical no negócio de pizzas, criando uma organização de software de classe mundial e empoderando seus desenvolvedores para criar experiências de software inovadoras e até excêntricas. Essas experiências incluem reconhecimento de voz ou fazer um pedido só tocando em um emoji. Algumas ideias nasceram quase que por acaso. Um dia, Patrick perguntou a seus desenvolvedores: "Como eu poderia pedir uma pizza no carro enquanto espero o sinal abrir?" Foi só isso que ele perguntou, com base em uma observação que ele fez voltando para casa um dia. "Fazer um pedido esperando o farol abrir" pode parecer uma solicitação um pouco estranha vinda de um CEO, mas é um problema da vida real — qualquer pessoa que não está a fim de cozinhar gostaria de poder pedir uma pizza enquanto dirige de volta para casa. Mas essa pergunta simples abriu as portas para anos de inovações que facilitaram e agilizaram o processo de fazer e rastrear um pedido. Nada disso teria acontecido sem uma equipe que já estava voltada para o cliente e pronta para executar.

Autonomia, maestria e propósito

Em seu livro *Motivação 3.0*, Daniel Pink argumenta que o maior motivador das pessoas não é o dinheiro. Ou, se for, é só até certo ponto. Tudo o que as empresas precisam fazer é dar um salário justo aos funcionários. (Falarei mais sobre isso logo adiante neste capítulo.) Uma vez que os funcionários sentem que estão recebendo uma remuneração justa, eles se voltam às verdadeiras razões do trabalho: autonomia, maestria e propósito. Acredito que isso se aplica especialmente aos desenvolvedores.

A autonomia é a possibilidade de trabalhar com independência sem ter alguém lhe dizendo o que fazer. A maestria é a possibilidade de se tornar melhor no que faz com o tempo. O propósito é sentir que seu trabalho faz uma diferença no mundo. Vamos dar uma olhada mais de perto em cada um desses fatores, especialmente através das lentes dos desenvolvedores.

Autonomia

Todo ser humano quer se sentir empoderado, e os desenvolvedores não são uma exceção. Ainda mais considerando que eles levam às empresas um conhecimento valioso do campo da tecnologia, mas que não raro é negligenciado. A base da autonomia é sentir que a organização confia na sua capacidade de tomar boas decisões. Se alguém pode simplesmente vetar suas decisões, você não tem tanta autonomia assim. É claro que você vai poder tomar suas decisões se um dia chegar ao topo da pirâmide hierárquica. Mas os melhores líderes querem que suas equipes sintam que eles confiam nelas e resistem à tentação de vetar as decisões das equipes, preferindo errar pelo excesso de autonomia. Pelo menos é assim que eu vejo a coisa.

No entanto, dar total autonomia às pessoas pode ser contraproducente em um mundo em que as equipes trabalham em um esquema de interdependência e milhares de pessoas precisariam defender os próprios interesses. Ao empoderar os desenvolvedores, você confia que eles farão o trabalho e lhes dá as ferramentas necessárias, mas também precisa instaurar algumas diretrizes que funcionem como "muretas de proteção". É mais realista fazer isso do que dar total autonomia às pessoas, especialmente em uma organização de tamanho razoável. Ainda mais se precisarmos que toda uma organização de P&D se concentre em coisas como redução de incidentes, segurança, estabilidade e muito mais.

Assim, em vez de deixar os desenvolvedores fazerem o que bem entenderem, a autonomia precisa ter base em regras. Sem muretas, as pessoas não saberão como tomar decisões e os líderes tenderão a duvidar destas. Pode parecer um contrassenso, mas, ao criar regras, você na verdade está deixando as pessoas livres para agir — só que dentro desse espaço de proteção.

Gosto muito de um exemplo que aconteceu na minha escola. Eu participava da estação de rádio, a WBFH, conhecida informalmente como "The Biff". Transmitindo a 360 watts, nos orgulhávamos de ser a rádio escolar mais potente da região metropolitana de Detroit. Cada um de nós da equipe tinha uma função, como em uma estação de verdade, e cada um tinha de apresentar um programa semanal de duas horas. No último ano do ensino médio, atuei como o diretor musical e meu programa se chamava *Seven Hour Prison Experiment* (o Experimento da Prisão de Sete Horas). Pete Bowers, o professor moderno e descolado, com pinta do cantor Tom Petty, que dirigia a WBFH, só tinha três regras para nós: tudo tinha que ser "seguro, divertido e dentro dos limites da lei". Dentro dessas normas, tínhamos a liberdade de fazer o que nos desse na telha! Por exemplo, um dia tivemos a ideia de promover o lançamento do novo álbum do Smashing Pumpkins (literalmente "esmagando abóboras", em inglês) transmitindo uma competição de esmagamento de abóboras do lado de fora da escola. Quando apresentamos nosso plano ao professor Bowers, ele disse: "Bem, parece divertido e dentro da lei... Só preciso que vocês deem um jeito de ser seguro". A WBFH não só rendeu algumas das minhas melhores lembranças do ensino médio como também foi um ambiente de aprendizado incrível. O professor Bowers nos deu liberdade para errar (desde que tudo fosse seguro, divertido e dentro da lei) e aprender com os erros. Nas minhas empresas, uso o professor Bowers como inspiração para me ajudar a criar um ambiente onde as regras são conhecidas e todos se sentem empoderados para avançar com rapidez.

A ideia também é reduzir as regras ao mínimo necessário para criar um sistema funcional. Você, o líder, precisa formar um ambiente propício à colaboração eficaz entre as equipes, ao sucesso dos talentos e à confiança dos clientes em vocês. Muito do que descrevo neste livro — equipes pequenas, plataformas, microsserviços e assim por diante — são componentes de um sistema como esse.

Outra faceta da autonomia é a influência — convidar os desenvolvedores para tomar decisões importantes mostra que você confia neles e valoriza suas contribuições, algo que eu acredito que você não pode deixar de fazer!

Quando meu amigo (e cofundador da Twilio) Evan Cooke trabalhou no Serviço Digital dos Estados Unidos, a principal exigência que ele e seus colegas fizeram foi ter autonomia. Eles não aceitariam ser relegados a alguma sala no porão do prédio acatando ordens como se fossem robôs. Eles queriam — e conseguiram — receber autonomia para construir sistemas de compilação livres da interferência de gerentes de produto, consultores de gestão ou vários outros grupos não tecnológicos.

Eles também exigiram ser incluídos nas grandes decisões. Os tecnólogos da Casa Branca criaram um conceito chamado quociente técnico (QT), semelhante ao conceito do QI e do QE, para explicar à liderança executiva de diferentes departamentos e órgãos — como o Pentágono, Casa Branca, Administração de Pequenos Negócios, Departamento de Educação, Departamento de Saúde e Serviços Humanos, Administração de Serviços Gerais ou Departamento de Segurança Interna — a importância de ter um determinado grau de QT ajudando a tomar as decisões. "No atual momento da história, os especialistas em tecnologia precisam fazer parte do processo decisório pra tomar praticamente todas as decisões importantes", diz Evan.

Evan e outros engenheiros de software participaram de reuniões ao lado de membros do gabinete, secretários de departamento e generais quatro estrelas com o peito cheio de medalhas. Foi esquisito no começo, mas as pessoas se acostumaram. Afinal, como Evan observa: "Quando se trata de políticas públicas, todo o mecanismo de entrega é mediado ou executado completamente pela tecnologia". Elaborar políticas públicas sem envolver especialistas em tecnologia "é como tentar resolver um problema jurídico sem ter um advogado na sala".

Criar um sistema de regras também implica eliminar as desnecessárias. Como você pode mostrar aos desenvolvedores que eles têm autonomia? Isso envolve muitas coisas e, apesar de algumas parecerem pequenas ou triviais, elas são importantes. Posso dar um exemplo recente da Twilio. Temos uma equipe de desenvolvedores para conduzir hackatonas em grandes empresas que estão passando pelo processo de transformação digital. Em uma dessas ocasiões, eles chegaram à companhia para montar o evento de dois dias e, na sala de descanso do espaço onde a hackatona seria realizada, havia uma TV com uma placa dizendo aos funcionários que era proibido mudar o canal. Acho que esse é um bom jeito de mostrar às pessoas que elas não têm autonomia. Algumas podem pensar: "Quem se importa? Que diferença faz poder ou não mudar o canal de uma TV na sala de descanso?". Só digo que, quando nosso pessoal voltou daquela hackatona, o que eles mais comentaram foi sobre aquela placa. Para eles, aquilo fazia uma diferença enorme. Nenhum deles deixou de notar. "Como você vai dar aos desenvolvedores autonomia para criar software quando não confia neles nem para mudar o canal de uma TV?", um deles perguntou.

Veja outro fator que talvez você ache que não faz muita diferença, mas que deixa os desenvolvedores exasperados: as roupas. O código de vestuário da empresa. Obrigar as pessoas a usar "roupas de escritório" ou o que for. Como a placa na TV, pode ser só um detalhe, mas que transmite uma mensagem grande (e errada), que é: "Não confiamos em vocês nem para escolher as próprias calças".

A questão das roupas se tornou um grande problema quando a Casa Branca estava criando o Serviço Digital dos Estados Unidos.

Meu amigo Evan e os outros desenvolvedores que foram a Washington receberam a informação de que as mulheres deveriam usar terninhos e os homens, terno e gravata. No Vale do Silício, uma exigência como essa seria uma insanidade. Ninguém usa terno e gravata — nunca.

Os desenvolvedores tentaram explicar isso, mas foram informados de que a Casa Branca não era o Vale do Silício. Na Casa Branca, era obrigatório usar terno e gravata. A maioria dos desenvolvedores concordou, talvez de má vontade. Mas um importante membro da equipe não arredou o pé — Mikey Dickerson, um engenheiro brilhante do Google que tinha sido recrutado para ajudar a salvar o site Health-Care.gov, uma das bandeiras do governo Obama.

Acontece que Mikey é um sujeito para lá de obstinado e chega a parecer que se veste mal de propósito. Ele disse à Casa Branca que concordaria em ir a Washington para consertar os sites, mas se recusava a usar terno e gravata e que para ele tanto fazia porque teria um emprego garantido em qualquer lugar. A Casa Branca insistiu por um tempo, mas Dickerson não cedeu. No final, eles chegaram a um acordo. Mikey não precisaria colocar terno, mas concordou em vestir camisas em vez de camisetas — apesar de ir trabalhar com as peças sempre amassadas.

Você pode achar que Mike só estava sendo melindroso ou arrogante, mas o que ele queria era avaliar se os desenvolvedores tinham alguma chance de sucesso naquele ambiente. Se eles não conseguissem a autonomia nem para decidir o que vestir, era um sinal de que não teriam muita influência sobre outras decisões muito mais importantes.

A batalha não era tanto para decidir o que vestir, mas para sondar o grau de autonomia que eles receberiam.

O que acontece se você não der uma verdadeira autonomia aos desenvolvedores? Eles terão menos chances de fazer seu melhor trabalho, e sua empresa terá menos chances de reter os melhores talentos. "No momento que alguém me diz: 'Você só precisa fazer estas três coisas, não se preocupe com o resto, desconsidere o quadro geral', eu fico muito desmotivado e frustrado", diz Chad "Jazzy Chad" Etzel.

Chad diz que a melhor experiência que ele teve como desenvolvedor foi quando abriu sua própria empresa — simplesmente porque ele tinha autonomia. "Eu tinha basicamente total autonomia e controle sobre o produto, o direcionamento e os componentes que precisavam ser construídos. Eu podia simplesmente fazer tudo o que quisesse", ele diz. Ele conversava com os clientes, eles lhe diziam quais recursos queriam e ele simplesmente os criava. "Poder simplesmente criar alguma coisa do zero é quando eu fico mais motivado e tenho mais energia", ele diz.

Ele teve muita dificuldade de receber autonomia trabalhando em outras empresas. Em seis anos, de 2009 a 2015, Chad passou por seis companhias. "Já trabalhei em muitos lugares. Foi muito difícil encontrar o tipo de empresa que realmente me dá a autonomia e a liberdade para eu sentir que me encaixo e poder dar tudo de mim", diz ele.

Desde 2015, Chad trabalha na Apple, onde dispõe de autonomia e liberdade suficientes para ter a sensação de trabalhar na própria empresa.

A Apple é famosa por não ter gerentes de produto impondo especificações aos desenvolvedores. Os desenvolvedores recebem problemas e podem resolvê-los da maneira como acharem melhor — a essência da abordagem do Pergunte ao Desenvolvedor. O resultado dessa confiança nos desenvolvedores é que a Apple produz softwares elegantes, o que, por sua vez, levou ao sucesso fenomenal da empresa no mercado.

Maestria

Em 2016, Kaya Thomas, uma estudante de ciência da computação da Faculdade de Dartmouth, publicou um ensaio que abalou o Vale do Silício. Kaya escreveu sobre a frustração sentida por negros e latinos recém-formados em ciência da computação que estão entrando na indústria da tecnologia. Ela também abordou a cultura desenvolvida em algumas empresas de tecnologia que ela e muitas outras pessoas consideram tão desinteressante: "Eu não quero ir ao trabalho para jogar pingue-pongue, tomar cerveja nem qualquer outro chamariz que muitas companhias usam para atrair recém-formados. O fato de não gostar dessas coisas não deveria significar que eu 'não me encaixo na cultura da empresa'. Eu não quero entrar na indústria da tecnologia só para me divertir, *eu quero criar coisas incríveis e aprender com outros talentos*. É esse o ajuste cultural que vocês deveriam estar procurando", Kaya escreveu (itálico meu).

O trecho que destaquei é um dos melhores resumos que já vi do que os jovens desenvolvedores querem de um empregador. Esses dois fatores — criar coisas incríveis e aprender com outros talentos — são basicamente o que todos nós buscamos no trabalho.

Kaya almeja atingir a maestria. Os melhores desenvolvedores, de qualquer idade, nunca deixam de buscar desafios, aprendizado e crescimento no trabalho. Eles querem melhorar no que fazem e encontrar mentores que os ajudem a se desenvolver.

Depois de se formar, Kaya recebeu um monte de ofertas. Ela escolheu a Slack em grande parte por acreditar que seria uma grande chance de aprender. "Muita gente me ajudou lá. Trabalhei com talentos incríveis com formações bem diferentes, pessoas que atuaram em muitas outras empresas. Pude aprender e crescer muito", diz Kaya.

As pessoas podem sair da faculdade com um diploma de ciência da computação, mas ainda têm muito a aprender sobre como entregar software em nível de produção. "Engenheiros de software me ensinaram muito sobre como construir sistemas móveis e também aprendi sobre projetos arquitetônicos maiores e princípios do desenvolvimento de software. Foi incrível", diz Kaya.

Kaya também desenvolveu importantes habilidades não diretamente relacionadas à programação — coisas como comunicação, elaborar relatórios, fazer apresentações. Talvez você ache que essas coisas não passam de habilidades "soft", mas Kaya descobriu que elas constituem, na verdade, uma grande parte do trabalho de um engenheiro de software e um grande fator para o sucesso de um desenvolvedor em qualquer organização. "Muita gente se engana achando que você é contratado como engenheiro de software só para escrever código", ela explica. "Mas a comunicação é uma parte importantíssima do trabalho. Como apresentar ideias muito técnicas de maneira que até pessoas que não sabem nada de tecnologia entendam? Você precisa saber sobre revisões de código, como fazer e receber uma revisão de código e como aprender com essas informações. Você precisa saber escrever com clareza para elaborar documentos técnicos. Precisa saber falar em público, ser capaz de dar palestras em conferências ou compartilhar informações com outras equipes."

Todo mundo quer sentir que está progredindo, não só em termos de cargo ou salário, mas no domínio da profissão escolhida. É por isso que os melhores funcionários tendem a escolher um ambiente que estimule seu crescimento profissional acima de todos os outros fatores— incluindo o salário ou os benefícios. Os líderes podem fazer várias coisas, formal e informalmente, para criar um ambiente de aprendizagem — veremos, no Capítulo 7, como criar um ambiente como esse.

Propósito

Como qualquer pessoa, os desenvolvedores querem fazer a diferença com seu trabalho. Eles querem desenvolver sistemas que gerem receita, economizem dinheiro para a empresa ou permitam que ela ofereça novas experiências para encantar os clientes. Eles querem inventar novas linhas de negócio. Deixe claro para eles que, na sua organização, os desenvolvedores são considerados imprescindíveis para o futuro da companhia, resolvendo problemas que afetam milhões de pessoas.

Ali Niknam, CEO da Bunq, o banco móvel sediado em Amsterdã, diz que sua startup está conseguindo recrutar desenvolvedores fantásticos na Holanda apesar da enorme escassez de talentos no país. Além disso, a Bunq chega a atrair profissionais de grandes empresas de tecnologia como Uber, Google e Microsoft, mesmo pagando menos do que esses gigantes. "Todos eles estão aceitando salários mais baixos", diz ele.

Como ele consegue essa façanha? Um grande apelo é a missão da Bunq. "Estamos revolucionando o setor financeiro. Você tem a chance de fazer parte de um grupo de 130 pessoas que estão transformando todo um setor", Ali explica.

Quando o cientista da computação Tom Bilske se mudou da Austrália, onde nasceu, para Amsterdã, ele agarrou a chance de trabalhar na Bunq. Foi atraído por "pessoas legais criando um produto bacana e resolvendo os problemas das pessoas", ele conta. E também gostou do desafio. "Fiquei chocado com a rapidez na qual as coisas acontecem. É insano. Lançamos código toda semana. Desenvolvemos recursos num piscar de olhos. Fiquei muito impressionado com a organização de engenharia. Os desenvolvedores são fantásticos. Trabalhei em algumas outras organizações e todas eram muito boas, mas para mim foi como passar da água para o vinho." Bilske tem esse senso de propósito no trabalho porque acredita na missão da Bunq e acredita que pode ajudar a empresa a concretizá-la.

Nosso trabalho, como líderes, é fazer a ponte entre a missão da empresa e o trabalho que nossas equipes técnicas estão realizando. Todo mundo adora uma parte do trabalho e odeia outra, e os desenvolvedores não são diferentes. Assim, quando um desenvolvedor quer morrer na hora em que precisa depurar um código legado, escrever testes ou levantar de madrugada para resolver uma falha do sistema, é o propósito que torna esses momentos toleráveis e até interessantes. Saber que os clientes e seus colegas estão contando com você e que você está mudando o direcionamento de sua organização e daqueles ao seu redor é uma fonte de motivação enorme. Tanto que, quanto mais pessoas são afetadas pelo seu trabalho, normalmente maior é o propósito. E o mais incrível do software é a escala. Escrever um código que será usado por milhões ou até bilhões de indivíduos é muito estimulante. Pouquíssimas profissões contam com o mesmo senso de escala ou impacto. É por isso que os desenvolvedores são especialmente motivados pelo propósito.

Você se lembra da história que contei no Capítulo 4, na qual o presidente Barack Obama foi a São Francisco para recrutar pessoalmente os primeiros desenvolvedores do Serviço Digital dos Estados Unidos? O que Obama disse para convencê-los foi incrível. O argumento todo girou em torno do propósito. Os profissionais receberam uma missão com altos riscos e grande impacto. Eles foram convidados a resolver problemas que até os especialistas mais talentosos do mundo considerariam desafiadores.

A decisão de Obama de ir pessoalmente persuadir a equipe foi genial. Por que você acha que ele se deu ao trabalho de ir até São Francisco para passar apenas dez minutos instigando os desenvolvedores? Obama sabia que sua presença demonstraria a eles que contariam com o apoio do topo da organização e que essa transformação digital era uma de suas principais prioridades. Se não acreditasse no poder do propósito, ele não teria feito tudo isso.

Recrutamento

Isso tudo é muito lindo, você deve estar pensando, mas e se você não estiver recrutando para o Serviço Digital dos Estados Unidos e o Barack Obama não estiver disponível para ir à sua empresa ajudar a buscar desenvolvedores para você? E se você não estiver contratando cientistas da computação para construir novas divisões ultrassecretas na Amazon com o poder de mudar o mundo? Como mostrar as vantagens de trabalhar na sua empresa? Como convencer um recém-formado em ciência da computação a atuar na sua organização e não em uma com o calibre de um Google ou naquela startup badalada?

Talvez você não conte com alguém do calibre de um Obama, mas tem um CEO e outros executivos (talvez você seja um deles) e, quando sua empresa está recrutando os melhores talentos da tecnologia, eles devem se envolver no processo. No mundo ideal, seu CEO já se convenceu da importância da tecnologia para a companhia, quer trabalhar em estreita colaboração com os principais especialistas e já pretende participar do processo de recrutamento. Se os mandachuvas não derem as caras, os melhores experts vão perceber que o trabalho deles não será considerado importante — e provavelmente não aceitarão a oferta. É fácil para os executivos saírem declarando aos quatro ventos que "estamos no caminho da transformação digital" porque soa bem, mas, para realmente embarcar nessa jornada, a liderança deve dar importância ao processo e, principalmente, às pessoas que farão da missão uma realidade.

Quando Jeff Immelt se propôs a transformar a GE, com seus 330 mil funcionários, ele dedicou muito tempo a fazer incontáveis perguntas aos especialistas em tecnologia porque realmente queria saber a opinião deles. Ele não tinha vergonha de admitir quando não entendia alguma coisa e incluiu os experts no processo decisório. É esse tipo de dedicação vinda do topo que mostra que a transformação digital é levada a sério.

Os engenheiros podem precisar de ajuda para ver que as empresas não tecnológicas têm muitos problemas tecnológicos importantes, desafiadores e difíceis que seriam muito interessantes de resolver. "Estou descobrindo que todas as grandes corporações têm muitos desafios interessantes", diz Werner Vogels. Werner passa a maior parte do tempo viajando pelo mundo para visitar empresas que usam o Amazon Web Services. Isso inclui praticamente todas as startups mais interessantes do globo e milhares de grandes companhias consolidadas de setores não tecnológicos. As tradicionais estão explorando ativamente o mundo da Internet das Coisas e outras novas tecnologias. "Essas organizações operam em uma escala incrível e têm problemas enormes e interessantíssimos para resolver", Vogels explica.

O desafio está em encontrar maneiras de conscientizar os engenheiros de software desses problemas e fazer com que eles se empolguem para resolvê-los. Também nesse caso tudo depende de explicar a missão de um jeito que tenha apelo para os desenvolvedores. É por isso que todo filme de espionagem tem uma cena logo no começo na qual o herói é chamado para uma reunião e informado sobre a próxima missão. Você pode notar que a missão não costuma ser algo como: "Queremos que você venha ao escritório todos os dias nos próximos trinta anos, passe o dia diante de um computador morrendo de tédio fazendo algum trabalho mecânico. E tudo bem se você fracassar na missão, porque não vai fazer diferença alguma na vida de ninguém". Nada disso! Os inimigos têm uma bomba nuclear! O tempo está passando! Se você fracassar, o mundo vai ser destruído! No contexto das narrativas, isso é chamado de "jornada do herói". Ela começa quando os personagens principais recebem o "chamado para a ação" e embarcam em aventuras que desafiam sua capacidade e os forçam a superar obstáculos. A chamada para a ação do Rocky Balboa acontece quando ele recebe uma oferta para lutar com Apollo Creed.

Para ser um bom recrutador, você precisa apresentar a sua versão da jornada do herói. O que fazemos aqui? Quais desafios estamos enfrentando? Por que o nosso trabalho é importante? Qual diferença o seu trabalho vai fazer? O que está em jogo? Por que você ficará empolgado para ir trabalhar todos os dias? "Você precisa lhes contar a história de como a sua equipe funciona", orienta Josh Hoium, que passou muitos anos como diretor de engenharia de voz da Target em Minneapolis e hoje é diretor de engenharia de rede da Liberty Mutual. "Acho que muito do que está acontecendo agora, especialmente no contexto da tecnologia, depende de acreditar no chefe que vai contratar você. É por isso que você não pode deixar de explicar aos candidatos o que pretende fazer, explicar sua visão. Eles precisam ser convencidos. Poucas pessoas viam a Target como uma empresa de tecnologia. Mas contratei três no último ano, sendo que duas delas tiveram algumas oportunidades bem diferentes de ir trabalhar em outra companhia e mesmo assim decidiram ficar. Você precisa mostrar como pretende mudar as coisas e como quer que elas concretizem a missão trabalhando em uma organização orientada pela engenharia."

É bem verdade, diz Josh, que ele também perdeu algumas pessoas. Três desenvolvedores que fizeram estágio na Target acabaram indo para Facebook, Google e Zynga quando se formaram. Mas ele afirma que até os candidatos que estão recebendo ofertas das empresas de tecnologia mais renomadas podem ser conquistados. Pode ser mais interessante ser um peixe grande em um lago pequeno do que trabalhar em uma companhia gigante que emprega milhares de pessoas como você. "Queremos que eles saibam: 'Se você vier trabalhar na Target, desejamos que aprenda e cresça e seja capaz de tomar decisões técnicas. Vamos entregar essas decisões a você e não vamos interferir no seu trabalho'. Para muitos jovens engenheiros, o apelo é enorme", Josh explica.

Para desenvolvedores que estão mais avançados na carreira, você pode oferecer a chance de crescer e desenvolver novas habilidades — exatamente quando alguns talvez comecem a se sentir estagnados ou vejam que suas competências estão perdendo a relevância. Em outras palavras, você pode lhes oferecer a possibilidade de desenvolver a maestria. Mostre que eles vão ter a chance de expandir suas aptidões e aprender novas linguagens, criar e construir novos aplicativos e colocá-los em produção.

Na Twilio, recrutamos muitos desenvolvedores que receberam ofertas para trabalhar no Google, no Facebook e em outros gigantes da tecnologia. No nosso caso, enfatizamos no processo seletivo nossa abordagem de equipes pequenas, que possibilita todas as três facetas: autonomia, maestria e propósito — falarei mais a respeito no Capítulo 8. Quando você pode escolher entre ser apenas mais uma engrenagem em uma máquina gigantesca e um integrante valorizado de um time reduzido, porém importante, muitos desenvolvedores acham que a segunda opção tem muito mais apelo.

Remuneração

Anteriormente, neste capítulo, mencionei Daniel Pink e sua teoria de que o dinheiro não é o maior motivador e que basta que seus funcionários saibam que estão recebendo uma remuneração justa. Mesmo assim, muitos empregadores se concentram em estruturas de bônus. Eles acabam passando aos funcionários a mensagem de que a empresa os vê como uma espécie de máquina de venda automática — basta inserir uma moeda para obter uma unidade de trabalho. Ao fazer isso, eles mostram que não sabem o que motiva a maioria a ir ao trabalho todos os dias. Quando suas necessidades básicas são satisfeitas, grande parte quer ter alguma motivação intrínseca, como autonomia, maestria e propósito.

É por isso que, na Twilio, ninguém ganha bônus. Faz uns seis anos que usamos essa abordagem e acho que é muito melhor.

A maioria das empresas, inclusive as de tecnologia, paga um bônus atrelado a metas corporativas bizarras. Um tipo muito comum é ligado a alguma meta da companhia como um todo, como receita ou lucratividade, com base na ideia de que a organização inteira se une para atingir essas metas. O problema é que, na verdade, nenhum funcionário tem, por si só, impacto suficiente para fazer com que a empresa atinja ou deixe de atingir esses marcadores. Em consequência, o bônus, no qual eles se concentrarão muito, não tem uma relação direta com seu trabalho, portanto é basicamente aleatório. Outro problema é que você pode ter feito um excelente trabalho, mas os idiotas do outro departamento não fizeram a parte deles e agora ninguém vai ganhar o bônus. Que sacanagem!

A administração por objetivos é outro método de distribuir os bônus, vinculados a metas definidas no nível individual ou de equipe. Pode parecer melhor na teoria, porque você define um critério e, se as pessoas o atingirem, ganham um bônus. O problema é que eu tenho visto empresas demais queimando muitas calorias para definir esses critérios! Pode levar tanto tempo para determiná-los que, quando finalmente isso é feito, eles já perderam a relevância. E, ainda por cima, as pessoas focam atingir as metas em vez de fazer o melhor para a empresa. Você também precisa encontrar o delicado equilíbrio entre fixar metas muito grandiosas — o que é muito bom, mas os funcionários podem ficar insatisfeitos porque parece que a empresa está fazendo de propósito para eles não conseguirem — ou muito fáceis para que todo mundo ganhe o bônus e continue motivado. De um jeito ou de outro, em todos esses métodos de remuneração há o risco de os funcionários sentirem que sua remuneração não é justa. E, voltando a Daniel Pink, os melhores planos de remuneração os levam a sentir que o salário e os benefícios são justos, o que lhes permite tirar o foco da remuneração e redirecioná-lo ao trabalho.

Você não quer seus funcionários focados nos bônus. Você quer que eles se concentrem nos clientes. Você quer energia criativa. Daniel Pink cita um estudo no qual os participantes foram convidados a fazer uma tarefa simples. Eles precisavam encontrar um jeito de prender uma vela na parede tendo recebido uma caixa cheia de tachinhas e alguns outros itens aleatórios. Os participantes foram divididos em duas equipes. A primeira só precisava resolver o problema enquanto a segunda foi informada de que, se encontrasse uma solução, ganharia uma compensação financeira, algo em torno de vinte dólares. Acontece que a melhor maneira de solucionar o caso requer pensamento criativo. A maioria das pessoas tenta usar as tachinhas para pregar a vela na parede, o que é impossível. Mas, com alguma criatividade, os grupos percebem que a caixa que contém as tachinhas pode ser pregada na parede e usada como um castiçal. Quer saber o que aconteceu? Em média, a equipe que não recebeu qualquer motivação financeira descobriu uma saída três minutos e meio antes da que foi financeiramente motivada.

De acordo com esse e outros estudos, os bônus e as estruturas de remuneração variável podem inibir, em vez de estimular, o pensamento criativo. Isso faz muito sentido para mim, porque vi isso acontecer com meus próprios olhos. Nos primeiros anos da Twilio, tínhamos um bônus para a equipe de gestão. Quando as coisas são incertas, como costuma acontecer quando você está construindo algo, é difícil definir metas. No começo de cada ano, tínhamos as mesmas grandes discussões para decidir isso. Elas são difíceis demais? Fáceis demais? E, ao fim de cada ano, discutíamos se tínhamos definido as metas certas no início e se os bônus eram justos ou não. Em alguns anos, batemos de longe as metas e o conselho ficou se perguntando se elas não foram fáceis demais. Em outros, não conseguimos atingi-las e a equipe ficou se sentindo injustiçada porque pareciam impossíveis. Em todos os casos, sempre acabávamos dando os bônus. Até que decidi que não valia a pena o esforço.

Já pagamos um salário mais alto do que a maioria das empresas similares, sendo que ele é garantido e não está sujeito a nenhum modismo de gestão ou metas mal definidas. E geralmente damos uma participação acionária um pouco maior para compensar o fato de não oferecermos bônus — com o benefício de focar os funcionários nos objetivos de longo e não de curto prazo. Sempre acreditei que precisamos pagar bem para as pessoas saberem que estão recebendo uma remuneração justa, sem complicar as coisas passando a mensagem de que o dinheiro é o maior motivador, especialmente para quem faz um trabalho criativo. (Sei que isso não se aplica às vendas. Nas vendas, as comissões fazem parte do jogo.)

Ali Niknam, fundador e CEO da Bunq, chega a acreditar que pagar menos do que o salário mais alto do setor até pode ser uma maneira de atrair os melhores talentos. "Quem trabalha na Bunq não faz isso pelo dinheiro. Você trabalha na Bunq porque realmente acredita no que estamos tentando fazer. Pagamos um salário mediano e não escondemos isso. Não é alto nem baixo. Está na média. Os bancos tradicionais pagam um salário acima da média porque, francamente, ninguém quer trabalhar lá", Ali explica. "Para mim e para a Bunq é importante ter pessoas que não estão aqui só pelo dinheiro, mas também por todas as outras razões, porque essas são as melhores pessoas."

Eu penso a mesma coisa no que diz respeito aos benefícios. É claro que oferecemos plano de saúde, odontológico, oftalmológico, aposentadoria e outros benefícios competitivos aos nossos funcionários e temos algumas opções razoáveis de lanches e bebidas no escritório. Mas não enlouquecemos dando coisas como patinetes, cortes de cabelo ou dez opções de cervejas artesanais. Isso até pode atrair candidatos, mas você corre o risco de eles aceitarem a oferta pelas razões erradas. É muito melhor quando as pessoas decidem atuar na sua empresa porque adoram o trabalho, gostam dos colegas de equipe e querem atender os clientes da melhor maneira possível. Afinal, esses motivadores são os que ficam. Um dia visitei uma companhia do Vale do Silício que oferecia doze cervejas artesanais aos funcionários. Não vejo problema algum nisso. Mas o que acontecerá quando alguma outra oferecer treze cervejas?

Acredito que todos esses benefícios são, na melhor das hipóteses, supérfluos e, na pior, grandes distrações das motivações intrínsecas de autonomia, maestria e propósito.

A melhor maneira de descobrir por que sua empresa está conseguindo ou não atrair talentos é... perguntando aos desenvolvedores. Estou falando sério. Pergunte aos seus talentos o que está funcionando e o que não está. Pergunte aos desenvolvedores que já têm um tempo de casa o que eles adoram e o que odeiam na empresa. Eles pensam muito em mudar de emprego e o que passa pela cabeça deles quando isso acontece? Na última vez que eles foram abordados por um *headhunter*, por que eles recusaram a oferta? Ao entrevistar candidatos, pergunte o que eles gostariam de realizar e aprender no trabalho. Pergunte se eles gostariam de ter mais autonomia — e se comprometa a ajudá-los a conseguir isso. Quando os desenvolvedores decidem sair, pergunte por que eles estão saindo. Tente se aprofundar mais do que uma entrevista de desligamento que não passa de um questionário de múltipla escolha e não aceite respostas vagas como "recebi uma oferta melhor". É claro que, se a oferta fosse pior, eles não teriam aceitado! Descubra *por que* eles acreditam que a outra companhia está oferecendo uma oportunidade melhor. É o salário? Eles estão descontentes com o chefe? Ou é algo relacionado à cultura? Os desenvolvedores veem mais oportunidades de brilhar e crescer na outra empresa? A possibilidade de contribuir, ou ter mais maestria, autonomia ou propósito, costuma ser a maior causa da decisão de abandonar o barco.

PARTE III

Garanta o sucesso dos desenvolvedores

Agora você já tem uma boa ideia do que motiva os desenvolvedores e talvez até como se relacionar com eles para incentivá-los. Mas criar uma cultura de engenharia de classe mundial requer montar um sistema no qual um grande número de desenvolvedores, gerentes de produto e executivos possam ter sucesso repetidamente na construção de software. Nesta última seção, você aprenderá a criar um sistema de mecanismos e práticas que possibilitará que excelentes equipes de desenvolvedores se concentrem em construir produtos espetaculares, aprimorando-se cada vez mais no que fazem e encantando seus clientes. Não é nada muito detalhado — deixe a execução aos seus líderes de engenharia. O segredo é que os executivos e os gerentes, que têm um papel importantíssimo nesse processo, conheçam as bases de uma cultura de inovação bem-sucedida.

CAPÍTULO 7

Crie um ambiente de aprendizagem aberto

Quando você para de aprender, para de ouvir, para de olhar e para de fazer perguntas, sempre novas perguntas, é hora de morrer.
— LILLIAN SMITH

Na maioria das empresas, "aprendizagem e desenvolvimento" é uma área do RH que significa treinamento — normalmente em uma sala de aula, talvez on-line, onde as pessoas adquirem habilidades. Não estou desmerecendo esse treinamento, mas o tipo ao qual me refiro aqui tem raízes profundas na própria empresa e em sua cultura, não só nas atividades extracurriculares que os funcionários mais ambiciosos fazem por conta própria. Estou falando do aprendizado no trabalho, só que levado ao extremo. O objetivo é sempre encontrar a verdade. Ela deve ser nossa estrela-guia, orientando nosso destino.

No Capítulo 5, falamos sobre a experimentação como um método para nos aproximar da inovação e que, no fundo, é um processo de aprendizagem. Quanto mais rápido vocês aprenderem, melhor. Essa mentalidade não envolve só as coisas que vocês precisam aprender — por exemplo, quais são as necessidades dos nossos clientes —, mas também aprender a aprender.

Todo mundo meio que já sabe fazer isso, porque foi o que fizemos na escola. Quando as crianças e os adolescentes dão uma resposta errada, eles não são expulsos. Eles recebem ajuda. A importância da nossa vivência escolar não está tanto no conteúdo que recebemos, mas no exercício de aprender a aprender.

Toda criança passa por esse processo de aprender a aprender, começando no jardim de infância. Só que, quando nos formamos e entramos no mercado de trabalho, parece que esquecemos tudo isso. Esse processo se perde. Criamos culturas rígidas e implacáveis que punem as pessoas que cometem erros. Essa abordagem pode até ter funcionado em um passado remoto — apesar de eu ter as minhas dúvidas. Mas digo com certeza que ela não funciona na economia atual, com as empresas travando uma batalha darwiniana pela sobrevivência em um mundo onde as regras não param de mudar. Sobreviver implica ser ágil, rápido e capaz de se adaptar constantemente.

Como líder, o que você realmente quer? Seja sincero. Você quer que as pessoas se limitem a aceitar suas ordens às cegas ou quer que elas pensem por conta própria e encontrem a melhor solução para os problemas? Durante uma discussão ou reunião, podemos até pensar que gostaríamos que as pessoas simplesmente fizessem o que estamos mandando, porque é fácil cair de amores por nossas próprias ideias. E, se você for a pessoa mais bem paga da sala, os outros farão o que você mandar, se for o que você realmente quiser. Mas, no fundo, você deve saber que, para ter sucesso, vocês precisam da melhor resposta, não da resposta defendida com mais vigor ou pelo indivíduo com o cargo mais alto. Você quer atingir o sucesso com base no conhecimento e na verdade, não em imposições ou exigências. Você precisa que suas equipes aprendam o tempo todo, que seus futuros líderes sejam melhores do que você e que suas equipes de atendimento usem todo o conhecimento da empresa para melhorar a vida dos clientes. Se, no fundo, você também acredita nisso, vai querer criar o ambiente de aprendizagem aberto que descreverei neste capítulo.

Você tem um *ambiente de aprendizagem aberto* quando sua organização reconhece que não sabe todas as respostas, não se incomoda com a incerteza e se esforça para melhorar a cada dia que passa. Significa ser flexível em vez de rígido e ter uma cultura em que as pessoas estão *sempre buscando a verdade*.

Todo mundo na empresa tem uma opinião. É muito comum a equipe acatar a opinião da pessoa mais bem paga da sala. Essa pessoa pode até fazer por merecer. Afinal, é provável que um líder sênior tenha a competência ou o conhecimento com o qual a equipe pode e deve aprender. Mas às vezes são os jovens, os sujeitos que acabaram de se formar, os que estão mais próximos das últimas tendências da tecnologia, que têm as melhores ideias.

Sempre gostei do que Andy Grove, o lendário CEO da Intel, escreveu em seu livro *Gestão de alta performance*:

> Quando um jovem se forma em um curso técnico, ele vai passar os próximos anos totalmente atualizado no que diz respeito aos avanços tecnológicos. Desse modo, ele terá, na organização que o contratou, muito poder baseado no conhecimento. Se ele se sair bem, será promovido a posições cada vez mais altas e, com o passar dos anos, seu poder baseado na posição aumentará, mas ele perderá a familiaridade com os avanços da tecnologia. Em outras palavras, mesmo se o gerente veterano de hoje foi um engenheiro espetacular no passado, ele deixou de ser o expert técnico que foi quando entrou na empresa. No caso da Intel, nós, os executivos, ficamos um pouco mais obsoletos a cada dia que passa.

Como líderes técnicos, quanto mais avançamos na carreira, mais tendemos a trocar a competência técnica atualizada pela gerencial.

Estamos falando de dois conjuntos de conhecimentos valiosos, porém diferentes. Quem está certo? A pessoa que tem mais experiência ou a que tem mais conhecimento das tecnologias?

As decisões de negócios não devem se basear na opinião de ninguém. Todo mundo tem seus palpites e suas intuições. Mas isso tudo são só teorias. E estas precisam ser testadas. É por isso que você precisa ser aberto à aprendizagem — e à aprendizagem rápida.

Se você pensar bem, a maioria das empresas hierárquicas (ou seja, a maioria das empresas) é estruturada de forma que as pessoas no topo supostamente sabem todas as respostas (apesar de todo mundo saber que não é o caso) e, portanto, tomam as decisões. Um ambiente como esse não é aberto. É baseado em medo. As pessoas hesitam em tomar decisões por medo de errar e congelam. Ou os líderes se recusam a dar autonomia de decisão a elas com medo de que tomem a decisão errada. Afinal, são os líderes que respondem pelos resultados e eles não querem deixar seu destino nas mãos dos outros. Faz sentido. Porém, o resultado é que, em vez de compartilhar problemas, as pessoas se limitam a delegar tarefas. Acredito que a abordagem do Pergunte ao Desenvolvedor é uma maneira muito melhor de conseguir o que você quer — resultados — do que uma estrutura rígida de comando e controle.

Um ambiente aberto implica dar autonomia às pessoas compartilhando os problemas, mas sem empurrá-las na piscina esperando que elas saiam nadando em vez de afundar. Como líder, você ainda deve responder pelos resultados, de modo que afundar não é a melhor opção. Um ambiente aberto disponibiliza: a) muretas de proteção; e b) apoio. Em vez de "afundar ou nadar", damos às pessoas aulas de natação — e até as deixamos usar boias, se elas precisarem.

Uma grande diferença entre um ambiente aberto de aprendizagem no trabalho e o escolar é que no segundo o professor sabe as respostas, mas mostra aos alunos como fazer o trabalho para chegar à resposta por conta própria. No mundo dos negócios, especialmente quando vocês estão trabalhando com tecnologia de ponta, você não quer uma resposta que alguma outra pessoa já conhece. A empresa e seus funcionários devem encontrar soluções para perguntas que nunca foram feitas antes. Um ambiente de aprendizagem aberto ajuda a conseguir isso.

Reuniões abertas de revisão de projeto

Chee Chew, o diretor de produto da Twilio, implementou muitas excelentes ideias desde que entrou na empresa em 2019. Uma de suas inovações mais importantes é um conceito que ele batizou de "reuniões abertas de revisão de projeto".

Toda vez que Chee se reúne com uma equipe para discutir um projeto, qualquer pessoa pode assistir à reunião. Pode ser uma primeira na qual um engenheiro apresenta uma ideia para um novo produto ou uma reunião na qual uma equipe de desenvolvedores explica o progresso de um projeto que está em andamento há anos.

As reuniões são publicadas em um calendário público e qualquer pessoa pode se inscrever. Com dois dias de antecedência, os participantes postam um documento sobre o que será apresentado e todos devem ler esta pauta antes da reunião.

Para evitar que a reunião se transforme em um caos, só algumas pessoas essenciais têm permissão de falar, o que Chee (sendo uma pessoa de software) chama de status de "leitura/gravação". Todos os outros são considerados "somente leitura" e podem unicamente observar. Um participante "somente leitura" pode até solicitar permissão de "leitura/gravação" para fazer uma pergunta ou contribuir com uma ideia. Mas, em geral, as pessoas "somente leitura" estão lá apenas para observar. Todas essas reuniões são filmadas para que as pessoas possam assistir mais tarde e os documentos também podem ser consultados depois. Abrir as reuniões para participantes "somente leitura" é um importante componente do nosso ambiente de aprendizagem aberto, uma maneira para todos da empresa aprenderem com os outros sem prejudicar o andamento das reuniões.

O objetivo é sanar uma das deficiências da abordagem da "equipe de duas pizzas". Quando você tem um grande número de pequenas equipes (só a nossa engenharia de produto tem 150), todas elas começam a correr em mil direções diferentes e pode ser difícil para uma saber o que as outras estão fazendo. Mas algumas iniciativas exigem que vários pequenos times contribuam com o código. É comum essa interdependência no trabalho. Quando isso acontece, todos precisam estar a par do progresso dos outros. Com a abordagem da revisão de projeto aberta, as equipes podem verificar rapidamente o progresso das outras e saber o que estão fazendo.

Outro benefício é que as reuniões abertas de revisão de projeto se transformam em uma espécie de sala de aula. Os participantes de "leitura/gravação" têm a oportunidade de aprender com Chee, que é um camarada bem intenso. Ele sabe tanto de software que chega a ser meio assustador, especialmente para as equipes que não estão conseguindo atingir as métricas ou para pessoas que não foram preparadas para a reunião. Essas reuniões podem ser difíceis, mas é assim que as pessoas aprendem. Ninguém faz críticas construtivas para levar as pessoas às lágrimas, mas para ajudá-las a melhorar. Na verdade, é uma forma de respeito.

Com as reuniões abertas para a empresa toda, acontece de um engenheiro ser severamente criticado diante de muita gente. É provável que a experiência seja muito embaraçosa, mas, por outro lado, saber que muitas pessoas veem seu desempenho cria um incentivo a mais para se preparar bem para a reunião. E todas as pessoas "somente leitura" que estão assistindo saberão o que esperar quando for a vez delas. O objetivo dessa abordagem é ajudar todos a aprender mais rápido. Todos da empresa têm acesso à mesma lição aprendida pelos participantes de "leitura/gravação".

Outro benefício é que essas reuniões obrigam as pessoas a prestar contas pelos resultados. As decisões são tomadas para todo mundo ver — não em conversas secretas entre quatro paredes, que só permitem que os outros fiquem sabendo das coisas indiretamente, por meio de boatos, e que podem distorcer ou diluir as mensagens. Todas as pessoas da empresa sabem exatamente o que se espera que os participantes da reunião façam. Não há como voltar atrás e mudar as coisas depois.

Sei que pode ser difícil para uma organização adotar essa abordagem. A Twilio já incorporou essa prática à sua cultura, mas foram necessários muito esforço e muita comunicação interna para todos aderirem à ideia. Se, ou quando, você adotar essa abordagem, saiba que precisará do apoio do topo da organização. Esse suporte precisa ser contínuo e ter alta visibilidade para concretizar a mudança.

O método socrático

A estratégia e o formato das reuniões abertas de revisão de projeto foram adaptados de uma prática que a Amazon vem empregando há um bom tempo, chamada de revisão de negócios semanal. Andy Jassy, que lidera a Amazon Web Services, começou a prática quando a AWS estava apenas começando e acredito que grande parte do sucesso deles pode ser creditado à abordagem.

Era uma reunião semanal dos gerentes gerais de todos os serviços. Na época que eu trabalhei lá, a reunião tinha umas dez pessoas, mas hoje em dia o número de participantes deve chegar às centenas. Andy analisa as métricas de cada equipe. Quando encontra algo errado, como uma métrica que não está indo na direção desejada, ele para e pergunta ao líder por que as métricas estão erradas e o que eles estão fazendo para resolver o problema.

O líder, por sua vez, pode dar uma excelente resposta para explicar o problema e a solução e tem a chance de se destacar diante de tantos líderes. E o mais importante é que todos os outros aprendem um exemplo de excelência. As métricas nem sempre são perfeitas, mas o importante é a maneira como ele está resolvendo a situação.

É claro que o contrário também pode acontecer, quando o líder não percebeu o desvio da métrica e não sabe explicar o problema. Isso não é nada bom. Você precisa saber o que está fazendo. Ou o líder talvez saiba o que está errado, mas não tem uma boa solução para corrigir o problema. Isso também não é bom.

Andy passa um tempo analisando a situação, orientando os líderes (às vezes de maneira bem incisiva) para ensiná-los a administrar melhor seus negócios. Essas reuniões são lendárias na Amazon Web Services. Todo mundo sabe que é melhor chegar bem preparado, o que leva as equipes a administrar o negócio com muito rigor. Além disso, as reuniões são equivalentes a um doutorado em responsabilização pelos resultados da equipe. Esse é um exemplo espetacular de ambiente de aprendizagem aberto que impulsiona a inovação e o sucesso.

A maior dificuldade está em equilibrar esse ambiente para dar e receber feedback sem criar um contexto dominado pelo medo. É aí que entra a parte "aberta". Os líderes devem esperar o melhor de suas equipes e, quando um gerente-geral não chegar preparado, deve ficar claro para ele, e para todos na sala, que isso não é aceitável. Dito isso, o líder não deve humilhar ninguém. É fácil humilhar as pessoas, mas o resultado é que todos ficam paralisados e isso acaba não sendo produtivo. É muito melhor definir a expectativa de excelência e mostrar ao gerente-geral e a todos os demais como resolver um problema com vigor, mas sempre visando a dar apoio.

Chee reconhece essa tensão permanente quando diz: "Nosso objetivo todos os dias é sermos um pouco menos piores do que ontem". Pode não parecer uma perspectiva muito animadora, mas na verdade é uma maneira bastante eficaz de afirmar: "Não somos perfeitos, mas, enquanto estivermos aprendendo e melhorando, estaremos fazendo um bom trabalho".

Se a mesma pessoa for à próxima reunião com o mesmo problema e a mesma resposta insuficiente, isso é um problema. Essa pessoa não está aprendendo. Ela continua tão ruim quanto ontem. A repetição do mesmo fracasso é um problema e requer uma conversa individual sobre o desempenho. Mas essa não é a parte aberta; é a parte privada.

Aquelas grandes reuniões nas quais éramos submetidos a um verdadeiro interrogatório por Andy Jassy foram um excelente (e rápido) treinamento. A abordagem que ele usava era parecida com a que os professores de pós-graduação, especialmente no campo do direito, vêm usando há mais de um século — e que, na verdade, remonta ao século 5 a.C. É o método socrático, batizado em homenagem ao filósofo grego Sócrates.

Nessa modalidade de ensino, os alunos vão à aula depois de ter lido o material (pelo menos no mundo ideal) e o professor escolhe aleatoriamente as pessoas e faz um rápido questionamento. A ideia do método socrático é ensinar os alunos a exercitar o pensamento crítico e argumentar por conta própria. Meus amigos que estudavam direito diziam que o processo era muito estressante — mas fazer perguntas difíceis e orientar os alunos a dar as respostas certas na frente da turma ajudava todos a aprender. Por que o método socrático continuou sendo usado por 2.500 anos? No filme *O homem que eu escolhi*, o grande ator John Houseman, no papel de Charles Kingsfield, um professor da Faculdade de Direito de Harvard, explica: "Aqui, nós usamos o método socrático. Vou apontar para um de vocês, fazer uma pergunta e vocês vão ter de responder. Por que eu simplesmente não dou uma aula expositiva? Porque, pelas minhas perguntas, vocês vão aprender a ensinar a si mesmos". É isso que queremos para nossas empresas. Queremos ensinar os funcionários a aprender sozinhos. Essa é a base de um ambiente de aprendizagem. Estamos criando um modo de pensar, uma forma de analisar e resolver problemas. O método socrático é tão eficaz para resolver problemas de negócios quanto casos jurídicos complexos.

Devo observar que esses programas de pós-graduação às vezes são famosos por fazer os alunos chorar — ou até pior. Em *O homem que eu escolhi*, um calouro leva uma surra intelectual de Kingsfield diante dos colegas e corre para vomitar no banheiro. Quero deixar claro que eu definitivamente não estou defendendo ir tão longe. Mas essa mesma abordagem usada em cursos de pós-graduação pode ser aplicada à tarefa de treinar os líderes das empresas. É muito mais eficaz do que assistir passivamente a uma aula expositiva ou ler um livro.

A análise post mortem que não culpa ninguém

Falamos muito sobre aprender a tomar decisões no contexto do planejamento de negócios, mas o que fazer quando as coisas dão errado? Você já passou por isso — em uma organização técnica, pode ser quando os servidores caem e o produto deixa de funcionar por um tempo. Outros tipos de fracasso incluem uma integração de fusão e aquisição que deu errado, um modelo financeiro que ficou longe de atingir os resultados esperados ou a contratação de um líder inadequado. A variedade de erros que cometemos como indivíduos, equipes e organizações é infinita. A maneira como nós, os líderes (e a empresa como um todo), lidamos com essas situações define como os funcionários veem os erros e se a empresa aprende a lidar cada vez melhor com esse tipo de situação. Ou, como Chee diria, se a empresa aprende a "ser menos pior".

Quando as coisas dão errado, você tem duas opções: sair culpando alguém ou aprender. Acredito que cada fracasso é uma oportunidade de aprender uma profunda lição sobre a maneira como a organização opera, o que tem o potencial de fortalecê-la sistematicamente e levar as pessoas a fazer alguma coisa para evitar o mesmo fracasso no futuro. Nós, e muitas outras empresas de software, fazemos isso usando um ritual chamado de *"blameless postmortem"* — ou seja, uma análise post mortem que não tenta encontrar culpados. A ideia do *blameless postmortem* é descobrir a causa-raiz de um resultado ruim e abordá-la como se fosse uma organização.

Vejamos um exemplo de problema comum. Um desenvolvedor de software introduz um bug no código, que chega aos servidores de produção e derruba o site. Suas equipes devem começar identificando o bug e revertendo a uma versão anterior para restaurar o serviço. Essa é a maior prioridade. Mas, depois de fazer isso, é preciso descobrir o que deu errado e levou à interrupção no atendimento ao cliente.

Seria natural culpar o engenheiro por ter escrito mal o código. Chega a ser uma reação instintiva, mas ninguém ganha nada com isso. Como seres humanos, até os melhores engenheiros cometerão erros e, pode acreditar, eles já estarão se sentindo péssimos por ter derrubado o site. Culpar o engenheiro que cometeu o equívoco não vai levar a nada, a não ser apontar que ele é um ser humano e reduzir seu desejo de escrever código — pelo menos para a sua empresa. O bug que o engenheiro introduziu é a causa mais clara da queda do site, mas não é a causa-raiz. O problema é mais profundo e envolve a maneira como a organização opera. Portanto, em vez de culpar a pessoa, a verdadeira questão é a seguinte: sabendo que é inevitável que as pessoas cometam erros, por que "o sistema" permitiu que esse erro afetasse os clientes? Responder a essa pergunta o levará à causa-raiz do problema ou, sendo mais realista, às causas-raiz (no plural).

Para isso, vocês precisam perguntar repetidamente "Por quê?". Costumamos começar fazendo uma pergunta simples: "Por que o site caiu?". A resposta a essa pergunta é a causa óbvia: "Um engenheiro introduziu um bug na produção". Certo, agora você pergunta: "Por que o bug na produção resultou no site fora do ar?". A resposta pode ser que a programação do software poderia ter sido mais defensiva — um software realmente robusto teria detectado o problema e sido capaz de sobreviver apesar da deterioração. Ou, mesmo com um código robusto, o software não poderia ter sobrevivido. Nesse caso, a questão é: "Por que os bugs do código chegaram à produção?". Uma possível resposta seria: "Porque o código deveria ter sido submetido a mais testes". Neste ponto, seria fácil cair na tentação de parar e hastear a bandeira de "Missão Cumprida", mas seria precipitado fazer isso. Afinal, essa resposta não passa de uma maneira indireta de culpar o desenvolvedor que inseriu o bug. Se o desenvolvedor, ou talvez um engenheiro de controle de qualidade, tivesse escrito testes melhores, o problema teria sido evitado. Então você continua: "Por que o código entrou em produção quando as pessoas sabiam que os testes não cobriam uma parte crucial do código?".

Ah, agora estamos chegando a algum lugar. A causa-raiz raramente é de natureza técnica — é organizacional. Como a nossa organização deixou de apoiar esse ser humano a ponto de ele poder prejudicar nosso cliente e nosso negócio? Imagine uma usina nuclear com um grande botão com os dizeres "Fusão Nuclear" bem no meio do painel. Um técnico distraído coloca o sanduíche em cima do botão e... já era. Você culparia o técnico? Faria mais sentido perguntar por que o botão estava lá! A mesma lógica pode ser aplicada ao nosso exemplo. Por que "o sistema" permite que um código mal testado entre em produção? Pode ser porque a infraestrutura de teste é ruim e é tão complicado escrever os testes que os engenheiros preferem deixar de escrever bons testes para poder avançar mais rápido. Nesse caso, construir uma ótima infraestrutura descomplicará o processo, possibilitando que os engenheiros atendam às solicitações de funcionalidades do cliente e o façam com um código bem testado. Ou será que a organização não investiu em treinar os engenheiros para escrever bons testes ou em ensinar a importância de um código bem testado? Mais cedo ou mais tarde, vocês encontrarão a causa-raiz sistêmica e poderão resolvê-la.

Isso é importante porque, se você só abordar a causa superficial do problema, até poderá consertar essa causa específica. Você pode usar algum mecanismo draconiano para garantir que aquele desenvolvedor específico nunca mais introduzirá um bug. Só que os outros engenheiros não terão aprendido nada. Seria como retirar aquele botão de "Fusão Nuclear", mas deixar centenas de outros espalhados pelo painel do reator. É provável que você acabe com outro acidente nuclear nas mãos. Ao lidar com a causa-raiz, você não só corrigirá a razão do último incidente como também resolverá a do próximo. Se você passar um tempo repetindo esse processo, construirá sistematicamente uma organização cada vez mais forte.

Usei um exemplo técnico porque a prática dos *blameless postmortems* é mais comum em organizações técnicas. Mas já vi esse método sendo aplicado do mesmo jeito em todas as áreas da nossa empresa.

Em 2010, uma recém-formada startup de dez pessoas chamada Uber (na verdade, UberCab na época) se tornou cliente da Twilio. Nos anos que se seguiram, eles tiveram um crescimento meteórico e, quando abrimos o capital em 2016, eles representavam mais de 10% de nossa receita e foram um argumento importante no nosso IPO. Em 2016, eles continuaram crescendo em um ritmo alucinado, atingindo quase US$ 60 milhões em gastos anualizados, o que, olhando para trás agora, podemos ver que era insustentável, especialmente porque eles começaram a se concentrar em cortar custos em vez de "crescer a qualquer preço". Com essa nova prioridade de redução de orçamento da Uber, a Twilio passou a ser um alvo fácil. No início de 2017, eles sugeriram que começariam a reduzir seus gastos conosco. Na nossa teleconferência de apresentação dos resultados do primeiro trimestre de 2017, dissemos aos investidores que nosso cliente mais famoso, que tinha sido um dos nossos maiores argumentos para o IPO, reduziria seus gastos conosco. Os investidores não receberam bem a novidade. Nossas ações despencaram mais de 30% em um dia. Nossos funcionários ficaram em estado de choque. Vale notar que aquilo foi só um tropeço momentâneo, já que uma empresa é mais do que apenas um cliente e, até o primeiro trimestre de 2020, aumentamos nossa receita em mais de 400% enquanto reduzimos a concentração de nossos principais clientes de 30% em 2016 para 14% em 2019. Mesmo assim, foi um belo tropeço para a nossa companhia, que tinha acabado de abrir o capital, e um que faríamos de tudo para evitar no futuro.

Pedi ao nosso diretor financeiro na época, Lee Kirkpatrick, que fizesse um *blameless postmortem* do problema. Como a equipe de finanças nunca tinha feito nada parecido antes, chamamos Jason Hudak, nosso diretor de infraestrutura técnica, que apresentarei no Capítulo 11, para liderar o processo interfuncional. Em vez de começar com: "Por que deixamos o site cair para os clientes?", dessa vez a pergunta era: "Por que erramos com nossos investidores?". Teria sido fácil culpar o representante de vendas encarregado da conta da Uber, mas, como você já deve ter imaginado, não era essa a causa-raiz do problema. "Porque nosso maior cliente vai começar a cortar custos e revelamos essa informação aos investidores." "Por quê?" Seguindo esse processo, eles acabaram encontrando duas causas-raiz. Para começar, tínhamos um pequeno punhado de clientes que, devido ao nosso modelo de preços baseado no uso, tinham crescido demais e, portanto, passaram a representar um risco para nós. Precisávamos administrar melhor nossa "concentração de clientes", mesmo que para isso fosse preciso reduzir proativamente os preços. E, ainda mais importante, a segunda causa-raiz era que não tínhamos vendedores suficientes cobrindo todas as nossas contas. Na época, só havia uns quinze representantes de vendas, trabalhando em esquema de metas e cobrindo mais de 36 mil contas e clientes potenciais. Como você pode imaginar, nossos representantes de vendas tinham muito trabalho e pouco tempo, incluindo atender nosso maior cliente, que gastava mais de US$ 60 milhões por ano. Nossa segunda causa-raiz era que precisávamos de uma maior cobertura das contas. Desde então, passamos de quinze para muitas centenas de representantes e aumentamos nossa receita de US$ 277 milhões em 2016 para mais de US$ 1,1 bilhão em 2019 ao mesmo tempo que cortamos a contribuição de nossos dez maiores clientes pela metade.

Batismo de fogo

Um ambiente de aprendizagem aberto também lhe possibilita treinar sua próxima geração de líderes. Não estou desmerecendo o treinamento tradicional, que envolve aulas expositivas em sala de aula. Estou me referindo à verdadeira aprendizagem, quando as pessoas aprendem botando as mãos na massa. Não dá para aprender a nadar vendo vídeos e indo a aulas teóricas. Você aprende entrando na piscina.

Na Amazon, a maioria das iniciativas é liderada por um gerente-geral. Alguns administram grandes negócios, como todo o varejo da Amazon ou a Amazon Web Services, que geram dezenas de bilhões de dólares. Esses gerentes-gerais têm muito conhecimento e experiência. Mas a Amazon leva essa ideia ao extremo. A maioria das empresas só tem um punhado de gerentes-gerais nos níveis mais altos da hierarquia. As pessoas abaixo deles desempenham algum papel funcional, mas é o gerente-geral que responde pelos resultados de lucros e perdas. A Amazon, por sua vez, tem gerentes-gerais dirigindo as coisas em todos os níveis. Gerentes-gerais reportam a outros gerentes-gerais. Alguns estão no nível sete da escala de pagamento enquanto outros estão no nível três. Além de serem "líderes *single-threaded*" que impulsionam o senso de urgência e orientam o foco de cada linha de negócio, os cargos de gerente-geral representam milhares de oportunidades de aprendizagem para os futuros líderes espalhados por todo o organograma da Amazon.

Gosto de imaginar o gerente (talvez real, talvez fictício) da Amazon responsável por administrar a "Loja de Pneus da Amazon". (É verdade, ela também vende pneus.) Em algum lugar da Amazon, deve haver um jovem talentoso que recebeu o cargo de gerente-geral para administrar a loja de pneus. Trata-se de uma fração minúscula do negócio de varejo da companhia, de modo que é uma área de baixo risco para ficar nas mãos de um jovem líder. Mas, para esse jovem líder, é uma oportunidade de ouro. Quero dizer, quais são as chances de ele fazer um programa de MBA e receber o cargo de CEO da DPaschoal ou alguma outra varejista especializada em pneus? Mesmo assim, a Amazon tem como correr esse risco e dar esse treinamento prático a seus futuros líderes. Se a loja de pneus passar um tempo patinando, vai valer a pena só pelo treinamento. Se a loja de pneus passar muito tempo sem sair do buraco, talvez seja necessário alocar um novo líder. Mas não consigo pensar em uma maneira melhor de treinar um exército de futuros líderes do que lhes entregar as rédeas de uma parte de sua empresa. Basta reconhecer que ninguém vai morrer se você abrir mão dessa liderança e da tomada de decisão.

Por um tempo na Amazon, fui o gerente-geral do Simple Queueing Service (SQS), um serviço de enfileiramento de mensagens que foi o primeiro produto da Amazon Web Services disponível ao público. Antes do lançamento, o SQS tinha zero de receita (é claro) e, em algum ponto após o lançamento, o serviço estava gerando uma receita de milhares de dólares por mês. Não é nada enorme, mas, mesmo assim, alguém precisava manejar o leme para a empreitada ter sucesso. E para a Amazon não fazia muita diferença se a iniciativa fosse um sucesso ou um fracasso — afinal, o que são alguns milhares de dólares para uma empresa desse porte? Mesmo se o SQS crescesse alucinadamente, ainda não faria muita diferença para a Amazon.

Então, para que se dar ao trabalho de entregar as rédeas a um gerente-geral inexperiente de 27 anos? Foi uma espécie de batismo de fogo — mas, em vez de me jogar em uma fogueira, eles me deram um palito de fósforo. Aprendi a ser gerente-geral e prestar contas pelos resultados em uma situação de baixo risco. Se eu tivesse sucesso e aprendesse, poderia avançar e assumir uma área maior. Eu não sei ao certo, mas suspeito que a Amazon tenha milhares de gerentes-gerais hoje. A empresa está treinando toda uma nova geração de gerentes-gerais para conduzir a próxima onda de ideias dela. Acho que essa é uma das grandes razões dos constantes sucessos da Amazon. Conforme as novas ideias vão surgindo, a empresa tem um exército de líderes de negócio capazes de levá-las adiante.

Na maioria dos ambientes, os funcionários que se destacam em um cargo funcional, como engenharia, vendas ou finanças, são promovidos até se tornarem o gerente-geral de alguma grande unidade de negócio. Nesse sistema, parte-se da premissa de que a competência em uma área (engenharia, vendas, finanças etc.) é automaticamente transferida a outra: ser gerente-geral. Pode até acontecer, mas, na maioria das vezes, não é assim. Existe até um termo para isso: o Princípio de Peter. É a ideia de que as pessoas tendem a subir ao nível de sua incompetência. Você não precisa ser um gênio para perceber que é necessário ter todo um conjunto de habilidades específicas para ser gerente-geral de uma unidade de negócio e que não adianta só ser um supervendedor ou um superengenheiro. E você deveria estar treinando as pessoas para desenvolver esse conjunto de aptidões especiais.

Um ambiente de aprendizagem aberto é indispensável para construir produtos de sucesso na névoa da incerteza e para desenvolver futuros líderes talentosos dos quais você precisará para vencer. Ao entregar as rédeas aos funcionários, você os ensinará a assumir a responsabilidade por seu trabalho.

Aprendendo na prática

Muitas empresas ajudam os funcionários a aprender promovendo eventos como cursos informais na hora do almoço, cursos externos de liderança ou vídeos de treinamento on-line. Mas acredito que a melhor maneira é botando a mão na massa, e cabe aos líderes deixar o comando nas mãos de seu pessoal. Procure projetos de baixo risco, nos quais um líder em treinamento pode pisar na bola sem causar muitos danos e se tornar melhor no processo. Por exemplo, no caso do gerente-geral da loja de pneus da Amazon, não seria realista esperar que um líder em treinamento tomasse todas as decisões certas. Mas tudo bem. Você não quer um ambiente em que as pessoas sejam humilhadas ou punidas por seus erros. Imagine o que isso faria com a próxima pessoa a quem você tentasse passar o comando. Ninguém esqueceria como a última pessoa foi tratada quando cometeu um erro.

Esses cargos de liderança muitas vezes visam mais ao aprendizado do que aos resultados de curto prazo. Quando trabalhamos com empresas que estão tentando construir algo, nós as encorajamos a começar pequeno. Escolha um projeto modesto que não seja crucial para a missão — algo que será bom de se ter, resultará em um benefício e não levará muito tempo para concluir. E, ainda mais importante, escolha um projeto no qual sua equipe possa fracassar, ou deixar de atingir a meta, sem interferir nas operações essenciais da companhia.

Um bom exemplo é um projeto que Josh Hoium e sua equipe do departamento de engenharia de voz lançaram na Target. Em outubro de 2018, o departamento de RH da companhia estava com um problema. Deslizamentos de terra no sul da Califórnia estavam forçando o fechamento temporário de algumas lojas. Mas os gerentes não tinham uma boa maneira de entrar em contato com os funcionários a fim de lhes dizer para ficar em casa. Os funcionários às vezes se arriscavam para ir ao trabalho e, quando chegavam lá, descobriam que a loja estava fechada. O RH queria enviar alertas aos funcionários e também gostaria que estes pudessem se comunicar com a empresa. Durante uma emergência, a Target poderia entrar em contato com eles para ver se estavam seguros, e os funcionários poderiam pedir ajuda se precisassem. A comunicação teria de ser recebida imediatamente, de modo que o e-mail não era um canal confiável para emergências.

A Target tinha um sistema implementado, mas que não era muito eficaz. Os funcionários podiam saber se a loja estava aberta ligando para um sistema de correio de voz e percorrendo um menu para ouvir uma mensagem gravada. O problema era que muitas vezes eles não se davam ao trabalho de ligar. O RH queria ser proativo e enviar alertas por SMS para o celular de todos.

O departamento de RH tinha avaliado o pacote de software empresarial de um fornecedor e presumiu que seria melhor simplesmente comprá-lo. Mas o produto era caro e não fazia exatamente o que a Target queria. Josh disse ao RH que seria melhor construir do zero um aplicativo de alerta de emergência.

Josh aproveitou a oportunidade como um exercício de aprendizagem para seus engenheiros. Era um projeto relativamente pequeno e os riscos eram baixos. Se os desenvolvedores não conseguissem construir o aplicativo, nada impediria a Target de continuar usando o sistema antigo. E eles também poderiam comprar o software pronto. Só levaria algumas semanas para descobrir se os engenheiros internos da Target estavam à altura do desafio.

O aspecto de aprendizagem do projeto foi que o aplicativo precisava ser escrito em Python e nenhum dos quatro engenheiros alocados para o projeto conhecia essa linguagem de programação. Eles não eram realmente desenvolvedores de software. Tinham experiência trabalhando no gerenciamento de sistemas comerciais fabricados pela Cisco, Avaya e outros fornecedores. Essas habilidades tiveram uma demanda muito alta no passado, mas estavam perdendo a relevância com o tempo.

O projeto do sistema de alerta deu a esses quatro engenheiros a chance de aprender uma nova linguagem que aumentaria seu valor no mercado. Só que os engenheiros não fariam um curso de Python para depois escrever o aplicativo. Eles simplesmente mergulhariam de cabeça e começariam a escrever o código, aprendendo Python conforme avançavam — um exemplo perfeito da abordagem do "aprender na prática". Josh conta que o pessoal de RH não acreditou muito que os engenheiros internos realmente conseguiriam construir o aplicativo. Na verdade, nem os próprios engenheiros acreditavam que seriam capazes! "Demorou um tempo para convencê-los de que não dava para deixar a oportunidade passar", lembra Josh. "No mínimo seria uma boa experiência."

Por incrível que pareça, deu certo. Em seis semanas, aqueles quatro desenvolvedores analfabetos em Python produziram um protótipo funcional. Uma semana depois, o software foi implementado em todas as 1.800 lojas da Target nos Estados Unidos. Aquele pequeno aplicativo fez uma enorme diferença. No outono de 2019, quando as florestas começaram a queimar na Califórnia, o software chegou a salvar vidas ao possibilitar que os gerentes das lojas entrassem em contato com os funcionários para avisar que as unidades estavam fechadas, evitando que eles se expusessem ao perigo. O projeto também afetou enormemente a carreira daqueles quatro engenheiros, "que, com a nova confiança, se animaram a escrever mais código", Josh conta.

A Target tem um grande compromisso com o treinamento e a educação. Todos os integrantes da equipe de TI passam cinquenta dias por ano aprendendo — o que é muita coisa! Parte do aprendizado resulta de ler livros ou fazer cursos ou workshops, mas a maior parte envolve aprender na prática. Josh aprendeu sobre inteligência artificial construindo algumas redes neurais que a Target passou a usar em certos aplicativos. "Muito do que aprendemos é possível porque temos a chance de correr riscos. Na Target, eu tenho como experimentar alguma coisa e ver o que acontece em pequena escala, sem precisar apostar todas as fichas", Josh explica.

A aprendizagem para atrair talentos

Na Twilio, descobrimos que investir nas pessoas é uma vantagem no mercado de trabalho, caracterizado pela alta demanda por talentos técnicos. Uma multidão de desenvolvedores talentosos e de alto potencial está saindo de *bootcamps* todos os anos, e poucas empresas se dispõem a investir em contratar e dar continuidade a seu treinamento, perdendo essa rica fonte de talentos. Os *bootcamps* são programas curtos — de três meses a um ano — que treinam profissionais no meio da carreira para se tornar desenvolvedores. Muitas pessoas participam deles porque veem mais oportunidades profissionais na programação ou simplesmente porque têm interesse em trabalhar em uma área mais técnica. Ao contrário de uma faculdade de quatro anos, esse é um curso intensivo de programação que se propõe a ensinar rapidamente as habilidades necessárias para criar uma variedade de sites e aplicativos. Outro benefício é que esses *bootcamps* trazem pessoas com experiência em outras áreas para a indústria da tecnologia.

Tenho uma enorme admiração pelas pessoas que decidem fazer um, porque elas estão entrando na programação por um caminho incrivelmente difícil, demonstrando coragem ao mudar de carreira e não raro largando o emprego para se qualificar em outra área. Ao analisar o currículo de candidatos, é comum ver se a pessoa estudou numa faculdade de primeira linha, trabalhou em empresas de prestígio e assim por diante. Só que esses critérios não medem o que se chama de "distância percorrida". Acho que diz muito sobre a coragem e a capacidade de um candidato que, por exemplo, foi a primeira pessoa da família a se formar na faculdade, em comparação com pessoas como eu, cujos pais e avós têm nível superior. Falamos em termos de "distância percorrida" porque nos dá uma ideia do quanto o candidato conseguiu avançar na vida por conta própria, e os candidatos que fizeram um *bootcamp* estão no topo da minha lista.

Muitas empresas hesitam em contratar pessoas que acabaram de sair de um *bootcamp* porque elas só têm três, seis ou doze meses de experiência em programação, mas essas mesmas companhias não pensam duas vezes antes de contratar uma multidão de recém-formados de 21 anos. Algumas até contratam pessoas que vêm de um *bootcamp*, mas os jogam na parte mais funda da piscina esperando que elas saiam nadando com os outros engenheiros mais experientes da equipe. Como seria de se esperar, muitas dessas pessoas não conseguem acompanhar os outros e são dispensadas rapidamente, e o resultado é que todo mundo sai perdendo. A empresa, porque fica sem a chance de beneficiar-se do talento, e, ainda pior, o funcionário, com o golpe à sua autoconfiança profissional.

Para não perder esses talentos, criamos um programa de aprendizagem prática chamado Hatch, no qual oferecemos seis meses de treinamento remunerado para as pessoas que fizeram *bootcamps* poderem colocar em prática no trabalho o que aprenderam. Os participantes passam os três primeiros meses trabalhando com colegas do programa, liderados por um gerente encarregado de ajudá-los a desenvolver suas habilidades. Eles atuam em uma combinação de projetos internos, menos arriscados que alguns produtos voltados para o cliente, e produtos para clientes sem fins lucrativos. Para muitos participantes do programa, essa é a primeira experiência de programação no "mundo real" e eles aprendem com uma rapidez incrível, especialmente porque contam com a ajuda de um gerente cujo único trabalho é ajudá-los a ter sucesso.

Em seguida, os participantes passam os três meses seguintes trabalhando em uma equipe de produto da Twilio. Eles já são considerados engenheiros de software, mas seu gerente sabe que eles ainda estão aprendendo, por isso dedica um tempo a ajudá-los a ter sucesso. E os gerentes são incentivados a investir nesse êxito, já que seis meses de salário integral do participante saem do orçamento deles. Ao fim do programa, o gerente tem a opção de oferecer ao participante um emprego de jornada completa. Mais de 90% das pessoas que passaram pelo programa Hatch foram efetivadas na Twilio. Acho que uma das razões desse triunfo é que, quando se inscrevem no Hatch, elas já se veem como pessoas abertas a correr riscos e capazes de pensar por conta própria — justamente as qualidades que dão excelentes desenvolvedores.

A melhor medida do quanto uma pessoa é capaz de avançar é o quanto ela avançou até agora. Queremos desenvolvedores que têm sede de aprender, algo que aqueles que fizeram um *bootcamp* e tiveram a coragem de mudar de profissão no meio da carreira têm de sobra. É por isso que investimos no Hatch e em outros programas de aprendizado.

Imagine a alternativa

O objetivo da nossa cultura é criar um exército de líderes empoderados, que buscam a verdade e tomam boas decisões. Quanto mais capacitamos nossas equipes de linha de frente a fazer as perguntas certas, deixar de lado a política corporativa e os cargos e chegar às melhores respostas, maiores serão as chances de resolver problemas difíceis e prestar o melhor atendimento aos nossos clientes. Considere a alternativa. O governo sempre foi o bastião de grandes projetos, políticas grandiosas e muitas acusações. Quer você seja a favor de mais ou menos interferência do governo, acho que todos concordamos que a maioria deles não é exatamente famosa pela inovação. Afinal, o que acontece quando algo dá errado em uma gestão pública? Em vez de aprender e iterar rapidamente ou usar o erro como uma oportunidade de aprender, as pessoas são intimadas a se explicar diante do Congresso e interrogadas em rede nacional. É um verdadeiro festival de dedos apontados. Como você acha que isso afeta o moral da organização e a disposição de correr riscos? Uma vez que ninguém quer ser intimado a depor diante do Congresso, os políticos preferem não se arriscar. O que acaba acontecendo é que as pessoas só tomam as decisões mais seguras possíveis e fazem de tudo para se esquivar de qualquer responsabilidade.

A maioria dos executivos gostaria de ter uma cultura organizacional mais parecida com o Google, a Apple ou o Facebook do que com o governo dos Estados Unidos. Mas dê uma bela olhada na sua empresa e responda com sinceridade: quando as pessoas cometem erros, vocês conduzem *blameless postmortems* ou elas são submetidas a um interrogatório pelo Congresso (ou, no caso de uma companhia, pela equipe executiva)? As pessoas são encorajadas a aprender rapidamente, mesmo correndo o risco de cometer erros? Você oferece um ambiente propício para as pessoas aprenderem umas com as outras e chega a assumir riscos dando aos líderes mais jovens o controle de algumas partes da empresa? Nós também já cometemos o equívoco de "levar as equipes para depor diante do Congresso". Afinal, é da natureza humana se frustrar e querer investigar o que aconteceu. Algumas das minhas avaliações de negócio trimestrais chegaram a ser apelidadas de "Inquisição" no passado. Mas esse não é o objetivo, é um problema. É meu trabalho como líder criar um ambiente no qual nossos gestores sejam sempre um pouco pressionados para ter uma boa performance e sintam que têm apoio para explorar contínua e rapidamente as soluções para os problemas — mas não criar um ambiente no qual as pessoas sintam que estão vivendo na época da inquisição.

Qual tipo de ambiente você está criando? Não é difícil descobrir: basta perguntar a seus líderes o que acontece depois de uma pane. Não a parte de apagar o incêndio para resolver a pane, mas o que acontece depois disso. A culpa é de uma pessoa ou de um processo? Pergunte a seus líderes se seria possível colocar futuros gerentes-gerais no controle de algumas partes do negócio. Se eles resistirem a abrir mão do controle, pergunte: "Qual é a pior coisa que poderia acontecer?". Se você tiver uma parte do negócio que seja pequena e problemática, pode querer descontinuá-la. Mas e se, da próxima vez, você entregá-la a um novo gerente-geral para ver o que acontece em seis meses? Pergunte a seus líderes técnicos se eles estariam dispostos a fazer as revisões de projeto em público, como Chee fazia. Qual seria a desvantagem de abrir essas sessões a pessoas de fora, desde que não atrapalhe o andamento do processo? Pergunte às suas equipes, talvez no próximo grande levantamento da empresa, se elas se motivam mais correndo riscos para ter sucesso ou evitando o fracasso. Perguntas como essas o ajudarão a saber se a sua cultura é orientada à aprendizagem e à busca da verdade.

O ambiente de aprendizagem aberto que descrevi foi pensado para ensinar essas habilidades aos nossos líderes. Estamos longe de ser perfeitos, mas fazemos iterações continuamente para criar um ambiente cada vez mais aberto à aprendizagem. Ou, como Chee diria, somos "um pouco menos piores" a cada dia que passa. Acho que está mais do que bom.

CAPÍTULO 8

Equipes pequenas e líderes
single-threaded

É muito difícil resolver *vários problemas de cima para baixo*.
— MEGAN SMITH, DIRETORA DE TECNOLOGIA DOS
ESTADOS UNIDOS

Em 1998, meu amigo Dave Schappell (não confundir com o comediante Dave Chappelle) foi mais ou menos o centésimo funcionário da nova empresa Amazon.com. Ele ajudou a lançar o Amazon Marketplace, a Amazon Associates, a Amazon Auctions e algumas outras plataformas da empresa. Também foi ele quem me recrutou para trabalhar na AWS em 2004. Na época, a empresa tinha crescido para uns cinco mil funcionários e Dave saiu da Amazon para fundar uma startup chamada TeachStreet. Oito anos depois, em 2012, a Amazon adquiriu essa startup e Dave voltou a trabalhar na Amazon, que então empregava mais de 75 mil pessoas.

Logo depois que ele voltou à Amazon, em 2012, perguntei: "Como você compararia as três: a Amazon de 100 funcionários, a de 5 mil funcionários e a de agora, com 75 mil funcionários?". Depois de um tempo pensando, ele respondeu: "A empresa é a mesma. O mesmo senso de urgência. A mesma energia. A mesma inteligência. É incrível". Em 1998, a companhia só ocupava um andar cheio de funcionários em um prédio comercial de Seattle, com a energia e a vivacidade de uma startup. Em 2012, era a mesma coisa, só que a empresa era composta de quase mil andares cheios de startups da Amazon espalhadas pelo mundo. É realmente incrível ver como ela conseguiu manter sua cultura mesmo depois de crescer tanto.

Como líderes, estamos sempre tentando incutir um senso de importância e urgência no trabalho de nossas equipes. No entanto, conforme uma empresa cresce, é quase certo que as coisas vão desacelerar, as pessoas perderão a conexão com o trabalho, a burocracia tomará tudo e a urgência diminuirá — tirando alguma ameaça à existência da companhia. Mas, de acordo com meu amigo Dave, a Amazon conseguiu evitar esse destino. Não importa se for uma grande empresa buscando retomar a agilidade ou uma pequena que ambiciona crescer ao mesmo tempo que mantém sua vantagem, o que podemos aprender com a escalabilidade descrita por Dave? A escalabilidade da Amazon se baseia em equipes pequenas conduzidas por líderes empoderados e orientados à missão. A empresa é basicamente uma coletânea de startups.

Pense nos seguintes termos: uma startup é rápida e ousada porque precisa e é estruturada para fazer isso. Por ser enxuta, os custos indiretos são baixos e as linhas de comunicação são claras. A presença de um fundador, CEO ou, no máximo, um pequeno grupo de cofundadores e executivos que podem tomar decisões rápidas e se responsabilizar individualmente pelas decisões os ajuda a levar os resultados para o lado pessoal. Se a empresa vence, eles vencem. Se a empresa fracassa, eles fracassam.

As pequenas equipes em uma grande empresa têm exatamente esse mesmo processo, e é por isso que elas são cruciais. A estrutura da Amazon baseada em times de no máximo dez pessoas prova que é possível escalar uma empresa sem perder a urgência, o foco e a qualidade dos talentos — fatores que caracterizam uma startup — basicamente usando muitas startups para criar uma grande companhia. Entre outras coisas, essa estrutura elimina a complexidade da colaboração, que cresce rapidamente com o tamanho da empresa. Em outras palavras, a dificuldade de coordená-la aumenta (quase) exponencialmente à medida que ela cresce. Se você já viu isso acontecer na sua, não é só você nem só ela, é só uma questão matemática. Coordenar uma equipe de dez pessoas requer 45 relacionamentos entre as pessoas, enquanto coordenar uma equipe de cem pessoas resulta em quase 5 mil relacionamentos e coordenar uma empresa de mil pessoas requer cerca de 500 mil relacionamentos. A Amazon de 2012, com 75 mil pessoas, poderia ter exigido 2,8 bilhões de relacionamentos, o que seria 500 mil vezes mais confuso e estressante do que a Amazon de 1998, que tinha cem pessoas. Mas não foi o que aconteceu. Foi como se a empresa não tivesse mudado — um milagre moderno baseado em pequenas equipes.

As origens das equipes de duas pizzas

Por volta da virada do milênio, a Amazon era uma startup em rápido crescimento, mas a inovação estava começando a desacelerar. Como conta Rick Dalzell, então diretor de TI da Amazon (e hoje membro do conselho da Twilio), o código-fonte era uma confusão monolítica e o desenvolvimento de produtos era organizado em algumas poucas grandes divisões, como navegação e pesquisa, atendimento de pedidos e carrinho de compras. As coisas estavam começando a se arrastar e foi ficando mais difícil distribuir o código porque muitas pessoas estavam mexendo no mesmo código. Além disso, muitos tomadores de decisão se intrometiam no trabalho de todos, porque tudo era totalmente interligado. Como você pode imaginar, engenheiros de software e gerentes de produto se frustravam na tentativa de construir suas ideias, e a situação era especialmente frustrante para o CEO Jeff Bezos.

Quase todos os anos, Jeff passava uma semana off-line, que dedicava a pensar sobre o negócio. Era uma maneira de rever os princípios e anotar as ideias, o que costumava resultar em uma série de documentos de uma página com novas ideias que ele levava para sua equipe de liderança. Rick conta que, em 2001, Jeff saiu para seu retiro pensando na desaceleração da inovação na Amazon. E ele voltou com uma ideia simples: se as equipes fossem organizadas para ser pequenas como startups, empoderadas para criar as próprias regras e responsáveis pelo próprio código, elas poderiam se mover com mais rapidez e voltar a agir como startups, como nas origens da Amazon. Jeff lembrou que naquela época dava para alimentar a equipe inteira com duas pizzas. Mas, para trabalhar juntas, as pessoas precisariam construir um monte de APIs a fim de interagir entre si. Isso daria independência às equipes e o relacionamento entre elas seria formalizado com a tecnologia. A "equipe de duas pizzas" nasceu desse documento de uma página. Rick consultou seus líderes e, em uma semana, transformou a ideia inicial de Jeff em um plano viável de seis páginas que a Amazon adotou rapidamente.

Equipes de doze bagels

Na Twilio, já tínhamos começado a nos organizar em pequenas equipes. E aquela conversa que tive com Dave Schappell em 2012 confirmou na minha cabeça que essa realmente era a melhor maneira de escalar a empresa sem perder nossa vantagem.

A Twilio nasceu com três pessoas: Evan, John e eu, os três desenvolvedores-fundadores. Em uma empresa minúscula como essa, era fácil saber tudo o que acontecia. Um dia de trabalho podia incluir ter alguma ideia nova, escrever um código, dar suporte aos clientes por e-mail ou telefone, pagar as contas e até ir a uma papelaria comprar material de escritório. Vivíamos construindo aplicativos de demonstração com base em nossas APIs, de modo que sabíamos o tipo de experiência que nossos clientes estavam tendo. Quando dávamos suporte aos clientes, tínhamos a chance de entender melhor o que eles estavam tentando fazer, o que poderíamos melhorar e onde precisávamos investir mais.

Certa vez, um cliente relatou, pelo Twitter, um bug e eu escrevi o patch em cinco minutos — mas adiei o *deploy* para o dia seguinte a fim de dar a impressão de sermos uma empresa maior. Foi só uma correção de bug, mas já aconteceu de transformarmos insights dos clientes em produtos completos em questão de dias. Um desses produtos é o nosso sistema de "subcontas", que permite que os desenvolvedores segmentem sua utilização da Twilio em vários *buckets* — é um recurso útil para empresas de software que empregam a Twilio para desenvolver seu software e que têm muitos clientes usando seus aplicativos. Percebemos que seria interessante oferecer esse recurso, criei-o em uma noite e fiz o *deploy* no dia seguinte.

Quando Evan, John e eu precisávamos tomar uma decisão, normalmente isso acontecia bem rápido. Passávamos os dias mergulhados em conversas com os clientes, trabalhando na arquitetura do nosso software e em como tudo se encaixava. Tínhamos como pensar nos efeitos das nossas decisões com o tempo. Apesar de cada um de nós ter sua área de especialização (Evan construiu grande parte da infraestrutura, John escreveu grande parte dos principais serviços essenciais e eu escrevi grande parte das camadas de faturamento, API e web), nós três tínhamos conhecimento suficiente para pensar como um cérebro só. Quando vocês têm tudo na cabeça e trabalham juntos todos os dias, o progresso pode ser incrivelmente rápido. Este é o poder de uma pequena equipe: vocês não precisam usar intermediários e conseguem resolver diretamente os problemas dos clientes com seu código.

Essa é a magia que faz com que as startups sejam tão especiais e produtivas. Quase não há excesso para gerenciar, a energia necessária para a coordenação é mínima e as pessoas tendem a ser muito motivadas devido à grande proximidade com os clientes e, portanto, com a missão. As startups podem ter sucesso ou fracasso dependendo de muitos fatores, mas a motivação e a velocidade não costumam ser problemas. Quem não gostaria de ter esse tipo de energia na companhia? Nunca conheci um líder que não quisesse que seus funcionários sentissem tamanha motivação para o sucesso, mas a maneira como costumamos estruturar nossas empresas priva os funcionários dos fatores necessários para isso acontecer. Nossos organogramas isolam os colaboradores dos clientes, nossos processos tiram o poder de decisão dos funcionários e o sucesso passa a ser conseguir navegar pela organização em vez de atender bem os clientes. Quase todas as empresas sucumbem a esse destino de um jeito ou de outro à medida que crescem.

Nas origens da Twilio, nós três conversávamos toda segunda-feira no meio da manhã e criei o hábito de parar a caminho do trabalho para comprar bagels — três bagels, para ser exato. Nossa reunião semanal começou a crescer conforme a empresa crescia, e o número de bagels que eu comprava também. Não demorou para eu comprar meia dúzia por semana. Depois, uma dúzia. Depois, duas dúzias. E três dúzias. À medida que o número de bagels aumentava, percebi que estava ficando cada vez mais difícil saber tudo o que acontecia na empresa. (Também estava ficando cada vez mais difícil carregar os bagels.) Igualmente notei que a maneira como vínhamos administrando a companhia não estava mais funcionando tão bem. As pessoas não conseguiam mais ver o todo e não tinham como criar um plano completo como fazíamos no começo. Os funcionários começaram a se dividir em silos. Os engenheiros não conversavam diretamente com os clientes; só a equipe de atendimento fazia isso. Algumas pessoas trabalhavam no nosso primeiro produto, o Twilio Voice, enquanto outras começaram a construir o segundo, o Twilio SMS, e outras trabalhavam na construção da infraestrutura. Cada pessoa sabia o que estava fazendo, mas ninguém tinha uma ideia do todo. Da mesma forma, percebi que os novos funcionários não estavam tendo a mesma experiência que nós tivemos — muitos dos novos desenvolvedores não trabalhavam em pedidos de suporte e nosso novo pessoal de suporte não tinha trabalhado no desenvolvimento de um aplicativo para conhecer o produto de cabo a rabo.

Com umas trinta pessoas na equipe, o sentimento era de frustração. Não estava claro por que os colaboradores não conseguiam ver o todo como Evan, John e eu fazíamos no começo. Um dia, eu estava em um encontro de CEOs organizado por um de meus primeiros investidores, Albert Wenger, da Union Square Ventures (USV). Quando me perguntaram como as coisas estavam indo, dei uma resposta sincera (como costumo fazer): "Não vou dizer que está indo tudo às mil maravilhas. Parece que nada mais está funcionando na equipe". Fred Wilson, um dos cofundadores da USV, me pediu para desenhar o organograma, o que eu nunca tinha feito antes.

Peguei uma caneta hidrográfica e desenhei no quadro branco:

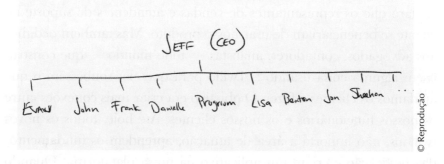

E passei um tempo desenhando. Uma grande linha horizontal com umas trinta pessoas, todas subordinadas a mim!

"Esse é o seu problema", Albert declarou. Eu nunca tinha pensado no organograma antes. Nós só estávamos contratando pessoas

Equipes pequenas e líderes single-threaded 213

e botando todas para se reportar a mim. Quando escrevi o nome de umas dez, ficou claro que o organograma em linha reta era a causa da nossa disfunção. O problema é que a equipe tinha crescido demais e, em consequência, perdeu a capacidade de internalizar tudo o que a empresa estava fazendo. Saí daquele encontro com a ideia de dividir a companhia em equipes menores, mas como fazer essa divisão?

Uma solução seria separar as coisas por áreas — o pessoal de suporte, os desenvolvedores, os gerentes de produto e assim por diante. Mas, pensando na época em que Evan, John e eu dávamos suporte aos clientes, criávamos produtos e escrevíamos código, eu queria dar um jeito de replicar a experiência para a equipe toda conforme crescíamos.

Começamos instituindo a ideia de que todos os funcionários trabalhariam um pouco no suporte aos clientes — não em tempo integral, mas o suficiente para manter uma conexão com os consumidores. Passamos a pedir que todos os novos colaboradores atendessem cinquenta pedidos de suporte nas primeiras semanas para conhecer nossos clientes, nosso produto e nossa abordagem de atendimento. Também começamos a pedir que todos os novos funcionários criassem um aplicativo usando a Twilio — não só os desenvolvedores, mas todo mundo. É claro que os representantes de vendas e atendentes de suporte ao cliente se beneficiariam de usar nosso produto. Mas também pedimos aos advogados, contadores, analistas — todo mundo — que construíssem alguma coisa usando a Twilio para que eles soubessem o que ajudamos os clientes a fazer. O objetivo era criar mais conexões entre os nossos funcionários e os nossos clientes. Até hoje, todos os novos twilions, não importa a área de atuação, aprendem os fundamentos da codificação e criam um aplicativo na nossa plataforma. Quando terminam, eles ganham uma jaqueta vermelha da Twilio — um verdadeiro distintivo de honra!

A mudança mais importante aconteceu quando começamos a estruturar a companhia em pequenas equipes. Pegamos umas trinta pessoas e dividimos quase todas em três grupos: Twilio Voice (nosso produto existente), Twilio SMS (nosso próximo produto) e Twilio Infrastructure (nossas plataformas internas) — sendo que cada equipe podia ser alimentada com uma dúzia de bagels (para manter a tradição).

Pode não parecer um grande golpe de gênio ter estruturado a empresa desse jeito naquele momento, mas, conforme essas equipes cresciam, repetíamos o processo, dividindo-as continuamente em pequenas startups. É fácil fazer isso quando você tem dois produtos e alguma infraestrutura. Mas separar o time repetidamente ao longo dos anos é mais difícil do que parece porque são milhares as maneiras de executar essa ideia. Veja o que aprendemos nos últimos dez anos, quando escalamos dessas três equipes iniciais para as 150 pequenas de P&D que temos hoje.

Cliente, missão e métricas

Para uma equipe manter a motivação de uma startup, as pessoas precisam de princípios organizadores que articulem seu propósito. Eu costumo começar definindo o cliente que elas estão encarregadas de atender. Pode ser um externo no sentido tradicional ou pode ser um interno, da própria empresa. Para uma equipe voltada ao produto, talvez faça sentido identificar o segmento de clientes, ou a persona. Por exemplo, essa equipe está criando soluções para microempresas e aquela, para consumidores individuais. Não é muito difícil pensar nesses termos. Mas não é tão claro quando se trata de uma equipe interna, o que faz com que seja ainda mais importante articular e documentar o que essas pessoas fazem. Por exemplo, a equipe da Twilio Infrastructure, que trabalha na nossa infraestrutura interna, declarou explicitamente que seus "clientes" eram os outros desenvolvedores da Twilio. Com isso, as pessoas sabem com clareza por que vão ao trabalho todos os dias. Se precisarem de orientação, elas devem perguntar a seus consumidores quais são seus maiores problemas. Na falta de um cliente definido, quem decide o que as pessoas devem fazer é a voz mais alta ou o cargo mais alto. Mas delinear bem o público fundamenta o trabalho da equipe em conversar com ele para descobrir as verdades.

Depois de definir um cliente, você define uma missão. Não se trata de um exercício de marketing, como muitas declarações de missão de empresas. Estamos falando de um propósito essencial com o qual a equipe concorda e que pode orientar o alinhamento das pessoas. Para um time de infraestrutura, a missão pode ser "maximizar a produtividade dos nossos engenheiros na construção, no teste, no lançamento e na operação de produtos de alta qualidade na escala da internet". A declaração de missão deve ser acessível, fácil de lembrar e verbalizar e deve evitar jargões para que todas as pessoas da equipe possam realmente se alinhar em torno dela.

Por fim, para analisar o progresso com relação a essa missão e saber se a existência da equipe de fato está ajudando os clientes, é preciso haver medidas de sucesso. Muitas empresas usariam sistemas como a metodologia de objetivos e resultados-chave e a administração por objetivos. Não importa o nome que você use para elas, acredito que as métricas devem ser escolhidas tendo em vista o longo prazo e a possibilidade de serem usadas para contar a história do progresso em direção à missão — em oposição a metas que mudam de um trimestre para o outro. Por exemplo, no início da Twilio Infrastructure, nosso sistema de compilação, que gera um pacote com nosso código para fazer o *deploy* nos servidores, estava terrivelmente quebrado. Chegava a levar metade do dia para construir e fazer o *deploy* do nosso software e, na metade das vezes, o *build* podia falhar por razões desconhecidas. O problema da infraestrutura estava drenando a produtividade dos desenvolvedores. Tendo isso em vista, a equipe da Twilio Infrastructure definiu a métrica de "tempo desde o recebimento até o *deploy* do código". Em curto prazo, ficou claro que eles precisariam fazer uma limpeza, mas, em longo prazo, essa é uma medida clara da produtividade da engenharia que pode ser impactada pela equipe de infraestrutura. Observe que a métrica definida não foi "consertar o sistema de compilação" ou "reduzir os erros de 50% para 5%", porque essas medidas representam projetos de curto prazo, não medidas de progresso de longo prazo em direção à missão.

Para uma equipe de produto voltada ao cliente, é um pouco mais fácil fazer tudo isso. Por exemplo, o time da Twilio SMS sabia que seus consumidores são outros desenvolvedores de software e as empresas onde eles trabalham. Desse modo, a missão que eles definiram foi ser "a API de mensagens omnicanal líder mundial que desenvolvedores e empresas do mundo todo usam com confiança" e as principais medidas de sucesso foram receita, número de clientes, tempo de atividade (*uptime*) e latência da API e *net promoter score* (pontuação líquida de recomendação) de clientes.

Com um perfil de cliente bem traçado, uma missão clara e métricas de sucesso, a equipe pode trabalhar com foco e impulsionada por sua motivação intrínseca. Esses três fatores não são definidos pelos executivos na sala do conselho, mas pela própria equipe. Com isso, cada integrante dela pode responsabilizar-se pessoalmente pelos resultados.

A outra vantagem de uma equipe pequena e motivada é que ninguém tem onde se esconder. Se você não passar de mais uma engrenagem em uma máquina, ou mais uma das dezenas ou centenas de pessoas trabalhando em um projeto, é fácil achar que sua contribuição não vai fazer muita diferença, o que afeta o moral e não mobiliza ao máximo as habilidades e talentos de cada um dos funcionários. Nesse esquema, é fácil para um colaborador de baixo desempenho, ou que não tem qualquer engajamento com o trabalho, fazer corpo mole. Mas, em um time pequeno de cinco a dez pessoas, nada disso é possível. Todos têm um papel importante a desempenhar e não há muito espaço para quem não estiver dando tudo de si (e, pode acreditar, isso fica muito claro).

Definir o cliente, a missão e as métricas é a base das equipes pequenas.

Mitose

Sua equipe crescerá à medida que a empresa cresce. Mas como você pode manter suas equipes pequenas enquanto a empresa cresce? Quando você tem uma razão de 1:1 entre produto e equipe e precisa abrir uma nova iniciativa, a resposta é fácil: investir em uma pequena equipe para resolver um novo problema. Mas o que fazer quando, por exemplo, você tem um produto cujo time e escopo estão crescendo? Por exemplo, nossa equipe da Twilio SMS começou com poucas pessoas em 2010, mas hoje consiste em centenas de engenheiros. Como escalamos a Twilio SMS usando times pequenos? Fizemos isso usando a abordagem da mitose.

Uma equipe começa pequena, digamos, com cinco pessoas. Conforme ela cresce e se aproxima da marca de dez, começamos a planejar como poderá ser dividida em duas. A grande questão normalmente é como fazer essa divisão. A resposta depende da situação. Pode ser por função do produto, por camadas de funcionalidade, por segmento de clientes — mas o mais importante é não deixar o time perder de vista o cliente, a missão, as métricas e o código-fonte. O fator mais difícil é o código-fonte, porque você precisa planejar com antecedência. São grandes as chances de o sistema ter sido construído como um grande código-fonte e, para dividir suas equipes, você vai precisar fazer a refatoração do sistema em dois códigos nos quais cada equipe poderá trabalhar de forma independente. Isso leva tempo e essas divisões de equipe costumam ser planejadas com pelo menos seis meses de antecedência. Mas uma vantagem é que você está sempre investindo em seu código-fonte, fazendo a refatoração em microsserviços e corrigindo problemas no processo. É como uma grande faxina anual para manter a organização e a eficiência de uma equipe e um produto que estão crescendo rapidamente. Assim, seu código-fonte fica sempre alinhado com suas equipes, que, por sua vez, permanecem atualizadas com as necessidades do cliente.

Vejamos um exemplo: a Twilio Voice começou como uma única equipe. Mas, quando o número de integrantes se aproximou de quinze pessoas, soubemos que ela precisaria ser dividida. O produto tinha dois aspectos principais: conectividade com as redes de telefonia do mundo e as APIs que ficam por cima dessas conexões e permitem aos clientes criar interações dinâmicas como conversão de texto em voz, reprodução de áudio e teleconferência. Na camada da conectividade, os clientes querem alcance global e um bom custo-benefício. Na camada das APIs, os clientes querem funcionalidades como pontes de audioconferência que podem ser escaladas para centenas de pessoas ou conversão de texto em voz mais realista. Essa foi uma maneira natural de dividir o produto em duas equipes. Nós as chamamos de Voice Connectivity (conectividade de voz) e Programmable Voice (voz programável). Desse modo, tivemos de separar o código nessas duas partes do produto Twilio Voice, o que acabou nos permitindo integrar e testar novas operadoras e escalar nossos data centers ao redor do mundo com muito mais rapidez. A velocidade do desenvolvimento de funcionalidades também aumentou porque esses times não precisaram mais se preocupar com as interconexões com as operadoras. E, com uma equipe dedicada exclusivamente às necessidades de conectividade de voz dos clientes, eles perceberam que a conectividade em si poderia ser um produto independente. Em 2014, essa equipe lançou seu novo produto inovador, a Twilio Elastic SIP Trunking, que hoje atende mais de seis mil clientes independentes do nosso produto Programmable Voice. Assim, a divisão não só forçou uma revisão muito saudável da arquitetura como também permitiu que nossas equipes se concentrassem de maneira independente nas respectivas necessidades dos clientes, resultando até em um novo fluxo de receita para a empresa.

Líderes *single-threaded* e tomada de decisão agilizada

A última e talvez a mais importante parte de escalar pequenas equipes é, como seria de se esperar, a liderança. Se você quer ter equipes pequenas focadas em uma missão, empoderadas para tomar decisões difíceis e dedicadas a atender os clientes com agilidade, é indispensável ter uma boa liderança. Chamamos esses líderes de "*single-threaded*" porque eles acordam todo dia de manhã com uma coisa única coisa em mente: como sua equipe pode vencer. (Os *threads* são unidades de execução em um programa de computador — um programa *multi-threaded* faz muitas coisas ao mesmo tempo, enquanto um programa *single-threaded* se concentra em só uma.) Pode parecer óbvio, mas a maioria das estruturas corporativas não viabiliza isso. O mais comum é a companhia ter um executivo de alto escalão, talvez um vice-presidente, a quem as áreas de produto e engenharia reportam. É esse executivo que acaba tomando as decisões mais importantes que afetam as equipes de linha de frente, que, por sua vez, são forçadas a incorporar em seus planos os objetivos definidos pelo executivo. A outra abordagem comum para gerenciar uma equipe pequena é ter duas pessoas na liderança — normalmente um gerente de produto e um de engenharia. Isso é muito comum. É assim que o Google faz, por exemplo. O problema é que, com uma estrutura como essa, ninguém sabe ao certo quem é o responsável e ninguém consegue abrir o caminho para o progresso. Em uma startup, pode haver vários fundadores e membros da equipe, mas só um CEO que se responsabiliza por tudo.

Muitas empresas falam de empoderamento, mas, no fim, não arriscam o suficiente para dar aos líderes a liberdade necessária. Os executivos ficam preocupados demais com o próprio sucesso para realmente permitir que as pessoas que reportam a eles sejam verdadeiramente empoderadas. Falamos de empoderamento, mas não confiamos nas decisões das nossas equipes. Como líder, você pode estar se perguntando: Como posso empoderar equipes pequenas e confiar que elas vão fazer o trabalho direito quando minha carreira está em jogo? Como posso *não* vetar uma decisão equivocada que minha equipe está tomando? Como posso me afastar e deixar as equipes trabalharem sem controlar os detalhes?

Tivemos esse problema na Twilio quando contratamos vice-presidentes de engenharia e de produto. Ou eles interferiam demais, vetando as decisões de suas equipes e basicamente lhes tirando a autonomia, ou faziam o contrário, esperando resultados de braços cruzados porque suas equipes são empoderadas e podem fazer o que quiserem. É claro que nenhuma dessas duas posturas é ideal.

Eu os orientei dizendo: "Eu sou o CEO da empresa e nosso capital é aberto, então sou eu que preciso responder ao conselho e aos investidores". Se tivermos um bom trimestre, eu reporto isso a eles, mas, se tivermos um trimestre ruim, eu não digo: "Então, o que aconteceu foi que um diretor de produto tomou uma decisão errada... Vou chamá-lo aqui para ele explicar a vocês". Os resultados da empresa são responsabilidade minha. É meu trabalho prestar contas deles e obtenho bons ganhos contratando e empoderando líderes *single-threaded* e liderando pequenas equipes que trabalham em proximidade com os problemas. A melhor coisa que você pode fazer é treinar as pessoas para ouvir os clientes e tomar boas decisões. Acho que é assim que vou atingir meu objetivo, mas é claro que tenho muito em jogo.

Você pode até ver algumas decisões menos do que ideais sendo tomadas, mas pondera o custo de intervir e mostrar que não confia nos seus líderes com o de permitir que essas decisões sejam executadas. Se a decisão compromete a saúde da empresa ou causa danos persistentes aos clientes, você provavelmente deveria intervir. O problema é que acontece muito de os líderes intervirem em decisões irrelevantes e sem grandes consequências. Essa tendência é chamada de "lei da trivialidade".

De acordo com a lei da trivialidade, executivos e gerentes tendem a dar uma importância desproporcional a questões banais. Vejamos um exemplo. Imagine que você faz parte de um comitê do governo responsável pela construção de um reator nuclear. Os engenheiros precisam que o comitê decida qual tipo construir: um de água pressurizada, um de água fervente ou um de água leve. Eles podem dar sugestões e recomendações ao comitê. Como você não é especialista em projetos de reatores nucleares, provavelmente não vai entrar nos detalhes técnicos e tenderá a aceitar as recomendações dos engenheiros especializados. Mas, se eles perguntarem ao comitê de que cor deveriam pintar o bicicletário no estacionamento do reator nuclear, vocês entrarão em uma grande discussão com cada membro do comitê tentando agregar valor e expressar sua opinião. Em outras palavras, a lei da trivialidade é a tendência dos não especialistas no comando de gastar muita energia decidindo detalhes sem importância por desconhecerem o contexto para tomar as decisões mais importantes.

Dito isso, é natural que os líderes queiram "delegar para cima". É uma maneira de checar se as decisões fazem sentido, mas, no caso das decisões mais difíceis, costuma ser mais fácil jogar a decisão no colo do chefe. O problema é que fazer isso é fugir da responsabilidade, o que não ajuda a criar uma cultura de líderes empoderados. Como líder, eu procuro direcionar mais perguntas do que dar respostas. Meu objetivo é fazer com que os líderes *single-threaded* assumam a responsabilidade pelo que fazem ao mesmo tempo que os ajudo a encontrar respostas para as próprias perguntas. Estou longe de ser perfeito e não é raro eu cair na armadilha de tomar a decisão quando me pedem, mas meu objetivo é ajudar os líderes a chegar a suas soluções.

Na ausência de líderes *single-threaded* com autonomia para tomar as decisões, as empresas acabam com outras estruturas de tomada de decisão que, a meu ver, são menos eficazes. Você já pode ter ouvido falar da metodologia RAPID®, que é um dos vários sistemas criados para ajudar as organizações a esclarecer "de quem é a D" — ou decisão. A RAPID® foi criada pela Bain como uma ferramenta para esclarecer quem está à frente da decisão, atribuindo responsáveis pelas cinco principais etapas: recomendar, concordar, executar, contribuir e decidir (*recommend, agree, perform, input, decide,* em inglês).

Na Twilio, testamos a RAPID® em partes da organização, mas notamos que a eficácia se perde quando um sexto fator silencioso entra em jogo: o V (veto). Vocês podem seguir à risca a metodologia RAPID®, mas, se sempre houver um gestor que pode simplesmente vetar tudo, a pessoa que, de acordo com o modelo, é responsável pela decisão na verdade não tem autonomia para decidir. Não é assim que se empodera um líder *single-threaded*. Você *diz* que seus líderes têm a autoridade para tomar decisões, mas, se duvidar delas ou, pior, vetá-las, você está longe de colocar seu discurso na prática. Eles terão medo de tomar decisões e delegarão a maioria delas a você. Acho que há poucas maneiras melhores de destruir a motivação das pessoas.

Então qual é a solução? As pessoas se sentem empoderadas e informadas em função da proximidade delas com o tomador de decisão, que na prática acontece assim:

- Se você é o tomador de decisões, tem total autonomia.
- Se o seu chefe toma a decisão, você provavelmente conhece o processo que o leva até ela, é incluído nas conversas que a embasam e provavelmente concordará com ela.
- Se alguém distante, com quem você raramente interage ou nem conhece, toma uma decisão que te afeta, você passa a se vitimizar. As coisas estão sendo feitas *a* você, não *com* você. Você começa a se ver como uma parte passiva do processo e a acreditar que não tem autonomia nem conta com a confiança dos outros.

Usar equipes pequenas encabeçadas por líderes *single-threaded* ajuda a reduzir as chances de as pessoas se encontrarem na terceira posição: sentindo-se impotentes e vitimizadas por decisões das quais discordam.

A falácia da colaboração melhor

Um problema que você não vai demorar a encontrar ao escalar a empresa dividindo-a em um monte de equipes pequenas e autônomas é a maneira como elas coordenam o trabalho. Quanto mais equipes você tiver, e quanto mais autônomas elas forem, menos elas tenderão a colaborar entre si, o que deixará muitos líderes frustrados. Tanto que, quando as coisas não vão de vento em popa em uma empresa, é comum os líderes clamarem: "Precisamos de uma colaboração melhor!". E, apesar de parecer uma boa ideia, não é realista dizer que tudo o que as pessoas precisam fazer é administrar melhor seus milhares de relacionamentos com outras pessoas e equipes. O sistema todo e a agilidade entrariam em colapso sob o peso disso tudo. Não é surpresa alguma que as reuniões simplesmente se multipliquem como chuchu na serra e a maioria dos funcionários perca o brilho nos olhos.

É o que chamo de "falácia da colaboração melhor".

É possível que equipes pequenas precisem de menos colaboração porque, tal qual uma startup, elas teoricamente conseguem focar seu tempo e sua atenção no cliente delas e no pequeno número de pessoas que trabalham com elas para concretizar a missão. Mas é claro que as equipes terão de interagir umas com as outras para fazer qualquer trabalho significativo.

Desse modo, é importante formalizar os relacionamentos entre as equipes em termos de "contratos de serviço". Imagine cada time como se fosse literalmente uma startup diferente, com um produto bem definido e preços claros. Imagine como seria o site de outro, descrevendo os produtos, com um botão "Fale conosco" se você precisasse de mais informações ou "Comece agora" se você quisesse algum de seus produtos. Ao cruzar fronteiras corporativas, é necessário firmar contratos como esses — o produto deve ser claro e os dois lados devem concordar com o preço. Mas, dentro de uma empresa, tudo isso é vago. Se cada equipe expuser às outras uma noção formalizada de "Nós fazemos X e vocês podem contratar nossos serviços fazendo Y", o custo da coordenação será reduzido. É uma forma de padronizar as interações, transformando-as em um processo claro e escalável. Você pode até colocar uma "etiqueta de preço" nos seus serviços, para ajudar na contabilidade interna e no planejamento de recursos.

Nas equipes de tecnologia, essas interfaces geralmente são APIs e uma boa documentação. Quando a equipe da Programmable Voice (voz programável) precisa fazer uma ligação internacional, eles fazem uma solicitação de API à camada da Voice Connectivity (conectividade de voz) para iniciar a chamada. Esse contrato de serviço bem definido entre as equipes fornece uma maneira estável, previsível e documentada para elas interagirem entre si e até contabilizar o custo dos serviços envolvidos. Mas essa prática não precisa se limitar às equipes de tecnologia. Você também pode implementar princípios como esses em outras partes da organização. Por exemplo, seu departamento jurídico deve passar muito tempo negociando contratos para clientes em parceria com vendas, mas existe uma "API" clara para reger a interação entre elas? Como um novo contrato é submetido? Como o progresso é monitorado? Quanto "custa" contratar um advogado interno e como inserir esse valor no custo das vendas? Uma possível solução seria o time jurídico fornecer uma plataforma *self-service* em que os vendedores poderiam pegar modelos prontos sem precisar do envolvimento de um advogado. Seria um excelente produto! Muitos vendedores adorariam a ideia, pois aceleraria seus ciclos de negociação ao mesmo tempo que exigiria menos "colaboração" da equipe jurídica.

Veja outro exemplo criativo: alguns anos atrás, uma máquina de venda automática apareceu no nosso escritório, repleta de teclados, mouses, fontes de laptop e outros periféricos e dispositivos de informática. Em vez de usar dinheiro, basta o funcionário passar seu crachá para obter o equipamento necessário (os gastos são monitorados para fins de contabilidade e moderação). Foi um jeito que nossa equipe de TI bolou para criar um novo contrato de serviço com os funcionários. Em vez de obrigar uma multidão a ir ao balcão de atendimento de TI todos os dias para pedir um novo dongle ou teclado, eles criaram uma interface bem definida (a máquina de venda automática), um processo claro (basta escolher o produto, passar o crachá e pegar o produto) e até uma etiqueta de preço. É uma forma de interação criativa entre duas equipes que oferece uma interface padronizada para elas trabalharem juntas.

Nessa mesma linha, seria possível escolher o "produto" de uma equipe interna, ou até um fornecedor externo que ofereça o mesmo serviço talvez a um preço melhor, com mais funcionalidades ou um atendimento melhor. Quando todos têm excelentes interfaces, os times podem selecionar a melhor ferramenta para fazer seu trabalho ao mesmo tempo que são forçados a melhorar sempre para "conquistar" os clientes internos. Algumas condições precisam ser cumpridas para que uma equipe escolha uma opção externa, como pisos mínimos de segurança ou confiabilidade. Mas, na presença dessas condições, cada equipe acaba com mais autonomia para atender seu cliente. Por isso é importante incluir o custo na interface. Se outra equipe não vir uma etiqueta de preço no produto ou serviço, ela pode achar que é "grátis" quando na verdade não é. Se você quer que uma equipe pequena aja como uma startup, usar a "receita" como uma medida de sucesso ajuda a esclarecer as coisas. Caso contrário, ter mais equipes debaixo da saia da empresa só gera mais trabalho e custo.

Com essa abordagem, cada equipe pode pensar no que faz em termos de um produto ou serviço criado para atender os clientes internos da mesma maneira como fazemos com os externos. Se você trabalha na equipe jurídica, seu produto são contratos jurídicos que protegem a empresa, mas lhe possibilitam crescer, e seus clientes são a equipe de vendas e os consumidores finais da companhia. Se você conseguir adotar essa abordagem de software/produto, encontrando uma maneira de atender esses clientes e fazendo rápidas iterações para melhorar constantemente o atendimento, será muito melhor do que tentar resolver o problema contratando mais pessoas indefinidamente — e, é claro, com mais funcionários vem mais complexidade (como vimos, ela aumenta exponencialmente à medida que o número de colaboradores cresce).

A meu ver, o objetivo não é uma colaboração melhor, mas *menos* colaboração. As melhores empresas não dizem: "Preciso melhorar o suporte ao cliente". Elas dizem: "Precisamos reduzir a necessidade de os clientes pedirem suporte". Da mesma forma, as melhores empresas reduzem a necessidade de colaboração entre equipes e pessoas, padronizando ou "produtizando" as interações entre elas. Assim, as equipes podem passar mais tempo inovando e menos tempo em reuniões de coordenação interna. A ideia é tratar outras partes da companhia como clientes, não como colaboradores.

Crie uma equipe capaz de agir como um único cérebro

Você se lembra do Patio11, que conhecemos no Capítulo 4? Ele usa uma excelente analogia para explicar como armar uma pequena equipe bem-sucedida: montar um único cérebro composto de todas as áreas necessárias. Essa abordagem evita o que ele considera um grande problema, apesar de ser uma prática muito comum: isolar os desenvolvedores dos processos de negócio. Como ele explica: "Esse é um problema de design organizacional em muitos sentidos. As empresas costumam dizer: 'Certo, temos uma unidade de negócio aqui e uma equipe de engenharia na empresa em outro lugar e as duas têm uma interface'". Essa "interface", que Patio11 vê com certa desconfiança, são os documentos de requisitos do produto, os quadros Kanban ou outros sistemas para colar tarefas na parede em post-its coloridos. O problema é que essas práticas tendem a criar uma certa rivalidade entre as equipes porque o pessoal do software planeja o cronograma e trabalha de acordo, mas — como sempre acontece — os requisitos mudam no meio do caminho. E aí uma equipe começa a acusar e culpar a outra. Como Patio11 explica: "As pessoas que estão trabalhando no software dizem: 'Vocês estão mudando as regras do jogo sem nos consultar e tudo o que fizemos até este ponto vai ter de ir para o lixo. Agora vai atrasar tudo. Os idiotas da unidade de negócio não têm noção de como se escreve um software'. Enquanto isso, o pessoal da unidade de negócio diz: 'Os idiotas da engenharia prometeram que o sistema estaria concluído em março. Já estamos em fevereiro e o sistema está longe de ficar pronto'".

Para resumir, Patio11 conclui: "Os desenvolvedores são de Marte, os analistas de requisitos são de Vênus e os dois nunca vão conseguir se dar bem". Essa estrutura e esse resultado previsível estão incorporados em todas as empresas nas quais alguém decidiu colocar as pessoas que fazem o trabalho em uma unidade separada, com incentivos separados, das que decidem qual trabalho deve ser feito.

Mas não precisa ser assim. É aqui que as pequenas equipes *multidisciplinares* entram.

A Stripe, onde Patio11 trabalha hoje, tem se destacado há um bom tempo em colocar desenvolvedores e executivos na mesma equipe para atuar em projetos. Mas, ao montar a equipe encarregada de desenvolver a Atlas, um aplicativo que possibilita a microempreendedores criar uma pessoa jurídica com apenas alguns cliques, eles foram ainda mais longe em termos de combinar funções. Para esse projeto, eles juntaram não só desenvolvedores e executivos como também incluíram pessoas de atendimento ao cliente, do jurídico e do marketing. Além disso, eles literalmente os colocaram na mesma sala.

Os benefícios só em termos de eficiência são enormes. Veja como Patio11 descreve apenas um resultado: "O pessoal do jurídico da Atlas trabalhava ao lado da equipe de engenharia. O produto tinha muitas implicações legais. Quando alguém tinha uma pergunta como: 'Será que o texto dessa página está bom?', a pessoa poderia simplesmente se virar para o advogado e perguntar: 'Ei, você pode dar uma olhada aqui para ver se tem algum problema legal neste texto? Eu quero dizer isso e aquilo. Posso colocar isso no site?'. E o advogado poderia dizer: 'Deixe eu dar uma olhada. Por que precisamos dizer isso? Daria para passar a mesma mensagem de algum outro jeito?'". E eles passariam cinco minutos pensando juntos até chegar à melhor solução.

Compare isso com o processo normal, no qual um desenvolvedor passa uns três meses trabalhando e submete o projeto a uma revisão.

Nesse ponto, "é inviável mudar as premissas que foram incorporadas em inúmeras telas e no fluxo entre elas", Patio11 explica. "Você está preso a essas premissas e tudo o que pode fazer é tentar remendar os mal-entendidos jurídicos mudando o palavreado dessas telas do jeito que der". É por isso que faz tanto sentido reunir todos em uma única equipe e até eliminar a distância física e organizacional entre eles. Isso possibilita identificar mal-entendidos e decisões equivocadas desde o início do processo.

E faz maravilhas para o moral. Todas as pessoas da Atlas se identificam, antes de mais nada, como membros da equipe da Atlas e não como integrantes de uma área, como jurídico, marketing ou engenharia. Em vez de dizer: "Meu nome é Susan. Eu sou das Operações do Usuário e fui alocada para trabalhar na Atlas", ela diria: "Meu nome é Susan. Sou da Atlas e trabalho em Operações do Usuário". (Operações do Usuário é como a Stripe chama o suporte.) Em outras palavras, a tribo de Susan não é a Stripe nem a equipe de Operações do Usuário, é a Atlas. O suporte é um excelente exemplo de uma área de linha de frente que as empresas costumam distanciar, ou até isolar, do pessoal que está construindo o produto. O problema é que as pessoas podem acabar se vendo como meras engrenagens em uma máquina. "As pessoas pensam: 'Tudo o que eu faço aqui é receber e resolver pedidos de suporte'. Acaba sendo exaustivo depois de um tempo e a rotatividade de funcionários dessa área costuma ser muito alta", diz Patio11.

A história é bem diferente na equipe da Atlas. As pessoas são tão engajadas na Atlas que algumas chegam a recusar transferências, mesmo se incluírem oportunidades de avanço profissional, porque preferem ficar com sua tribo. Melhor ainda, elas sentem essa mesma conexão com seus clientes, criando um ciclo de feedback que é "melhor do que qualquer equipe na qual eu já trabalhei", diz Patio11.

Com esse ciclo de feedback estreito e o senso de responsabilidade que as pessoas de todas as diferentes áreas têm com relação aos resultados da Atlas, os engenheiros da equipe podem dar o que os clientes querem — e, melhor ainda, quase imediatamente. Vejamos um exemplo. No começo, o serviço da Atlas tinha como único objetivo ajudar as startups a criar pessoas jurídicas no estado de Delaware. É um ótimo objetivo, mas, como você pode imaginar, abrir uma pessoa jurídica é só o primeiro passo de um intricado labirinto de regras do governo que os empresários são obrigados a percorrer. Em vista disso, os clientes começaram a recorrer à Atlas em busca de ajuda em outras áreas da burocracia governamental, o que quase sempre acaba tirando o foco dos empresários de seu objetivo principal, que é desenvolver a empresa.

Era novembro de 2017, cerca de um ano depois do lançamento da Atlas, e em uma reunião da equipe o pessoal de Operações do Usuário comentou que os clientes estavam fazendo muitas perguntas sobre "impostos". Patio11 ficou intrigado e perguntou sobre que tipo de imposto os clientes estavam perguntando — sobre serviços, de renda, previdência social e por aí vai — e o representante de Operações do Usuário respondeu: "Algo chamado imposto de franquia...?".

Por ser um empreendedor em série, Patio11 imediatamente se lembrou da enorme chateação de calcular o imposto de franquia que as empresas precisam pagar para ter operações em determinados estados americanos, inclusive Delaware. E fazia sentido as Operações do Usuário estarem recebendo tantas perguntas dos clientes, já que o Conselho do Imposto de Franquia do Estado de Delaware tinha acabado de enviar a mensagem anual a todas as empresas que tinham operações no estado com grandes e muitas vezes incorretas cobranças tributárias. Os usuários estavam recorrendo à Atlas, que cuidou da abertura da pessoa jurídica com a promessa de resolver toda a burocracia.

A equipe elaborou uma resposta temporária para evitar que os clientes tivessem de escrever para pedir ajuda da Atlas. "Criamos um recurso no aplicativo para auxiliar as pessoas a pagar o imposto de franquia do estado de Delaware, mas elas ainda precisariam calculá-lo seguindo as instruções do governo, que muitos empreendedores da internet têm dificuldade de seguir."

Você pode imaginar o apelo de poder resolver o próximo problema para os clientes — efetivamente declarar o imposto para eles, evitando que eles tenham de navegar pelo confuso site do governo de Delaware. A princípio, os engenheiros presentes na reunião afirmaram, sem pensar muito: "Os impostos não estão no nosso escopo". Mas Patio11, como líder, levantou um insight: os impostos eram uma grande oportunidade. Se um milhão de empresas de Delaware gastassem, cada uma, duas horas por ano descobrindo como calcular e pagar o imposto de franquia, mas a equipe da Atlas pudesse passar algumas semanas transformando o processo em software, eles poderiam poupar milhões de horas de trabalho todos os anos para os clientes e basicamente aumentariam a eficiência de modo geral.

Por ter declarado esse imposto várias vezes, Patio11 era um "especialista" na área e era capaz de descrever o software necessário para agilizar o processo para os clientes. Mas eles tinham um problema. Poderia ser problemático usar a automação para preencher os formulários para os clientes. É possível calcular o imposto de duas maneiras: o método A e método B. Praticamente todas as startups devem usar o método B. Os desenvolvedores da Atlas se perguntaram se eles poderiam simplesmente direcionar os usuários ao método B, mas os advogados da equipe consideraram arriscado demais para a empresa. Os engenheiros propuseram um meio-termo, com o app direcionando automaticamente os clientes ao método B, mas informando claramente que, se eles tinham sido aconselhados por um contador a usar o método A, eles deveriam declarar o imposto diretamente no site do governo de Delaware. A sugestão foi aprovada pela equipe jurídica.

E foi assim, com essa facilidade, que eles pegaram uma necessidade do cliente não prevista originalmente, transformaram-na em uma solução legalmente complexa que poupou muito tempo aos clientes e obtiveram a aprovação da equipe jurídica para desenvolvê-la. Não seria um absurdo imaginar que, se os representantes do jurídico não estivessem na equipe e na reunião, eles teriam sido muito mais firmes na resposta: "De jeito nenhum. Vocês enlouqueceram? É muito arriscado fazer recomendações contábeis aos usuários". Pelo contrário, eles entenderam o problema e embarcaram na jornada de resolução de problemas com os colegas das outras áreas. Assim, a equipe pôde começar a construir o software com tempo de folga antes da próxima temporada de impostos.

Os engenheiros desenvolveram a funcionalidade de impostos a tempo de lançá-la na próxima versão da Atlas. O app envia lembretes para os clientes pagarem os impostos em dia e os ajuda a fazer os cálculos. Um processo que costumava levar entre duas e três horas passou a durar menos de um minuto. "Foi uma excelente prática para a equipe e pudemos proporcionar uma excelente experiência para o cliente. E nada disso teria acontecido se a pessoa de Operações do Usuário não tivesse dito na reunião: 'Ainda faltam seis meses para declarar os impostos e os clientes já estão perguntando o que planejamos fazer'", Patio11 conta.

Isso não seria possível se os engenheiros da Atlas trabalhassem isolados das outras áreas. Só aconteceu porque a equipe toda atua na mesma sala e toma junta todas as decisões. Os engenheiros não fazem reuniões separadas do pessoal de marketing, de atendimento ao cliente e do jurídico. Quando o time da Atlas se reúne, todos participam. Assim, todos trabalham em proximidade com os clientes e podem lhes dar o que eles desejam. Eles formam um único cérebro, focado em atender os clientes.

As equipes dão o melhor de si quando cada pessoa se sente responsável por satisfazer o cliente e tem um profundo senso de propósito para prestar o melhor atendimento. As equipes pequenas permitem esse tipo de conexão e propósito, com uma missão que vem delas mesmo, impulsionada pela proximidade com o cliente e seus problemas, em vez de uma missão imposta pelos executivos.

Os membros da equipe, e o time como um todo, acreditam na importância do que fazem. Essa motivação intrínseca não vem de discursos inspiradores nem de um grande salário. Vem de saber que seu trabalho tem um impacto concreto na vida de outros seres humanos.

Na maioria das empresas, as diretrizes fluem de cima para baixo pelo organograma. Mas, na Twilio, na Stripe e em muitas outras que acreditam no poder das equipes pequenas, é o contrário. As pessoas, muitas vezes investidores, me perguntam por que damos tanta autonomia para as pequenas equipes definirem as próprias prioridades e planos de ação. Eu respondo: "Quem tem mais conhecimento sobre como atender os clientes? Eu estou sentado aqui, conversando com investidores, enquanto as minhas equipes estão ocupadas conversando com os clientes. Quem vocês acham que sabe mais sobre o que precisamos fazer pelos nossos clientes?"

Para mim, o objetivo mais importante das equipes pequenas e multidisciplinares e dos líderes *single-threaded* é fazer com que os times se sintam próximos dos clientes, responsáveis pelas decisões e saibam que seu trabalho se traduz diretamente em progresso. Para saber como eles se sentem, pergunte como as decisões são tomadas. Por exemplo, pergunte aos seus desenvolvedores quem tomou uma determinada decisão recente e se eles foram ou não envolvidos na decisão. Quando a decisão foi tomada, mesmo se eles discordaram, eles se comprometeram com ela e avançaram como uma equipe? Você pode perguntar se as decisões se baseiam mais nas necessidades do cliente do que no organograma. Para saber se os membros da equipe se sentem responsáveis pelo progresso, pergunte quais métricas são usadas para avaliá-los e se eles acham que têm algum controle sobre elas. Pergunte quantas pessoas que não pertencem à equipe decidem o que eles podem ou não fazer. O que você quer é ter uma ideia do senso de responsabilidade e da motivação intrínseca da equipe. Pergunte a seus líderes se eles acham que tiveram controle sobre o sucesso — ou fracasso — de uma determinada iniciativa. Se a resposta for negativa, pode ser interessante para muitos reorganizar suas equipes a fim de que todos se sintam responsáveis pelas decisões e resultados. Se isso não for feito, as pessoas tenderão a se engajar cada vez menos no trabalho.

CAPÍTULO 9

Entre na pele dos clientes

As pessoas vão esquecer o que você disse, esquecer o que você fez,
mas nunca vão esquecer como você as fez se sentir.
— Maya Angelou

Agora que você organizou a empresa em pequenas equipes, definidas por um cliente, uma missão e métricas de sucesso, elas precisam começar a correr para atendê-lo melhor. Mas como fazer isso? Quase todas as companhias declaram que são "focadas no cliente" ou "centradas no cliente", mas por que nós, como clientes, raramente sentimos que somos o foco ou o centro de uma empresa? Acontece que ser "centrado no cliente" é algo muito subjetivo e difícil de implementar. Na maioria das vezes, quando as empresas não atendem bem os clientes, elas o fazem sem querer. Poucos funcionários acordam de manhã dizendo: "Mal posso esperar para ferrar com a vida de um cliente hoje!". Seus processos de seleção e avaliação de talentos devem ser capazes de identificar e rejeitar esses misantropos rapidamente. Na grande maioria das vezes, isso começa com a liderança definindo claramente como a organização deve ser centrada no cliente e criando mecanismos para concretizar esse princípio. Você precisa deixar bem claro o que quer porque é mais difícil efetivamente atender os clientes na linha de frente do que apenas especificar as implicações desse atendimento.

Todo líder gosta de achar que a empresa "pega no ar" o que ele quer e que suas equipes não cometem erros idiotas que afetam negativamente os clientes. No entanto, conforme as companhias crescem, criamos sistemas tão abstratos que os líderes acabam se distanciando das verdadeiras experiências dos clientes. É bem verdade que podemos usar questionários de *net promoter score* (pontuação líquida de recomendação) para ter uma ideia do impacto cumulativo de nossas ações sobre os clientes. Mas, sejamos sinceros, os que se dão ao trabalho de responder a uma pesquisa normalmente são aqueles que já têm uma opinião forte — para o bem ou para o mal — sobre a organização e não representam um consumidor típico. E as pesquisas são muito influenciadas pela última interação, seja ela boa ou ruim. Os resultados só refletem um momento específico, mas não nos dizem se criamos uma organização que rotineiramente internaliza e prioriza os problemas dos clientes que nos propomos a resolver em vez de políticas e organogramas. O problema é que a principal janela dos executivos e gerentes para avaliar o atendimento que os clientes estão recebendo é a quantidade e o conteúdo dos InMails do LinkedIn, tweets e e-mails que os clientes mandam espontaneamente para a empresa.

Ser centrado no cliente, como o nome sugere, implica criar uma organização que se autocorrige o tempo todo para colocar os consumidores no centro de nossas decisões. Como um giroscópio que resiste a sair do centro, uma organização centrada no cliente resiste às muitas forças que tentam tirá-lo da lista de prioridades. Isso é algo dificílimo e vale muito a pena aprender com os mestres.

Um dos meus heróis é o *restaurateur* Danny Meyer, CEO do Union Square Hospitality Group de Nova York. Danny passou mais de trinta anos à frente de alguns dos restaurantes mais adorados de Nova York, incluindo o Union Square Cafe, o Blue Smoke e o Gramercy Tavern.

Ele também fundou e atua no conselho da Shake Shack, uma rede de fast-food de grande sucesso que começou como um carrinho de cachorro-quente no Madison Square Park. Eu não moro em Nova York e não sou exatamente um gourmet, então por que Danny é um dos meus heróis? Em seu livro *Hospitalidade e negócios*, Danny explica como os conceitos de hospitalidade e serviço se aplicam a todas as empresas. Suas ideias me influenciaram muito no começo da Twilio e orientaram muitas das abordagens que usamos para estruturar nossa companhia. Segundo ele, a hospitalidade não se limita ao setor de hospitalidade — restaurantes, hotéis, empresas de cruzeiros, turismo —, mas se estende a todos os setores, a todas as empresas, a todas as transações.

Além disso, Danny acredita que os conceitos de hospitalidade e atendimento são duas coisas diferentes. As empresas gostam de falar sobre uma cultura de excelência no atendimento, mas, para Danny, esse não é o ponto:

> A hospitalidade é a base da minha filosofia de negócios. Quase nada é tão importante quanto a maneira como você faz uma pessoa se sentir em qualquer transação comercial. A hospitalidade está presente quando você acredita que a pessoa está do seu lado. E o oposto é igualmente verdadeiro. A hospitalidade está presente quando alguma coisa acontece por você. Está ausente quando alguma coisa acontece com você. Essas duas preposições — *por* e *com* — dizem tudo.

Gostei tanto do livro de Danny que o convidei para dar uma palestra aos funcionários da Twilio e compartilhar suas ideias sobre a hospitalidade, uma palavra raramente ouvida em empresas de software. Para ele, hospitalidade significa fazer seus clientes sentirem que você está do lado deles. É uma verdade universal, que não se restringe a restaurantes ou hotéis. Mas será que isso significa que o atendimento não é importante? Um bom atendimento é necessário, mas insuficiente para uma empresa ser uma excelente organização centrada no cliente:

> O atendimento é a entrega técnica de um produto. A hospitalidade é como a entrega desse produto faz o cliente se *sentir*. O atendimento é um *monólogo* — nós decidimos como queremos fazer as coisas e definimos nossos próprios padrões de atendimento. A hospitalidade, por outro lado, é um *diálogo*. Estar do lado do hóspede ou do comensal requer ouvir essa pessoa com todos os sentidos e dar uma resposta atenciosa, cortês e apropriada. Para chegar ao topo, você precisa entregar um excelente atendimento e uma excelente hospitalidade.

Essas duas ideias foram importantíssimas na definição da nossa abordagem de pequenas equipes na Twilio. Porque se você acredita, como Danny e eu, que precisa manter um diálogo com os clientes, é necessário que suas equipes trabalhem em proximidade com eles para criar engajamento. Você precisa ouvir. E como criar uma estrutura que possibilite que suas pequenas equipes ouçam o cliente?

É fácil fazer isso em um restaurante — os comensais são atendidos por um garçom. Mas pense em uma empresa de tecnologia que pode ter milhões de clientes e que pode achar que sucesso é quando os clientes não precisam falar com ela. Como as pessoas que criam essas experiências mediadas pela tecnologia conseguem trabalhar em proximidade com os clientes para oferecer uma verdadeira hospitalidade em cada interação?

No início de uma startup, a tendência é todos os funcionários trabalharem próximos aos clientes — chega a ser difícil fazer de outro jeito. Contudo, conforme a empresa cresce, as pessoas tendem a assumir funções especializadas que separam as áreas que têm "contato direto com o cliente" das outras. Os gerentes de suporte, vendas e produto conversam com os clientes, mas os engenheiros trabalham em um mundo à parte. Esse esquema pode até ser prático, mas também cria uma "cultura de guardiões" que presta um desserviço tanto aos desenvolvedores quanto aos clientes para os quais eles constroem produtos. Como Danny Meyer escreve:

Toda empresa tem funcionários que atuam como o primeiro ponto de contato com os clientes (atendentes nos portões de embarque dos aeroportos, recepcionistas nos consultórios médicos, caixas de banco, assistentes de executivos). Essas pessoas podem ser vistas como agentes (que fazem acontecer) ou como guardiões (preocupados em controlar o acesso). Um agente faz as coisas acontecerem *para* os outros. Um guardião cria barreiras para manter os outros do lado de fora. O que queremos são agentes, e nossos funcionários são responsáveis por avaliar o próprio desempenho: *Nessa transação, eu me apresentei como um agente ou um guardião?* No mundo da hospitalidade, é uma coisa ou outra.

Em uma equipe de software, essas funções com contato direto com o cliente podem atuar como guardiões bidirecionais. Elas impedem os clientes de interagir com os desenvolvedores e também evitam que os desenvolvedores se envolvam com os clientes. Os gerentes de produto costumam se ver como "guardiões", descrevendo sua função como "proteger" os engenheiros dos clientes. Até certo ponto, até que faz sentido. Você não quer que seus engenheiros fiquem atolados lidando com todos os clientes e todas as reclamações. Os engenheiros precisam passar um tempo trabalhando sozinhos sem interrupção. Mas é um erro isolá-los dos clientes.

O maior risco que as empresas correm, principalmente quando estão crescendo, é a tendência de voltar-se para dentro. Os funcionários competem internamente entre si e não com as companhias concorrentes. As pessoas passam mais tempo lidando com a burocracia e a política interna ou simplesmente tentando descobrir como fazer as coisas em vez de atender os clientes. O tema deste capítulo é a importância de voltar suas pequenas equipes para fora, dando-lhes mecanismos para focar os clientes, não a política da empresa. É mais fácil falar do que fazer, mas, se você fizer direito, a velocidade e os insights que suas equipes ganharão se tornarão uma verdadeira fonte de vantagem competitiva. E qual empresa não quer ser adorada pelos clientes?

Entrando na pele dos clientes

Por volta de 2012, demos início ao processo de articular os valores da nossa empresa. Pela minha experiência, eles podem não passar de palavras vazias estampadas na parede ou podem ser princípios orientadores usados diariamente pelos funcionários para tomar incontáveis decisões. São dois os fatores que tiram os valores da parede e os colocam na prática: memorabilidade e mecanismos. Se os valores forem memoráveis, os funcionários terão mais chances de se lembrar deles, consultá-los e querer usá-los no dia a dia.

Ser "centrado no cliente" não é um valor muito memorável porque é sem graça e clichê. Toda empresa diz isso e já deve haver um papel de parede pronto com esses dizeres. Centrado no cliente não diz nada sobre *como* vocês se propõem a atendê-los, só diz que vocês fazem isso, o que, convenhamos, é óbvio. Imagino que a maioria dos departamentos de trânsito do governo inclui alguma variante de "centrado no cliente" em seus valores, mas fica claro que os funcionários não sabem *como* fazer isso — como qualquer pessoa que precisou passar horas na fila para renovar a carteira de motorista poderá atestar.

Decidimos que o pré-requisito do foco no cliente era a empatia, e a melhor maneira de demonstrar isso por alguém é, como diz o ditado, passar um tempo na pele da pessoa. Desse modo, decidimos articular um de nossos valores centrais como "Entre na pele do cliente" — em inglês, *"wear the customer's shoes"* ou, na tradução literal, use os sapatos do cliente. Não satisfeitos, fomos um pouco mais longe: encomendamos um lote de tênis Converse All Star vermelho-Twilio, com o logo da Twilio (que também é redondo) de um lado e o da Converse na lateral dos tênis. Nós os batizamos de TwilioCons e fizemos um acordo com os clientes. Se eles nos dessem um par de sapatos deles, nós lhes daríamos um par dos nossos tênis. Não demorou para juntarmos centenas de pares dos clientes e os pendurarmos por todo o escritório (pode ficar tranquilo, nós os desinfetamos antes, obrigado por perguntar) acompanhados de uma plaquinha com o nome do cliente. Desde tênis surrados até mocassins de couro, todas as salas de reunião do escritório têm um lembrete constante para nos colocarmos no lugar do cliente. Não usamos literalmente os sapatos, mas já perdi as contas de quantas pessoas, especialmente novos funcionários, candidatos ou clientes potenciais, perguntaram: "E esses sapatos?". Esse é o gancho perfeito para discutir nossa abordagem centrada no cliente, além de manter o valor vivo e incluí-lo nas conversas do dia a dia. Tudo bem, é meio brega, mas funciona.

O simples fato de ter um valor organizacional memorável, centrado no cliente e discutido com frequência não leva a empresa a atender bem os consumidores em um passe de mágica. Passei anos conversando sobre esse problema com muitos outros líderes e notei que uma variedade de companhias centradas no cliente criam mecanismos, ou práticas mensuráveis e repetíveis, para manter suas equipes de desenvolvimento próximas a ele.

O primeiro passo é garantir a proximidade. Faz tanto sentido manter perto dos clientes as pessoas que criam o produto que parece quase desnecessário explicar como e por que as empresas devem fazê-lo. Mas, em muitas organizações de software, talvez na maioria, os desenvolvedores nunca falam com os clientes. Eles trabalham em uma espécie de bolha, desenvolvendo software com base nas especificações de algum executivo. Uma boa maneira de aproximar-se do cliente é usando um "fórum de ideias". Essa é a abordagem usada pela Bunq.

Bunq

Você se lembra da Bunq, o app bancário holandês que conhecemos no Capítulo 6? O banco criou um ciclo de feedback do cliente com um cara chamado Leroy Filon, que nunca tinha imaginado cair de amores por esse tipo de instituição. Filon é um cinegrafista de 32 anos que dirige uma pequena agência de criação em Apeldoorn, uma cidadezinha a cerca de uma hora de Amsterdã. Leroy gostou tanto da Bunq que virou um fã de carteirinha e começou a falar do banco para todo mundo que ele conhecia. Mas ele esbarrava em um problema específico: não dava para mostrar o app às pessoas sem expor seu saldo. Ele postou uma sugestão no fórum on-line de usuários da Bunq, incorporado ao app: "Não seria legal se eu pudesse mostrar o app aos meus amigos sem revelar os detalhes da minha conta bancária?". Outros usuários concordaram e, em pouco tempo, Leroy já tinha recebido 77 likes pela sugestão.

É uma ótima ideia criar um fórum para os clientes, mas acontece muito de as empresas os deixarem falando sozinhos. Não a Bunq: ela exige que os desenvolvedores participem do fórum, e um deles logo notou o comentário de Leroy e viu que outros clientes estavam concordando. Ele gostou da ideia e a Bunq começou a desenvolver o recurso. Pouco tempo depois, em um teatro de Amsterdã, a companhia apresentou uma versão atualizada do app, que incluía a capacidade de demonstrar o app sem revelar informações pessoais do usuário. Eles mostraram a foto de Leroy no telão durante a apresentação, e Ali Niknam, fundador e CEO da Bunq, agradeceu Leroy pela contribuição. Como você pode imaginar, Leroy ficou empolgadíssimo ao receber o agradecimento do CEO de seu banco. E, ainda mais importante, a Bunq mostrou aos outros clientes que está prestando atenção e que vale a pena interagir com a empresa.

Para mim, a parte mais interessante dessa história é a eficiência que esses fóruns possibilitaram. Não deve ter dado muito trabalho para os desenvolvedores de software ocultar o saldo da conta. Mas imagine o esforço necessário para as equipes de suporte ao cliente filtrarem as ideias postadas no fórum e apresentarem as melhores aos gerentes de produto que analisam a lista, decidem o que deve ou não ser incorporado para enfim desenvolver planos de *sprint* e histórias do usuário para os engenheiros... É provável que tudo isso facilmente leve meses e que se perca, em cada etapa do processo, parte da intenção original do cliente, como em uma brincadeira de telefone sem fio. O engenheiro pode receber a especificação de "ocultar o saldo da conta", mas sem o contexto original. E se os desenvolvedores pudessem pensar em uma maneira melhor de conseguir o que o cliente deseja, que é mostrar o app aos amigos? Além disso, são grandes as chances de, em algum ponto ao longo do caminho, essa ideia específica perder a prioridade para algo considerado "mais lucrativo". É nesse instante que as necessidades dos clientes costumam ser ignoradas. Qualquer funcionalidade individual será pequena demais para merecer se priorizada pela empresa. Mas, quando você remove todos esses intermediários e deixa um desenvolvedor ver um problema interessante do cliente e passar algumas horas resolvendo o assunto — quase como um projeto pessoal, no qual os desenvolvedores podem se engajar só pelo desafio —, seus consumidores veem a empresa como uma organização responsiva e focada no cliente.

Como já vimos, não é muito difícil construir a maioria das coisas em código. A maior parte do trabalho normalmente é o planejamento. Mas, ao colocar seus engenheiros diretamente no fluxo de feedback do cliente, você obtém dois benefícios.

Para começar, você humaniza os clientes. Em vez de receber um documento frio de requisitos, os desenvolvedores ouvem diretamente dos clientes não só o que eles querem, mas *por quê*. Os clientes provavelmente expressarão suas razões com um nível de detalhamento ou uma eloquência que se perderia no processo de tradução para uma especificação. E, quando você tem uma interface direta com as palavras do cliente, a necessidade se torna mais concreta — mais humana — e o trabalho ganha importância. Depois de receber o agradecimento do CEO, Leroy virou um fã ainda maior da Bunq. Na verdade, ele virou um evangelista. Ele faz questão de sair por aí fazendo propaganda da Bunq para todos os amigos e colegas. Imagine o que aconteceu com a motivação do desenvolvedor que criou essa funcionalidade e viu o impacto que algumas horas de trabalho pode causar! Eu já tive essa experiência como desenvolvedor e é incrível. Uma vez que você tem essa sensação, vai querer senti-la de novo. Aquele desenvolvedor da Bunq ficará entusiasmado e tentará encontrar mais clientes para transformar em fãs fervorosos.

A outra vantagem é que você permite que os desenvolvedores tomem decisões sobre o custo-benefício do próprio trabalho. Um gerente de produto poderia reduzir a prioridade do recurso de "ocultar o saldo" porque, no quadro mais amplo, essa funcionalidade não parece muito importante. E até pode ser o caso. Mas será que ele mudaria de opinião se soubesse que só levaria noventa minutos para construir o recurso em vez de noventa dias? Imagino que sim. Os desenvolvedores costumam ser capazes de fazer essas estimativas rápidas, de maneira que têm mais condições de escolher as ideias que oferecem o melhor retorno sobre o investimento.

Ao remover camadas de intermediários, os engenheiros, que agora trabalham em proximidade com os clientes, podem tomar decisões de baixo risco para beneficiar estes. Os clientes se tornam seres humanos, não meras entradas no banco de dados ou multidões agindo estatisticamente. Aqueles estereótipos sobre os desenvolvedores serem sujeitos antissociais separados da humanidade não passam de uma grande bobagem. Os desenvolvedores, como a maioria dos profissionais criativos, querem ver as pessoas usando e curtindo os resultados de seu trabalho. E, além de deixar os desenvolvedores e clientes felizes e empolgados, esses "ciclos de feedback estreitos" também impulsionam o crescimento.

A Bunq abriu as portas em 2016, cresceu 800% em 2017 e dobrou de tamanho em 2018, terminando aquele ano com € 211 milhões em depósitos de clientes. Em 2019, a Bunq voltou a dobrar, para € 433 milhões em receitas. Essa minúscula empresa de Amsterdã criou com os clientes o tipo de engajamento e paixão com que todas as empresas do mundo sonham. Como se não bastasse, eles conseguiram realizar essa façanha sem precisar montar uma única vitrine nem empregar um único vendedor. Em vez disso, eles contam com clientes satisfeitos como Leroy Filon para vender o produto aos conhecidos.

Eu adoro histórias sobre desenvolvedores se informando diretamente dos clientes sobre o que construir. Mas não defendo que todas as ideias destes devem ser aceitas. Nem sempre eles sabem o que querem. Por outro lado, os consumidores são muito bons em expressar seus problemas. Danny Meyer, o maior defensor dos clientes, chegou a reconhecer isso em seu livro: "Um dos ditados mais antigos no mundo dos negócios é 'O cliente sempre tem razão'. Hoje em dia, acho um pouco obsoleto pensar assim. Quero partir para a ofensiva, criando oportunidades para os nossos clientes sentirem que estão sendo ouvidos, mesmo quando não têm razão. Para fazer isso, sempre os encorajo ativamente — quando visito os restaurantes, nos cartões de sugestão e em cartas ou e-mails que eles nos mandam — a nos dizer se não gostarem de alguma coisa. Quando eles fazem isso, eu sempre agradeço".

Mais do que ter acesso às ideias do cliente, os desenvolvedores se beneficiam de ter acesso ao fluxo de problemas dele. Quando os desenvolvedores atuam em proximidade com os problemas do consumidor, eles podem ajudar a avaliar os problemas com seu conhecimento do obstáculo e das possíveis soluções.

Não deixe de dar as caras

Não é muito difícil ajudar os desenvolvedores a ter empatia pelos clientes quando eles mesmos também são clientes, como é o caso da Bunq e até da Twilio. Mas e quando a sua empresa cria um produto que seus desenvolvedores não usam? É muito mais difícil ter um conhecimento visceral de um problema quando você o vê só de fora. Nesse caso, é ainda mais importante criar profundas conexões com os consumidores e suas necessidades.

Por incrível que pareça, são justamente esses tipos de empresa que tendem a isolar os clientes das pessoas que fazem o produto. As empresas *business-to-business*, por exemplo, costumam empregar exércitos de vendedores, defensores do sucesso do cliente, representantes de atendimento ao cliente e gerentes de produto especializados para atuar como escudos entre a equipe de desenvolvimento e os clientes. A lógica é que cada uma dessas funções tem uma especialidade no atendimento ao cliente, o que beneficia os clientes, mas também beneficia os desenvolvedores ao servir como um escudo. E, apesar de ser melhor dar a estes a possibilidade de focar o trabalho do dia a dia sem interrupções constantes dos clientes, não é bom que os desenvolvedores passem o tempo todo isolados. O problema é que é fácil cair na armadilha de isolar os desenvolvedores com base em ganhos de eficiência presumidos.

Na Twilio, nossa equipe de vendas segue o mantra "Não deixe de dar as caras", inspirado no manual de estratégia de vendas do ex-executivo da Salesforce David Rudnitsky. Em outras palavras, os representantes de vendas precisam sair do escritório e visitar pessoalmente os clientes. Faz muito sentido para uma equipe de vendas, mas pode ser mais difícil de estender essa lógica à equipe de desenvolvimento. No entanto, não é possível criar uma conexão humana com os clientes sem ter esse contato presencial de tempos em tempos.

Quem me contou uma das melhores histórias que já ouvi sobre o valor da conexão com o cliente foi Ben Stein, um líder sênior da Twilio que supervisiona nosso grupo de experiência dos desenvolvedores — ele e sua equipe se concentram nos desenvolvedores que usam a Twilio para garantir que eles fiquem encantados com o produto.

Ben estudou engenharia elétrica na Universidade Cornell e foi trabalhar como desenvolvedor de software na Bloomberg, uma empresa de mídia e tecnologia financeira. Ele foi alocado para trabalhar no código dos terminais da empresa, que são encontrados em todos os pregões do mercado financeiro.

"Eu consegui o emprego porque eles estavam contratando bons desenvolvedores e engenheiros e, quando eu disse que não sabia nada de finanças, eles disseram: 'Não tem problema, pode deixar que a gente ensina tudo o que você precisa saber'", Ben conta. "Eu disse: 'Eu nem sei o que é um pregão. Tipo, tudo o que eu sei é o que vi no filme *Wall Street*. Não faço ideia do que eu estou fazendo aqui'."

Pouco tempo depois de entrar na empresa, Ben perguntou a seu chefe se poderia visitar um pregão e conversar com um trader. Afinal, se ele fosse escrever programas para serem usados por esses profissionais, faria sentido conversar com eles para ver como usavam o terminal da Bloomberg. "Meu chefe disse: 'Uau, adorei a ideia! Eu adoraria fazer isso um dia'", Ben conta. "Eu fiquei, tipo: 'Caramba, você também nunca falou com um trader!'. Que estranho. Nenhuma pessoa da equipe tinha visitado um pregão. E ninguém pensou em pedir. Mas nosso trabalho era construir um software de trading."

Ben fez amizade com um representante de vendas que tinha a Merrill Lynch como cliente. Ele levou Ben para visitar os traders do cliente. "Fui a primeira pessoa da equipe a fazer uma visita", diz Ben. "Fomos apresentados aos traders, batemos um papo com eles e conhecemos o lugar."

Foi quando uma luz se acendeu na cabeça dele. Ben e seus colegas estavam escrevendo programas partindo do princípio de que o aplicativo ocupava toda a tela do terminal de um trader. Mas, na verdade, "nosso aplicativo ficava num cantinho minúsculo da tela, dividindo o espaço com nove outras coisas. Eles viam o programa numa janela minúscula, a aparência era terrível e eles não conseguiam ler nada direito. Percebi que era importante repensar elementos como o tamanho da fonte e o contraste. Vi que eu estava fazendo escolhas erradas para o aplicativo. Foi uma experiência muito esclarecedora".

Aquela epifania transformou tudo o que ele achava que sabia sobre escrever software. Ben trouxe consigo essa visão centrada no cliente quando entrou na Twilio em 2015 e tem disseminado essa abordagem por toda a nossa organização.

Os engenheiros de sua equipe precisam conversar com pelo menos um cliente por trimestre. Não é tão fácil fazer isso quanto parece. Uma maneira é participar de uma hackatona ou encontro que a Twilio organiza para os clientes. Outra é um engenheiro ouvir uma ligação de um gerente de conta para verificar a satisfação do cliente. O melhor modo pode ser quando um representante de vendas leva um desenvolvedor a uma visita de vendas, além do engenheiro de vendas. "Eles podem levar a pessoa que efetivamente constrói o produto", diz Ben. "É claro que o desenvolvedor pode não ser tão articulado quanto o representante de vendas, mas se esse for um bom profissional saberá usar isso a seu favor."

Talvez os desenvolvedores relutem em se encontrar com os clientes, geralmente por constrangimento. "Eles são peixes fora d'água. Não é fácil. Pode ser que eles nunca tenham feito isso antes. É esquisito. É desconfortável. É provável que eles não saibam como agir", Ben explica.

Mesmo assim, a maioria dos desenvolvedores volta com as energias renovadas de uma conversa com o cliente. "O que mais empolga a minha equipe é saber que o que eles estão fazendo faz a diferença. Nem sempre lhes dizemos por que o trabalho deles é importante. Ou, se dizemos, a mensagem é filtrada. Nunca é um canal direto. Mas é importante saber como o seu trabalho afeta as pessoas."

Isso não precisa acontecer todos os dias. Os desenvolvedores não precisam atender todas as ligações de clientes furiosos. Eles não precisam participar de todas as visitas de vendas. "Mas uma vez por mês, ou uma vez a cada três meses, não é bom saber que você construiu algo que poupa ao cliente trinta horas por semana de trabalho mecânico?", Ben explica.

Os desenvolvedores nem precisam voltar com uma ideia para uma nova funcionalidade. "Às vezes, eles só voltam ao trabalho mais animados. Nem sempre eles precisam ter uma epifania ou um grande insight. Basta sentir essa conexão emocional", diz Ben. "É deixar eles saírem do porão, sabe? Eles não são trogloditas. Deixe eles conversarem com as pessoas."

Comece com o comunicado à imprensa

Em muitas empresas, as ideias ou avaliações de produto estarão centradas em documentos de estratégia, análises competitivas ou protótipos. Na Twilio, o primeiro passo na definição de um novo produto ou funcionalidade é escrever o comunicado à imprensa. Pode parecer um contrassenso, já que o comunicado à imprensa costuma ser a última etapa antes do lançamento de um produto. Mas essa prática faz parte de um processo criado na Amazon de "trabalhar de trás para a frente", começando com a necessidade do cliente. O comunicado à imprensa é um excelente ponto de partida para conversar sobre o produto, mas é fácil se equivocar quanto à sua função. O objetivo não é divulgar o comunicado à imprensa. Na verdade, o formato de um comunicado à imprensa, se escrito corretamente, mostra, em ordem de importância, por que os clientes vão querer o produto que você está construindo — o que é uma excelente base para definir um produto desde o início.

Os estudantes de jornalismo aprendem que um bom artigo tem o seguinte formato: o título chama a atenção, o primeiro parágrafo faz o trabalho pesado e o resto do artigo, em ordem decrescente de importância, apresenta os detalhes. É assim que praticamente todos os artigos que você já leu são estruturados. Os comunicados à imprensa têm a mesma estrutura. Pense no formato de uma notícia ou um comunicado à imprensa: eles são escritos para transmitir a informação mais importante no título. Os melhores títulos prendem a atenção do leitor com algo de seu interesse. Para um cliente, é um problema que ele precisa resolver. O subtítulo dá um pouco mais de informação. O primeiro parágrafo apresenta mais detalhes e assim por diante, até a última frase, que transmite o ponto menos importante.

Imaginando que o leitor é seu cliente, comece o comunicado à imprensa com o que mais importa para ele e explique por que seu produto é relevante. Se você não conseguir fazer isso, o cliente não vai continuar lendo. É bom forçar esse tipo de clareza, porque coloca o consumidor no centro de tudo.

Apesar de usarmos os comunicados à imprensa como nossa principal ferramenta de estágio inicial, é muito comum que eles sejam escritos com outros objetivos em mente. É fácil escrever um release voltado a algum outro leitor que não seja o cliente. O autor pode ter em mente seu chefe ou o CEO. Ou pode imaginar que o leitor será um jornalista e posicionar o produto em relação à concorrência. Acontece muito de os produtos serem apresentados não do ponto de vista dos clientes, mas da perspectiva da estratégia, ou dos outros produtos da empresa, ou da visão da empresa que os líderes querem promover. Muitos executivos acreditam que, se articularem seus planos no contexto da visão do CEO, seus planos serão aprovados. No entanto, nas organizações centradas no cliente — não na estratégia ou no CEO —, as discussões começam com o cliente. Os melhores comunicados à imprensa sobre o desenvolvimento de produtos começam pressupondo que o leitor é o cliente e têm como objetivo fazer com que ele se interesse pelo produto.

Como eu disse, adaptamos essa prática da Amazon. Jeff Bezos chama a abordagem de "trabalhar de trás para a frente começando com o cliente". Em outras palavras, os desenvolvedores não podem simplesmente sair construindo o que lhes der na telha. Eles devem começar com o que os clientes querem. Normalmente, o comunicado à imprensa é revisado muitas vezes para garantir o alinhamento com o problema do cliente desde o começo. O processo parece demorar muito, mas no geral economiza tempo porque os desenvolvedores não passam semanas, meses ou até anos trabalhando em produtos que não têm demanda. Muitos nunca passam dos estágios iniciais.

"Você cria produtos para os seus clientes. Não é como: 'Vamos criar alguma tecnologia aleatória e ver o que acontece'", diz Werner Vogels. "Você precisa de um mecanismo bem robusto para ter certeza do que vai construir exatamente para os seus clientes." O comunicado à imprensa é esse mecanismo, garantindo que os clientes estejam no centro de seus planos para o produto desde os estágios iniciais.

Portas, não paredes

As estruturas de muitas empresas criam barreiras entre os clientes e as pessoas que queremos que os atendam. Em vez de levantar paredes, pense em construir mecanismos que atuem como portas — que você pode abrir para que os clientes e os desenvolvedores se comuniquem.

Quando você faz isso, a mágica acontece. Para a Bunq, uma versão de abrir a porta envolve fazer os desenvolvedores participarem do fórum de clientes e agradecer a estes por suas contribuições para o software. O resultado tem sido uma incrível fidelidade do consumidor e o rápido crescimento, com a Bunq roubando clientes de bancos antiquados e embolorados cujos desenvolvedores provavelmente nunca falam com os clientes e nem sabem como estes usam o software desenvolvido.

Você pode ter notado que eu desconfio um pouco da palavra *estratégia* porque ela pode ser confundida com ordens impostas dos executivos em vez de ouvir os clientes. Na Twilio, costumo dizer que "a nossa estratégia é simples: construir coisas que nossos clientes querem e pelas quais eles nos pagarão". É claro que temos planos de longo prazo para o negócio, mas não quero que as equipes confundam os objetivos da nossa empresa com servir nossos clientes. A única maneira de concretizarmos os planos para a companhia é servindo os clientes. Gosto de saber se as equipes estão entrando na pele deles andando pelo escritório e perguntando aos desenvolvedores qual problema do cliente eles estão trabalhando para resolver. Se eles responderem com uma funcionalidade, pergunto qual problema do cliente ela está resolvendo. Se eles não souberem responder, é um sinal de que a equipe pode não estar criando uma boa conexão com os clientes. Você também pode fazer isso — é fácil. Outra ideia é perguntar aos desenvolvedores: nas avaliações de produtos, comece a conversa com o problema do cliente. Não comece falando sobre a estratégia ou as funcionalidades, mas explicando por que o produto fará uma diferença na vida do cliente. Pergunte aos seus líderes quais clientes expressaram o problema e como eles chegaram à conclusão de que isso representa uma ampla necessidade do mercado. O processo é mais importante do que a resposta. A equipe implementou os mecanismos certos para realmente entender os clientes? Ao fazer essas perguntas, você vai começar a entender como suas equipes pensam. E, sabendo que você lhes fará essas perguntas, eles vão querer entrar na pele dos consumidores.

CAPÍTULO 10

Desmistificando a metodologia ágil

Estamos descobrindo maneiras melhores de desenvolver
software fazendo-o nós mesmos e ajudando outros a fazê-lo.
— Manifesto Ágil, 2001

No mundo dos negócios e no universo do software (e neste livro), falamos muito sobre agilidade — a capacidade de reagir com rapidez às mudanças. O processo de construção de um software aplica a Metodologia Ágil para o Desenvolvimento de Software. São raros os líderes que nunca ouviram falar dela e provavelmente sua equipe de software já pratica algumas formas dessa metodologia no desenvolvimento de software. No entanto, muitos executivos não sabem como ela funciona, por que ela é melhor do que qualquer outro sistema de desenvolvimento de software ou como evitar suas armadilhas.

Você já deve ter sentido alguns dos impactos da metodologia ágil ao trabalhar com suas equipes técnicas e deve ter se perguntado o que está rolando lá na "desenvolvimentolândia". Por exemplo, seus desenvolvedores podem ter dito que é impossível saber quando um produto será lançado ou quais funcionalidades ele terá quando isso acontecer. Você deve ter ficado muito frustrado com a notícia. Talvez você tenha sugerido aumentar o orçamento ou a equipe do produto para acelerar o desenvolvimento, mas a equipe lhe diz que nada disso pode mudar o timing.

Se você já se perguntou o que diabos os desenvolvedores estão fazendo, por que as coisas são como são e por que às vezes recebe essas respostas extremamente frustrantes, vale a pena saber um pouco mais sobre o funcionamento da metodologia ágil. Mas também é importante entender como ela foi indevidamente utilizada e levada a extremos que mais atrapalham do que ajudam. Em algumas empresas, ela pode se tornar uma grande fonte de frustração — para executivos, gerentes e desenvolvedores. É importante criar uma empresa ágil, mas, para fazer isso, os executivos devem conhecer as vantagens e as desvantagens dessa metodologia antes de adotá-la às cegas.

Por que ágil?

Nas décadas de 1980 e 1990, os produtos de desenvolvimento de software vinham cheios de problemas. Até nas melhores empresas de software, a complexidade crescente, as mudanças constantes dos requisitos e o tempo necessário para a conclusão acabavam condenando esses projetos ao fracasso. Esses problemas dificultavam a vida de grandes e pequenas organizações, desde startups a corporações enormes. Por exemplo, o talentoso empreendedor de software Mitch Kapor, que fundou a Lotus Development Corporation, que, por sua vez, criou o Lotus 1-2-3 e o Lotus Notes na década de 1980, financiou um ambicioso projeto em 2002 para construir um software de colaboração de última geração chamado Project Chandler. Seis anos depois, sem conseguir entregar um produto que chegasse perto de atingir os objetivos iniciais, o projeto finalmente foi descontinuado. Até a Microsoft, a empresa de software mais respeitável da época, não estava conseguindo entregar um projeto de software colossal como esse. Em 2001, a Microsoft embarcou em sua atualização mais ambiciosa do sistema operacional Windows com um projeto que recebeu o codinome Longhorn. O software levou cinco anos para ser concluído, com um grande redirecionamento no meio do caminho até ser finalmente lançado em 2006 como o Windows Vista. Quando o Windows Vista chegou ao mercado, seus desenvolvedores haviam cortado muitos de seus recursos e não conseguiram entregar a inovação que Bill Gates e Steve Ballmer tinham vislumbrado meia década antes, quando o projeto começou. O mais bizarro é que esses exemplos não eram exceções, e sim a norma.

O problema era que a maioria dos projetos de software começava com uma meticulosa coleta de requisitos, seguida de um planejamento de meses ou anos de trabalho, com enormes interdependências entre incontáveis equipes para entregar um produto final funcional. O onipresente e odiado gráfico de Gantt mostrava como todas as partes do trabalho deveriam fluir juntas ao longo do tempo para finalmente oferecer valor ao cliente no fim do processo. Devido ao formato do gráfico de Gantt, esse processo ficou conhecido como desenvolvimento "em cascata".

Jeff Sutherland é um dos cientistas da computação que deram início ao movimento da metodologia ágil para o desenvolvimento de software. Ele é um dos maiores críticos do velho método de desenvolvimento em cascata. Desde a década de 1960, essa era a metodologia mais usada para construir software, mas Sutherland chama o método em cascata de "um erro colossal" que "custou centenas de bilhões de dólares em projetos fracassados só nos Estados Unidos". Sutherland afirma que o modelo em cascata fracassa 85% das vezes em projetos de mais de US$ 5 milhões. Em 2004, um estudo de 250 grandes projetos de software descobriu que 70% tiveram grandes atrasos e orçamentos estourados ou foram descontinuados antes de sua conclusão.

A companhia aérea australiana Qantas gastou US$ 200 milhões em um projeto de desenvolvimento em um acordo de dez anos liderado pela IBM e cancelou o contrato depois de quatro anos. Mas esse foi só o primeiro fiasco. Em 2008, a Qantas descontinuou seu software de gerenciamento de peças "Jetsmart" (jato inteligente, em tradução literal), que custou US$ 40 milhões e era tão ruim que os engenheiros aeronáuticos o chamavam de "Dumbjet" (jato burro).

Em seu livro *Scrum: a arte de fazer o dobro do trabalho na metade do tempo*, Sutherland conta a história de um grande projeto do governo que foi resgatado pelas metodologias Scrum e ágil. Em 2000, o FBI contratou um projeto de cinco anos, o Virtual Case File, para substituir o antiquado sistema de documentação em papel por arquivos digitais. Os desenvolvedores usaram a antiquada abordagem em cascata e, em 2005, depois de gastar US$ 170 milhões, o FBI teve de abortar o projeto e recomeçar do zero. A tentativa seguinte, chamada Sentinel, ficou a cargo da Lockheed Martin, com um orçamento de US$ 451 milhões. A Lockheed também usou métodos em cascata e, cinco anos depois, em 2010, tinha gastado US$ 405 milhões — e só fez metade do previsto. A empresa estimou que precisaria de US$ 350 milhões a mais e que conseguiria terminar o trabalho em seis a oito anos. Descontentes com a solução proposta, dois inovadores executivos de tecnologia levaram o projeto para ser executado internamente, reduziram a equipe de desenvolvimento de centenas de integrantes para cinquenta, colocaram-nos no porão do prédio do FBI e concluíram o trabalho em vinte meses por US$ 12 milhões. Eles conseguiram essa façanha usando a metodologia ágil em vez da em cascata.

O movimento ágil começou a resolver um problema importante: o desenvolvimento de software não tinha um processo de trabalho definido, como tantas outras áreas da engenharia. Quando você constrói um arranha-céu, o agrimensor examina o terreno, o arquiteto cria o projeto no papel, o cliente valida o projeto e o arquiteto o entrega ao empreiteiro. O empreiteiro subdivide a construção em áreas especializadas e coordena o trabalho. Esse modelo foi sendo melhorado nos últimos duzentos anos e tende a funcionar.

No entanto, no software, era comum os requisitos mudarem constantemente no decorrer da construção. Imagine que você acabou de construir o quinquagésimo andar do arranha-céu e o cliente pede uma fundação completamente nova. Esse tipo de coisa costumava acontecer com os engenheiros de software o tempo todo. Mas, apesar de qualquer um entender como sai caro derrubar um arranha-céu e recomeçar do zero, essa realidade nem sempre era tão clara no âmbito do software. Uma mudança relativamente pequena mais adiante no processo podia ter profundas implicações no sistema como um todo. Assim, os novos requisitos acabavam tirando do rumo muitos projetos de software. O maior problema era que, no software, nem sempre era possível conhecer os requisitos com clareza no início de um projeto, de maneira que todas as dependências e suposições meticulosamente elaboradas muitas vezes estavam erradas e as necessidades de negócios mudavam com mais rapidez do que o projeto de software conseguia avançar.

Além disso, devido às grandes dependências entre as equipes, quando uma tropeçava, muitas vezes o projeto todo tropeçava junto. E, diante das constantes mudanças de requisitos, os tropeços eram a norma, não a exceção. Assim, mesmo quando gerentes de projeto talentosos e bem-intencionados incluíam medidas para proteger esses planos, os tropeços em cascata eram imprevisíveis e incontroláveis. Bilhões de dólares eram desperdiçados, desenvolvedores e executivos ficavam incrivelmente frustrados e a maioria das empresas acabava acreditando ser impossível desenvolver o próprio software.

Uma maneira de resolver o problema era ser *ainda mais* meticuloso no planejamento ou proibir quaisquer alterações assim que o projeto começasse. Só que acabou ficando claro que essas medidas pareciam boas no papel, mas eram impraticáveis.

Foi nesse cenário que Sutherland e um grupo dos mais proeminentes gurus do desenvolvimento de software fizeram um encontro de três dias em 2001 para buscar uma alternativa. Eles elaboraram um documento de uma página chamado "Manifesto para o Desenvolvimento Ágil de Software", que se propunha a criar uma maneira melhor, mais eficiente e realista de construir software que aumentaria as chances das organizações de entregar valor dentro do prazo e sem estourar o orçamento. Eis o manifesto:

Manifesto para o Desenvolvimento Ágil de Software

Estamos descobrindo maneiras melhores de desenvolver software fazendo-o nós mesmos e ajudando outros a fazê-lo.
Por meio deste trabalho, passamos a valorizar:

Pessoas e interações mais que processos e ferramentas;
Software funcional mais que documentação abrangente;
Colaboração com o cliente mais que negociação de contratos;
Responder a mudanças mais que seguir um plano.

Ou seja, mesmo havendo valor nos itens à direita,
valorizamos mais os itens à esquerda.

Kent Beck	James Grenning	Robert C. Martin
Mike Beedle	Jim Highsmith	Steve Mellor
Arie van Bennekum	Andrew Hunt	Ken Schwaber
Alistair Cockburn	Ron Jeffries	Jeff Sutherland
Ward Cunningham	Jon Kern	Dave Thomas
Martin Fowler	Brian Marick	

© 2001, autores listados acima. Esta declaração pode ser reproduzida livremente em qualquer formato, mas somente em sua totalidade.

Os autores do manifesto ágil se basearam nos quatro preceitos e elaboraram doze princípios detalhando melhor o conceito e que são considerados a base de todas as várias práticas ágeis existentes hoje. É provável que sua empresa empregue algum tipo delas, mas a definição da metodologia ágil pode variar bastante. Muitas práticas foram criadas, todas sob o guarda-chuva da metodologia ágil, constituindo toda uma variedade de práticas de desenvolvimento de software. Você deve ter ouvido falar de algumas das mais populares, como Scrum, Kanban ou Programação Extrema (ou XP, do inglês *extreme programming*). E cada uma delas pode incluir uma grande variedade de ramificações e vários graus de adesão às "regras". Nos últimos vinte anos, a Metodologia Ágil para o Desenvolvimento de Software se popularizou no mundo todo. Em 2019, em um levantamento para averiguar a adesão à metodologia ágil, 97% dos respondentes disseram que seu departamento de desenvolvimento de software pratica métodos ágeis. Não importa qual seja a implementação específica, todos compartilham o mesmo propósito: construir um software eficaz. Como a sua empresa já deve praticar algum tipo de metodologia ágil, vamos nos aprofundar um pouco.

Os fundamentos da metodologia ágil

A base da metodologia ágil é a agilidade (como se você não soubesse disso), ou seja, a capacidade de avançar com rapidez e facilidade, mudar de direção rapidamente e responder a alterações nas condições. O problema que os autores do Manifesto Ágil se propuseram a resolver foi a execução rigorosa do pré-planejamento baseado em suposições incorretas e a falta de coordenação entre executivos e desenvolvedores. Ao resolver esses dois problemas básicos, a Metodologia Ágil para o Desenvolvimento de Software tem como objetivo aumentar a agilidade do processo de construção de software. Embora existam muitas maneiras de implementar o desenvolvimento ágil, todas elas se baseiam em três ideias principais: adiantar-se às mudanças, dividir o trabalho em partes e manter uma estreita colaboração entre os executivos e os desenvolvedores. Vamos dar uma olhada mais de perto nessas três ideias.

Adiantar-se às mudanças

O primeiro conceito é adiantar-se ao fato de que os requisitos mudarão, de modo que, em vez de ser pego de surpresa e irritar-se com as mudanças, é melhor criar um sistema que se adiante a elas. A metodologia ágil faz isso de algumas maneiras. A primeira é restringir o trabalho em andamento. Se você tiver cem coisas que estão 10% concluídas, terá mais chances de pelo menos um desses fluxos de trabalho ser interrompido por alguma mudança. Mas, se você focar concluir uma única tarefa, reduzirá as chances de ter de recomeçar do zero o trabalho concluído. A metodologia ágil limita o trabalho em andamento dividindo-o em *sprints* curtos, geralmente de apenas duas semanas de duração, com o objetivo de entregar um produto funcional ao fim de cada ciclo. Isso não significa que o projeto será concluído em duas semanas, mas que uma pequena parte dele estará em funcionamento ao final de cada *sprint* em vez de passar um bom tempo acumulando poeira em um estado inacabado.

Esses ciclos curtos levam a uma grande capacidade de adaptação. Quando as mudanças entram em cena, elas podem ser incorporadas em um *sprint* futuro porque a equipe só se comprometeu com os requisitos do atual. Mesmo durante um *sprint*, é possível incorporar alterações no trabalho em andamento. A maioria das equipes de *sprint* faz breves reuniões diárias, nas quais é possível discutir as mudanças e ajustar os planos do dia. Essa colaboração estreita, como uma única equipe pequena que inclui o gerente de produto, facilita as mudanças. Em vez de jogar a batata quente no colo de alguma outra pessoa e ficar na defensiva diante da troca de requisitos, a atitude é exatamente o contrário. A equipe toda tem a mesma visão do trabalho e acaba sendo mais favorável às mudanças em vez de resistir a elas. É todo um processo criado em torno da agilidade, também conhecido como "fazer mudanças".

Dividir o trabalho em partes

O segundo conceito é dividir o trabalho à medida que vocês avançam em partes manejáveis, previsíveis e implementáveis. Ao contrário da abordagem em cascata, que divide o projeto em linhas de um gráfico de Gantt com muita antecedência (às vezes anos) com base em uma série de suposições vagas, a metodologia ágil se concentra em criar unidades gerenciáveis que podem ser implementadas rapidamente e só no *sprint* atual. O processo foi pensado para fazer com que cada "pedaço" tenha um escopo e um prazo previsíveis, aumentando a confiabilidade do trabalho. Por si só, a divisão em partes não aumenta a confiança em um projeto grande de vários anos, mas lhe possibilita executar um grande projeto com base em muitos intervalos pequenos e de alta confiança. Pode não ser perfeito, mas é melhor do que a alternativa — construir um grande projeto arriscado com base em uma infinidade de projetos menores e arriscados.

Se você tiver de correr um quilômetro, o melhor é garantir que cada passo seja bem executado. É importante entregar um software funcional ao fim de cada *sprint*. É por isso que muitas equipes fazem "*sprint demos*" no último dia do *sprint* para demonstrar os resultados do trabalho, reforçando a cultura desse importante princípio da metodologia ágil. As demos possibilitam celebrar a capacidade da equipe de dividir o trabalho em partes e executar uma parte em um *sprint*. Por outro lado, se a equipe não tiver um software funcional, ela não terá como fazer uma demonstração, aumentando a pressão cultural para melhorar nos próximos *sprints*.

Como você pode imaginar, estimar com precisão o volume de trabalho necessário para implantar a funcionalidade no software é uma arte que tentamos transformar em ciência usando as práticas ágeis. E é um esforço de equipe. Assim que as equipes são montadas, elas demonstram pouca precisão em prever sua produtividade. Seu conhecimento do código-fonte (se for um projeto existente) ou do problema como um todo (se for um novo) costuma ser insuficiente, de modo que

Desmistificando a metodologia ágil   261

a estimativa do trabalho necessário para implantar um recurso estará sujeita a erros. Mas, com o tempo, à medida que a equipe se familiariza com o código-fonte e o problema, a precisão da estimativa aumenta.

As equipes costumam usar uma métrica fictícia, como os "*story points*", para mensurar e melhorar constantemente a previsibilidade e a produtividade de seus *sprints*. Essa métrica descreve o volume de trabalho necessário para implantar uma determinada funcionalidade, bem como o trabalho que a equipe consegue fazer em um *sprint*. Conforme eles vão melhorando sua capacidade de prever o custo do trabalho dos *story points* e a produtividade destes, fica mais fácil prever o trabalho da equipe. Uma vez estabelecida uma linha de base, eles podem se concentrar em executar mais *story points* em um *sprint*, como uma forma de aumentar a eficiência e a produtividade. Note que os *story points* são uma métrica fictícia — eles não se baseiam em nenhuma medição concreta, como linhas de código escritas —, de modo que não podem ser transferidos entre empresas ou equipes. (A propósito, o número de linhas de código escritas é uma péssima métrica e você não deve se preocupar com isso — menos é mais quando se trata de um bom código.) Tudo o que importa para você, que está vendo de fora, é se uma métrica de *story points* possibilita à equipe aumentar a previsibilidade e a produtividade. Não se preocupe em perguntar por que uma equipe obteve cem *story points* e a outra, apenas cinquenta. A menos que elas tenham calibrado sua definição de *story points* — o que é raro —, seria como comparar alhos com bugalhos. Mas é preciso verificar se, com o tempo, cada equipe fica mais produtiva em termos de *story points*. Se eles tiveram uma média de cem *story points* por *sprint* um ano atrás e agora chegaram a 150, sua eficiência melhorou 50%, um sinal de que a equipe vai bem. Equipes melhores produzem um trabalho mais previsível e de qualidade melhor e os *story points* dão aos líderes uma maneira de avaliar o desenvolvimento de suas equipes.

Outro benefício de dividir o trabalho e entregar um código finalizado em cada *sprint* é que você consegue entregar um valor incremental aos clientes ao longo do caminho. Imagine terminar 10% de um projeto, mas esperar para enviá-los só no final. É como segurar 10% das funcionalidades até os outros 90% ficarem prontos. Mas, ao dividir o trabalho e entregar com frequência, você pode colocar esses 10% das funcionalidades nas mãos dos clientes imediatamente.

As equipes ágeis costumam dividir tarefas complexas criando um *backlog* de trabalho a ser feito (basicamente uma lista de pendências). Enquanto os engenheiros implementam o *backlog* de tarefas do *sprint* atual, o trabalho do gerente de produto é preparar o do próximo, esclarecendo as coisas e removendo incertezas da melhor maneira possível. Além do próximo *sprint*, provavelmente há uma montanha de tarefas em vários estágios de definição, mas é só com o avanço dos *sprints* que elas atingem uma resolução cada vez mais precisa. Mas essa não é uma deficiência da metodologia ágil, pelo contrário, é o objetivo. Adiar as decisões até um pouco antes de serem implementadas, para que o maior número de informações seja conhecido. Essa abordagem minimiza o desperdício de trabalho.

Estreitar a colaboração entre executivos e desenvolvedores

Na maioria das equipes ágeis, há duas funções: o *product owner* (proprietário do produto) e a equipe de desenvolvimento. A metodologia Scrum também envolve uma terceira função: o *scrum master* (o facilitador do *scrum*). O trabalho do *product owner* é entender e defender o cliente, escrevendo "histórias do usuário" que descrevem o que o usuário precisa que o software faça. Essas são a interface entre o *product owner* e a equipe de desenvolvimento. Pode soar como um "jogo de batata quente", mas, em uma boa equipe ágil, o *product owner* e os desenvolvedores colaboram estreitamente na elaboração e iteração das histórias do usuário.

Pense nas histórias do usuário como uma descrição do trabalho a ser feito do ponto de vista do cliente. É diferente dos documentos de requisitos do produto de antigamente, mais focados naquilo que o software precisava fazer do que na necessidade do cliente. A diferença pode parecer sutil, mas é importante. Em uma boa equipe ágil, a criação da história do usuário e a discussão resultante são mais focadas no cliente do que no software em si.

Uma história do usuário ruim descreve um sistema grande e complexo, enquanto uma boa tem um escopo limitado. Isso aumenta a previsibilidade e restringe a exposição a mal-entendidos e grandes questões em aberto. Além disso, uma boa história do usuário descreve de ponta a ponta o que o cliente precisa fazer, para que o desenvolvedor possa internalizar e entender o problema dele. Assim, o desenvolvedor pode tomar boas decisões de implementação e usar seu conhecimento intuitivo em vez de limitar-se a "fazer o que me mandaram fazer".

O *product owner*, como você pode imaginar, costuma ser o gerente de produto. Seu trabalho não é proteger os desenvolvedores dos clientes, mas facilitar o entendimento das necessidades destes por parte dos outros membros da equipe. Eles devem agir como uma ponte e otimizar esse diálogo conforme o necessário. Mas um bom *product owner* também é capaz de abstrair corretamente o problema do cliente para representar o conjunto mais amplo possível de clientes.

O *product owner* administra o *backlog* de trabalho para a equipe. A palavra "*backlog*" tem uma conotação negativa, como um bloqueio do fluxo ou acúmulo de trabalho atrasado, mas não é o caso. O *backlog* representa o trabalho futuro, cujas prioridades são constantemente reavaliadas pelo *product owner* para atingir a meta de agregar o máximo valor para o cliente a cada *sprint*, garantindo que a equipe esteja trabalhando em histórias do usuário mais confiáveis na implementabilidade e utilidade para o cliente. Se uma determinada história do usuário ainda apresentar muitas incertezas nesses pontos, cabe ao *product owner* esclarecê-las. Isso faz parte de um processo chamado "detalhamento do *backlog*" (*backlog grooming*), que é uma das principais responsabilidades do *product owner*. Enquanto a equipe de desenvolvimento está concentrada em construir as histórias do usuário daquele *sprint*, o *product owner* se concentra em elaborar as histórias do usuário para o próximo. Apesar de o *backlog* ser em grande parte uma responsabilidade do *product owner*, completar as narrativas com detalhes técnicos é fruto de uma estreita colaboração, longe de ser um processo do tipo "batata quente".

Tudo isso pode parecer um pouco complexo, mas tudo bem. O *agile coach* está lá para ajudar a equipe a garantir boas condições e práticas da metodologia ágil, como cálculos de *story points* ou detalhamento do *backlog*. Se uma equipe não estiver conseguindo entregar um software funcional a cada *sprint*, o trabalho do coach é ajudá-la a diagnosticar se o escopo está errado, há problemas de produtividade, a colaboração não está certa, as histórias do usuário foram vagas demais ou todas as alternativas anteriores. Você pode estar achando que é um luxo ter um *agile coach*, mas normalmente ele pode ser compartilhado entre várias equipes. Não vou entrar em detalhes sobre o papel dele, além de dizer que é como qualquer coach — sempre que a equipe pode se beneficiar de aprender, um bom coach tem um valor inestimável.

Tantas perguntas...

Se a metodologia ágil é o melhor sistema já criado para desenvolver software, por que tantos resultados ainda são insatisfatórios? Vamos examinar algumas questões que podem frustrar os executivos ao lidar com as incertezas das equipes de produto ágeis.

Por que vocês não têm como saber quando um produto ficará pronto e com quais funcionalidades?

Executivos e gerentes se frustram com a incapacidade das equipes de desenvolvimento de se comprometer com prazos — pelo menos se elas estiverem sendo sinceras. A meu ver, o desenvolvimento de software envolve quatro atributos: funcionalidades, prazos, qualidade e certeza. De modo geral, você pode escolher três deles, mas não pode ter todos os quatro. Você pode se comprometer a construir uma funcionalidade dentro de um prazo específico com um alto grau de certeza, mas a qualidade pode ser seriamente prejudicada, porque o trabalho é feito às pressas para cumprir o prazo. Você pode construir o software dentro de um prazo previsível com uma qualidade previsível, mas precisará cortar funcionalidades ao longo do caminho à medida que enfrenta obstáculos e mudanças. Pode construir um conjunto definido de funcionalidades com alta qualidade e um alto grau de certeza, mas não tem como saber quanto tempo levará. Ou pode ter todos os três: funcionalidades, qualidade e um prazo fixos, o que parece ótimo, mas provavelmente a confiabilidade será baixa.

Como executivo, se você exigir os quatro, vai precisar adivinhar qual deles será uma mentira. Ou pode pedir relatórios realistas de seus líderes, que lhe dirão, com base em fatos, o que eles acham que acontecerá. Se você tiver um prazo que não pode ser mudado — talvez uma grande conferência de usuários ou uma campanha de marketing cuja data não tem como ser alterada —, os líderes provavelmente dirão quais funcionalidades deverão ser sacrificadas. Ou eles vão lhe dizer qual é a probabilidade de cumprir o prazo, o que raramente é muito preciso ou inspira confiança. Muito provavelmente, eles se comprometerão com as funcionalidades, a certeza e o prazo. Para quem vê de fora, pode parecer que é isso que os executivos querem. Mas é bem provável que eles estejam sacrificando a qualidade. Pode não ficar claro logo de cara, mas você vai ter de lidar com as consequências se os clientes adotarem o produto. Se o precioso lançamento realmente conseguir conquistar a adoção no mercado, os clientes enfrentarão bugs, problemas de escalabilidade, problemas de segurança e assim por diante. Nesse ponto, todo o progresso será interrompido e a equipe será forçada a recuar para reforçar os alicerces — o que sem dúvida é muito mais frustrante porque agora você tem clientes furiosos ou uma demanda não atendida no seu colo.

É por isso que muitos produtos ágeis começam com poucas funcionalidades. Elas costumam não ser tão importantes quanto colocar uma ideia nas mãos dos clientes com rapidez. Desse modo, os prazos são mais importantes do que as funcionalidades, e a qualidade é indispensável.

É por isso que muitas equipes de produto em estágio inicial optam por construir menos funcionalidades, mas com confiança. Se a ideia inicial estiver correta, vocês sempre poderão iterar e construir outras depois.

No papel de executivo, a melhor coisa a fazer é ter uma conversa séria sobre os atributos que vocês consideram indispensáveis e os que vocês estão dispostos a sacrificar. Na Twilio, priorizamos a qualidade e a confiança, de modo que jamais sacrificamos a primeira. É verdade que às vezes pisamos na bola, mas tentamos deixar bem claro que a qualidade é um atributo imprescindível. Como muitas empresas, temos uma grande conferência anual de usuários chamada SIGNAL, que é nossa plataforma para anunciar produtos, chamar a atenção da imprensa e impressionar nossos clientes. Por isso, o prazo costuma ser definido quando nossa equipe de marketing reserva o local do evento e começa a vender os ingressos. Com isso, temos que escolher entre funcionalidades e certeza. De modo geral, é bem melhor avançar com certo grau de certeza, de modo que damos às equipes o poder de decidir as funcionalidades para que possam cumprir o prazo. Monitoramos a certeza nos meses que precedem a SIGNAL, mas um mês antes ela deve chegar a um sim ou um não claro, sendo que a única variável restante para cumprir o prazo são as funcionalidades. Pesando as vantagens e as desvantagens dos quatro atributos, acho que é uma boa troca. Como executivos, é comum ficarmos obcecados com algumas funcionalidades, mas os clientes raramente compram com base em uma delas. Eles têm mais interesse no todo, e sempre poderemos incluir outras depois. Assim, cabe aos executivos e aos líderes de produto alinhar desde o começo quais funcionalidades são consideradas indispensáveis para a adoção inicial do cliente e a conscientização do mercado e quais são apenas interessantes de se ter.

O que os impede de simplesmente colocar mais desenvolvedores para resolver o problema?

Os gerentes costumam adorar a possibilidade de receber mais recursos de modo que, quando os gerentes de engenharia recusam a oferta de mais pessoal ou verba para acelerar um projeto, os líderes ficam pasmos. Quem não gostaria de ter mais verbas e uma equipe maior?! A razão é que colocar mais pessoas para resolver o problema, especialmente se um projeto já estiver em andamento e atrasado, dificilmente vai ajudar. Na verdade, pode até atrasar ainda mais o projeto. O que explica esse paradoxo, especialmente no curto prazo? Para começar, leva tempo contratar pessoas para qualquer função, inclusive desenvolvedores, e alocar tempo ao recrutamento e à seleção desacelera o trabalho em andamento. Além disso, o novo desenvolvedor vai precisar de um período para se adaptar. Mesmo se você o contratar hoje, ele só vai começar a ser produtivo quando se familiarizar com o código-fonte e o estilo de atuação da equipe, um processo que costuma levar meses. Esses fatores são administráveis e parecidos em qualquer área da empresa. Vejamos o exemplo de vendas. Se você contratar um novo representante, demora um tanto para ele se familiarizar com os produtos e começar a fechar negócios. Portanto, se você estiver vendo que não conseguirá atingir as metas de receita deste trimestre, não vai adiantar contratar mais representantes de vendas hoje. O mesmo se aplica aos desenvolvedores. O custo inicial é alto antes de os novos começarem a ser produtivos. Mas — você pode estar pensando —, se for possível trazer desenvolvedores de outra equipe, muitos desses custos serão eliminados. Por que não fazer isso? O desenvolvimento de software tem alguns outros desafios específicos.

Em 1975, o pioneiro do software Frederick Brooks publicou *O mítico homem-mês*, uma coletânea de ensaios sobre o desenvolvimento de software. Uma das ideias centrais, que deu o nome ao livro, é o "mítico homem-mês" — que vou tomar a liberdade de rebatizar de "mítico desenvolvedor-mês" para incluir todos os gêneros[1] —, que diz que, quanto mais desenvolvedores você jogar em um projeto atrasado, mais você vai atrasar o projeto. O resultado é um paradoxo por duas razões:

---

1 Em inglês, a palavra *developer* (assim como outras profissões) não tem gênero. [N.E.]

a primeira é o tempo que o novo integrante leva para se adaptar. Mas o fator mais importante é a maior comunicação necessária entre os envolvidos no projeto. Todos os novos desenvolvedores vão precisar fazer muitas perguntas sobre o funcionamento das coisas e essas questões interrompem o trabalho dos desenvolvedores produtivos. No fim das contas, você obterá menos progresso do que se simplesmente deixasse os produtivos terminar o trabalho, mesmo com atraso. Esse é o mítico desenvolvedor-mês na prática.

É bem verdade que, em algumas situações, é possível expandir a equipe para acelerar o progresso, mas não adianta fazer isso com o projeto em andamento um pouco antes do prazo. É claro que muita coisa mudou desde a publicação de *O mítico homem-mês*, mas o conceito em geral continua válido.

O gráfico a seguir representa a minha experiência. Fui eu que inventei a fórmula,[2] de modo que ela está longe de ser científica — mas pergunte a um desenvolvedor o que ele acha e ele provavelmente concordará.

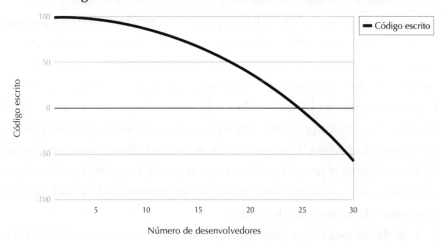

2 A quem interessar possa, a fórmula é: $100 - (N \cdot 0{,}35)^{\wedge}(2 + N \cdot 0{,}005)$, em que N = número de desenvolvedores.

Desmistificando a metodologia ágil 269

Aumentar a equipe para mais ou menos dez desenvolvedores não só gera retornos decrescentes como pode chegar a gerar retornos negativos. Por isso é mais interessante focar equipes pequenas. Isso também explica por que você não pode simplesmente jogar mais pessoas em uma equipe existente esperando um aumento de produtividade. Se você der uma olhada no salto de dez para vinte desenvolvedores, verá que a produtividade cai mais do que a metade, representando uma desaceleração, não a aceleração desejada. Com mais ou menos 25 desenvolvedores, você chega a obter quantidades negativas de código escrito. Não sei exatamente o que isso significa, mas tenho certeza de que coisa boa não é. Com base na minha experiência, eu suspeito que seja por aí.

Se você não gostou de saber que não adianta incluir mais desenvolvedores para resolver o problema, dá para entender. Como executivos, tudo o que temos para trabalhar é o orçamento. Mas, no curto prazo, não direcione suas frustrações à equipe. Isso só vai desmoralizar uma equipe que (provavelmente) já está exausta e não vai adiantar nada. É como se enfurecer com a gravidade. Se o seu paraquedas não abrir, você pode xingar a gravidade o quanto quiser, mas não vai adiantar nada.

No entanto, em médio e longo prazos, os melhores líderes podem resolver o problema dividindo para conquistar. Dividir o problema, o código e as pessoas em várias equipes pequenas lhe permite criar um backup de pessoal e incluir mais pessoas no projeto. Como vimos no Capítulo 8 quando falamos sobre o processo de mitose, essas reorganizações levam tempo, tanto em termos de recursos humanos quanto de divisão do código. Considere pelo menos seis meses para ser capaz de reconfigurar o problema e acelerar o progresso aumentando o orçamento. Caso contrário, você só vai ter um monte de desenvolvedores afetando o trabalho uns dos outros.

Um dia desses conversei com um executivo que estava analisando um projeto que demoraria três anos para ser concluído. Era um projeto importante e o executivo estava frustrado por não poder "jogar US$ 100 milhões no problema" e concluí-lo em um ano, apesar de a liderança da engenharia dizer que mesmo com mais verba eles não teriam como acelerar o andamento. O executivo disse: "Aposto que, se eu entregasse US$ 100 milhões nas mãos de [entra o nome de uma grande empresa de consultoria], eles conseguiriam". Eu respondi: "Tenho certeza de que o vendedor deles diria que é possível se você acenar com US$ 100 milhões, mas garanto que eles também não conseguiriam". É por isso que esses grandes projetos de consultoria sempre estouram o prazo e o orçamento. O executivo não discordou de mim, provavelmente porque, no fundo, sua experiência confirmava o que eu disse. Às vezes, é preciso ter paciência. Mesmo assim eu sugeri que o executivo perguntasse à liderança técnica quais ações eles poderiam tomar hoje e nos próximos meses que lhes permitiriam aumentar o orçamento em seis meses e concluir o projeto em dezoito meses em vez de três anos. Essa é uma pergunta razoável a que um bom líder de engenharia deve ser capaz de responder com um bom planejamento e uma arquitetura robusta.

Até em ambientes ágeis modernos, o trabalho continua sendo dividido para se encaixar nas estruturas de equipe. O problema é que isso resulta em uma sobrecarga enorme, especialmente na tarefa de encontrar uma linha divisória razoável entre o trabalho das duas equipes — e depois incorporar essas divisões no código-fonte, nas missões e responsabilidades. É o clássico "desacelerar para acelerar". Feito isso, você precisa contratar desenvolvedores para a equipe e conduzi-los à produtividade. Levando tudo em consideração, seria melhor só deixar a equipe continuar o trabalho em curto prazo, enquanto a liderança da engenharia dedica parte do tempo para redesenhar a estrutura da equipe e viabilizar uma aceleração. Em determinados momentos do projeto, faz muito sentido uma pausa para reavaliar e redividir o problema (como vimos no Capítulo 8, em que expliquei como a mitose permite dividir e aumentar as equipes ao longo do tempo), mas não recomendo isso no olho do furacão, especialmente se vocês já estiverem atrasados.

Armadilhas da metodologia ágil

Infelizmente, a metodologia ágil não é a bala de prata que seus adeptos mais fervorosos gostariam que fosse. Como qualquer sistema de organização, ela tem suas vantagens e desvantagens. Em uma conversa recente que tive com o CEO de uma empresa de capital aberto, perguntei como estava indo a transformação ágil da companhia e ele respondeu: "Eles não passam de um bando de teóricos se achando as maiores autoridades no assunto que entram aqui nos dizendo como administrar o negócio — e nada é feito!". Eu quase caí da cadeira. Onde foi que a metodologia ágil errou?

Em vez de liberar a criatividade dos desenvolvedores, a metodologia ágil pode engessá-la. Na tentativa de imbuir o desenvolvimento de software de disciplina e previsibilidade, os primeiros praticantes da metodologia ágil olharam para o mundo da manufatura e se perguntaram: "Como podemos levar a previsibilidade de uma linha de montagem ao desenvolvimento de software?". Assim nasceu o método Kanban para administrar o fluxo de trabalho, que foi diretamente retirado do Sistema Toyota de Produção.

No Kanban, o *product owner* divide o trabalho da semana em pequenas tarefas que são anotadas em post-its e coladas em um quadro Kanban. Os engenheiros tiram as tarefas do quadro, fazem o trabalho, passam os post-its para a coluna "feito" e repetem o processo. Quando a semana termina, eles relatam o número de tarefas que concluíram. É necessário dividir problemas complexos em tarefas menores, mas o método Kanban corre o risco de tratar os desenvolvedores como operários em uma linha de montagem. Acho que já deu para notar que não sou muito fã desse tipo de mentalidade. Em uma linha de montagem automotiva, você não quer criatividade. Cada carro que você fabrica não resolve um problema diferente. Muito pelo contrário. Você quer que todos os que saem da linha sejam idênticos. E você não quer que os operários da linha de montagem sejam muito criativos. ("Ei, que tal a gente fazer um volante triângulo neste carro?")

Isso pode funcionar para operários de linha de montagem, mas uma pessoa criativa não quer trabalhar nesse esquema. Tanto que os quadros Kanban me lembram um artigo que li alguns anos atrás que achei ao mesmo tempo interessante e horripilante. O texto era sobre um vilarejo chinês chamado Dafen, que produz 60% das pinturas a óleo do mundo, muitas delas cópias de grandes mestres. São basicamente fábricas de arte, com linhas de montagem reproduzindo à mão obras de Vincent van Gogh, Leonardo da Vinci, Andy Warhol e outros. Os pintores trabalham em equipe. Cada pessoa percorre o corredor de cavaletes e dá algumas pinceladas em cada tela. O próximo artista inclui outro elemento. Mais de oito mil trabalham em Dafen. Eles produzem entre três e cinco milhões de pinturas por ano. Devo admitir que monetizar um Monet é uma ideia bastante criativa. Mas fiquei chocado quando li sobre Dafen. Achei ofensivo ver empresas contratando artistas criativos e removendo toda a criatividade do trabalho dessas pessoas.

Fonte: INSTAPAINTING BLOG. *Leveraging Art & Technology*. Disponível em: https://www.instapainting.com/blog/company/2015/10/28/how--to-paint-10000-paintings. Acesso em: maio 2022

No entanto, é exatamente isso que algumas empresas fazem com os desenvolvedores. Elas contratam talentos criativos e os jogam em um mar de cubículos para criar software mecanicamente tirando post-its do quadro Kanban. Muita gente reclama que é difícil contratar bons desenvolvedores e eu retruco que com certeza será difícil atrair talentos se eles forem tratados como trabalhadores de uma linha de montagem.

As breves reuniões diárias são outro pilar da metodologia ágil. A equipe começa todos os dias com uma reunião na qual todos informam a todos o que fizeram ontem e o que farão hoje. O problema é que muitos desenvolvedores odeiam essas instâncias com todas as forças — não porque os engenheiros são antissociais, mas porque elas tomam um tempo valioso que poderia ser mais bem aproveitado escrevendo código. E, como qualquer reunião, essas breves reuniões de pé podem, por um lado, ser bem conduzidas e eficientes ou, por outro, uma perda de tempo sem fim e sem foco.

Nós, como executivos, estamos acostumados com dias cheios de reuniões e é comum esperarmos que todos na empresa trabalhem da mesma maneira. É o que Paul Graham, cofundador da Y Combinator, chama de "cronograma do gestor", que funciona muito bem para pessoas cujo principal trabalho é interagir com os outros. Você pode coordenar muitas pessoas dividindo seu dia em blocos de sessenta minutos. Basta colocar na sua agenda.

Porém, construir algo do nada não costuma ser feito em blocos de uma hora — é um trabalho que requer foco e o que Graham chama de "cronograma do construtor". Você já deve ter ouvido falar do fluxo — aquele estado em que mergulhamos tão profundamente em um problema que ativamos o máximo da nossa criatividade. Autores, artistas, músicos e até chefs falam do fluxo. É o estado de espírito em que tudo se encaixa, e entrar no fluxo requer um bom período de concentração. Uma única reunião tem o poder de destruir esse estado. Graham diz: "Qualquer um dos tipos de cronograma é bom por si só. Os problemas começam quando eles se encontram. Como as pessoas com mais poder seguem o cronograma do gestor, elas podem fazer com que todos ressoem na mesma frequência, se quiserem. Mas os melhores gestores se seguram, sabendo que algumas pessoas de suas equipes precisam de longos períodos sem interrupção para trabalhar."

Não é surpresa alguma, portanto, que as reuniões diárias tenham o potencial de destruir o fluxo. Qual é o melhor equilíbrio de tempo no fluxo e em reuniões para sua organização? Por que você não... pergunta ao desenvolvedor?

Muitos desenvolvedores querem ter a liberdade de entender os clientes, pensar profundamente sobre o negócio e usar o cérebro todo. Mas um sistema ágil rigoroso demais pode levar os desenvolvedores a achar que não é trabalho deles entender os clientes ou os negócios e eles acabam se limitando ao papel que o sistema espera deles. É importante não deixarmos os gerentes de produto e os desenvolvedores caírem nessa armadilha. Se os desenvolvedores se permitirem ser colocados nessas caixinhas, isso pode simplificar a vida deles no curto prazo: "É só me dizer o que fazer". Contudo, não vai demorar para eles ficarem insatisfeitos e saírem procurando emprego em outro lugar. A metodologia ágil por si só não é ruim para os desenvolvedores — na verdade, é muito boa. No entanto, os implementadores precisam tomar cuidado para garantir que os desenvolvedores se mantenham engajados e tratar o desenvolvimento como uma colaboração, não um exercício de atribuição de tarefas.

Tudo em moderação

Um dos mantras favoritos do meu pai é "Tudo com moderação". A maioria das coisas não tem problema algum, desde que você não se empolgue demais. Álcool. TV. Sexo. E acho que eu também incluiria a Metodologia Ágil para o Desenvolvimento de Software. Em vez de lançar toda uma implementação ágil com treinadores e consultores e um monte de regras e procedimentos rígidos, algumas empresas escolhem apenas alguns princípios que fazem sentido para elas e descartam o resto. "Já faz um bom tempo desde a última vez que usei uma metodologia formal", diz a cofundadora e diretora de tecnologia da **Breaker** Leah Culver (que conhecemos no Capítulo 4). Ela diz que seus **engenheiros** ainda trabalham em *sprints* rápidos, mas não se preocu- **pam** com outras práticas ágeis como as breves reuniões diárias.

Na Twilio, não adotamos rigorosamente uma metodologia ágil es- **pecífica**. Deixamos que as equipes escolham seu próprio estilo de tra- **balho**, adotando elementos mais ou menos formais do ágil. Apenas **fazemos** questão de manter alguns princípios fundamentais. A regra **que mais** buscamos seguir é que o progresso deve se basear em equipes **pequenas** e autônomas. Restringimos o tamanho das equipes a dez **pessoas** ou menos. Em vez de um sistema de planejamento que lhes **diz o que** fazer, pedimos que os times definam as próprias metas tri- **mestrais** com base no que ouvem dos clientes. Quando as ideias sobre **o que é** necessário fazer diferem do que a liderança considera mais im- **portante**, evitamos que as equipes acatem às cegas as ordens de cima **para baixo**, estimulando que, em vez disso, os dois lados entrem em **um diálogo** para resolver o conflito. Todas as nossas aproximadamente 150 equipes de engenharia de produto precisam seguir essas regras.

Com base nessa estrutura, geralmente deixamos as equipes escolhe- rem seu estilo de trabalho. A maioria delas, se não todas, trabalham em *sprints* de duas semanas visando a ter um progresso demonstrável ao final de cada um. Algumas equipes são melhores nisso do que outras. Todas buscam limitar o trabalho em andamento, que é o objetivo tanto do Scrum quanto do Kanban, com diferentes níveis de sucesso. Há ti- mes que trabalham juntos na mesma sala, enquanto outros trabalham espalhados pelo país ou até em diferentes continentes. Com membros atuando em quatro ou cinco fusos horários diferentes, pode fazer sen- tido permitir alguma sobreposição das horas de trabalho. A maioria tenta atribuir uma medida de produtividade, usando *story points*, para ver se estão se evoluindo nesse quesito com o tempo. Cada equipe tem uma definição diferente de *story points*, mas tudo bem. Essa prática foi incorporada ao fluxo de trabalho de muitos times ágeis e sou fã dela.

Assim como você mediria a produtividade de um vendedor com base no número de vendas, é importante medir a saúde de uma equipe de engenharia.

Nossas equipes adotam a abordagem do Pergunte ao Desenvolvedor em graus variados. Em algumas, os engenheiros se engajam periodicamente com o cliente, inclusive nas discussões para definir o "problema a ser resolvido". Acontece muito de essas equipes serem as que compartilham os problemas dos clientes, não apenas as histórias do usuário, com os desenvolvedores.

Gosto de andar pelos corredores da Twilio e perguntar aos engenheiros o que eles estão fazendo (só quando vejo que eles não estão concentrados no trabalho). Gosto de sempre me aprofundar e perguntar qual problema do cliente eles estão resolvendo. É comum termos uma boa conversa sobre o cliente, mas às vezes o desenvolvedor dá de ombros e diz algo como: "Não sei direito. Só estou fazendo o que o gerente do projeto mandou". Quando isso acontece, vejo que a equipe pode ter levado a divisão de trabalho da metodologia ágil longe demais e sei que pode ser interessante ter uma conversa com a equipe — tanto para os líderes que estão desperdiçando uma parte do potencial de seu pessoal quanto para os desenvolvedores que se contentam em não saber. Acho que os desenvolvedores que têm essa atitude estão reduzindo suas chances de avanço profissional.

Se você está se perguntando como a metodologia ágil funciona e se ela está ou não contribuindo para sua agilidade, sugiro conversar com seus desenvolvedores e gerentes de produto. Você terá uma ideia de como eles trabalham e de quão ágil e centrado no cliente seu processo é. Mais especificamente, talvez você queira saber se os gerentes de produto e os engenheiros estão se relacionando bem. Pergunte aos desenvolvedores se eles querem que os gerentes de produto sejam guardiões ou facilitadores da interação com o cliente. Pergunte a estes se eles se veem nesse papel. Você pode perguntar às suas equipes se elas trabalham em colaboração para elaborar os planos de trabalho com base no que todos sabem sobre o cliente ou se elas "dividem para conquistar", com os gerentes de projeto se especializando nos clientes e os engenheiros, no código. Acredito que as equipes que têm um gerente de produto que sabe um pouco de programação e desenvolvedores que sabem um pouco sobre os clientes constroem produtos melhores. As equipes estão conseguindo criar um valor entregável a cada *sprint*? Elas têm como demonstrar seu progresso periodicamente? Não existe um único jeito certo de implementar a metodologia ágil, mas é possível fazer uma implementação inadequada e afastar os clientes do processo. Conhecer o valor dessa metodologia e saber como suas equipes a usam ajudará você a entender as respostas às vezes paradoxais e muitas vezes frustrantes que recebe ao buscar um determinado grau de certeza de suas equipes de produto.

CAPÍTULO 11

Invista em infraestrutura

Mova-se rápido e quebre coisas.
— MARK ZUCKERBERG, 2009

Mova-se rápido com uma infraestrutura estável.
— MARK ZUCKERBERG, 2014

O famoso slogan de Mark Zuckerberg "Mova-se rápido e quebre coisas" foi brilhante, mas não acho que ele queria ser levado ao pé da letra. Foi por isso que ninguém se surpreendeu quando, em 2014, ele mudou a frase para a muito menos memorável "Mova-se rápido com uma infraestrutura estável". A tensão entre essas duas declarações é o tema deste capítulo.

Na maioria das empresas, os executivos querem que suas equipes inovem, entreguem produtos para ontem e pensem fora da caixa. Maravilhoso! Espetacular! Saiam inovando tudo!

Mas eles também querem um ambiente livre de erros. Se houver *bugs*, quedas ou falhas de segurança, as reuniões são feitas para descobrir quem pisou na bola. Se a imprensa ou os clientes odiaram um novo produto, ele provavelmente será descartado e a carreira da equipe será prejudicada.

Essas duas ideias são absolutamente contraditórias. Os executivos dizem que querem a inovação, mas acabam punindo as pessoas pelas consequências naturais dela. E, como os seres humanos tendem a fazer de tudo para evitar a dor e o sofrimento, o desejo de não ser punido se sobrepõe rapidamente à ordem de inovar. O resultado é uma organização que se arrasta, é avessa ao risco e tem uma cultura de fugir da responsabilidade pelas decisões.

É por isso que o slogan original de Zuckerberg foi tão brilhante: "Mova-se rápido e quebre as coisas". Ele reconhece que a rapidez tem seu custo — as coisas não serão perfeitas — e não vê problema nisso. A ideia é que, se você quebrar alguma coisa, pode contar com a minha proteção se estava ousando a fim de inventar algo para nossos clientes. Com isso, ele coloca a inovação em primeiro lugar.

O problema é o seguinte: ele não estava sendo 100% sincero. Se você é o desenvolvedor e quebra algo que rende bilhões de dólares para empresa, não espere uma medalha. A escolha entre a velocidade e a qualidade é uma falsa dicotomia e é insustentável pensar assim, como Zuck claramente acabou descobrindo.

No Facebook, como em muitas empresas, é comum gastar mais de 30% e, muitas vezes, até mais de 50% do orçamento total de desenvolvimento em infraestrutura e plataformas. Como seus clientes não veem diretamente os resultados desse grande investimento, os executivos tendem a questionar as grandes despesas. Escrevi este capítulo para falar sobre a importância de suas equipes de plataforma e como elas melhoram e aumentam a eficiência de todas as outras. No Facebook, tudo começou com um cara chamado Chuck Rossi.[1]*

---

1 Veja mais em: https://arstechnica.com/information-technology/2012/04/exclusive-a-
-behind-the-scenes-look-at-facebook-release-engineering/3/ (em inglês).

Chuck foi contratado em 2008 como o primeiro "engenheiro de lançamento" do Facebook. Seu trabalho era gerenciar o *roll-out* do software para o ambiente de produção e garantir que nada que os desenvolvedores estivessem tentando implantar derrubasse o site. Ele criou um processo rigoroso que incluía *deploys* semanais contendo grandes mudanças — sempre implantados durante o dia de trabalho para garantir que os engenheiros estivessem disponíveis caso surgissem problemas — e pequenas atualizações diárias para corrigir pequenas falhas. Ele sabia quais desenvolvedores escreviam os códigos mais limpos e chegava a dar notas à reputação de cada desenvolvedor da empresa. Se você quebrasse o Facebook, recebia uma notificação. Três notificações e você ficava proibido de enviar código por um tempo. (Note que era só por um tempo. Os erros eram tolerados com base na premissa de que você aprendia com eles, apesar de ser deixado "de castigo".) Atuando como um cão de guarda para a empresa e seus clientes, Rossi garantiu a aplicação das melhores práticas de teste, revisão de código, *deploy* "canário" e muito mais.

Em resumo, ao fornecer plataformas e processos que ajudaram os desenvolvedores a construir as coisas com mais rapidez ao mesmo tempo em que eram direcionados por muretas de proteção para resguardar os clientes e a empresa de problemas realmente graves, Rossi garantiu que os desenvolvedores não quebrassem muito as coisas ao se moverem rapidamente. De fato, uma excelente infraestrutura é a base da inovação.

Essa abordagem não é muito diferente da maneira como as empresas mais eficientes e inovadoras possibilitam que todos os seus funcionários façam seu melhor trabalho ao mesmo tempo que estabelecem um determinado grau de sistematização.

Se você tem uma equipe de vendas, provavelmente já faz isso. Você tem um grupo encarregado de produzir conteúdo para treinar os representantes sobre seus produtos, o que aumenta a produtividade porque eles são munidos de mais conhecimento para ajudar os clientes. Você compra um software de automação para ajudá-los a monitorar as vendas e acompanhar o status do *pipeline* de vendas.

Você também dá condições para que sua equipe de finanças faça seu melhor trabalho. Você tem um sistema ERP para ajudar a equipe financeira a registrar as entradas e saídas no livro-caixa, controlar as despesas e preparar com eficiência demonstrativos precisos da situação financeira da empresa aos investidores. É difícil imaginar a área de vendas, de finanças ou qualquer outra existindo e tendo o mínimo de sucesso sem esse tipo de infraestrutura.

O mesmo pode ser dito dos times de software. Para ajudar seus desenvolvedores a ter sucesso, você deve investir na infraestrutura. Não precisa começar com ela logo de cara. Na verdade, esses sistemas tendem a evoluir naturalmente conforme sua equipe de software cresce e vai ficando mais sofisticada, mas você precisa investir ativamente na infraestrutura. E pode fazer isso de maneiras que seus desenvolvedores se sintam ouvidos, vejam que a empresa está investindo neles e que os valoriza como profissionais criativos.

Não é incomum para grandes companhias de software investirem mais de 50% de todos os fundos de P&D em infraestrutura. Mas será tentador questionar a necessidade desses investimentos. A cada ciclo de orçamento, você verá uma grande despesa vinculada a essas equipes de infraestrutura e as pessoas se perguntarão se é realmente necessário tanto. Por que estamos contratando engenheiros para administrar a infraestrutura interna em vez de alocar mais funcionários às equipes que constroem produtos para os nossos clientes? Fazemos isso porque a infraestrutura de software promove a produtividade e o sucesso de todos os outros desenvolvedores. Se você parar de investir, não vai demorar para ver todas as vantagens proporcionadas por essas equipes de infraestrutura. A maioria das empresas vê um aumento de produtividade muito maior do que os 20% a 30% investidos.

Você já se perguntou por que os engenheiros fazem fila para entrar em empresas como o Google? É verdade que o salário é bom. Mas a infraestrutura de suporte é espetacular. Uma coisa é paparicar os desenvolvedores com comida grátis e patinetes, outra, e o que realmente atrai os desenvolvedores, é a infraestrutura fantástica que o Google oferece para eles trabalharem. Quando as ferramentas que você tem direcionam quase toda a sua energia para a tarefa em questão — atender clientes e ser criativo —, a mágica acontece. E o contrário também é verdade: quando as suas ferramentas mais atrapalham do que ajudam, o moral despenca.

Aprendi essa lição a duras penas. Você pode achar que a Twilio já nasceu com essa atitude, considerando que foi fundada por três desenvolvedores de software. Mas, no começo, não investíamos o suficiente em infraestrutura de software e isso quase nos matou.

As dores do crescimento da infraestrutura

Em 2013, a Twilio crescia rapidamente. Tínhamos passado de cerca de US$ 1 milhão em receitas anuais em 2010 para mais de US$ 30 milhões em 2012. Levantamos quatro rodadas de capital de risco, totalizando US$ 103 milhões, e crescemos de três fundadores para mais de cem funcionários, sendo que mais da metade eram desenvolvedores de software construindo nossos produtos.

No entanto, tínhamos um problema. Nosso "sistema de compilação" (*build system*) — a infraestrutura de software que os desenvolvedores usavam para enviar seu código ao nosso repositório, executar testes, gerar um pacote com o código pronto para o *deploy* e fazer o *deploy* nos nossos principais servidores de produção — estava ficando obsoleto. Eu tinha construído aquele sistema em 2008, quando abrimos a empresa, e ele não tinha sido projetado para dar suporte a cinquenta engenheiros submetendo código o dia inteiro e fazendo o *deploy* desse código em centenas de servidores. Quando eu o construí, eu conseguia enviar meu código e tê-lo rodando em um servidor em cinco minutos. Em 2013, devido ao crescimento do código-fonte e à complexidade dos testes e compilações, o processo podia levar até doze horas! Além disso, não era raro a compilação não funcionar — na pior das hipóteses, até 50% das vezes — e o desenvolvedor ter de recomeçar do zero. Era comum perdermos dias inteiros de produtividade só para implantar o código. Era o contrário de se mover rápido.

Escrever o código não era a parte mais difícil. O mais difícil era trabalhar com nossos sistemas antiquados. Isso é que era dar um tiro no pé. O que acabou acontecendo foi que os melhores engenheiros começaram a pedir demissão, frustrados ao se verem incapazes de fazer seu trabalho. Começou com um ou outro e, quando vimos, quase metade deles tinha saído da empresa. Metade! Foi um desastre completo e quase afundou a empresa.

Em vista disso, embarcamos em um plano veloz e difícil para reconstruir nossas plataformas de desenvolvimento com o objetivo de sustentar nosso crescimento. A primeira coisa que fizemos foi contratar um cara chamado Jason Hudak para chefiar a equipe de plataforma. Jason tinha passado mais de uma década no Yahoo construindo a infraestrutura para dar suporte aos milhares de engenheiros da empresa. Se você vir Jason na rua, nunca vai imaginar que ele é engenheiro de software. Ele é um texano de rosto avermelhado e foi fuzileiro naval. Estudou administração, não ciência da computação, na Universidade de Tecnologia do Texas. É praticamente autodidata e aprendeu a programar depois de entrar em uma empresa de tecnologia na década de 1990, estudando com engenheiros que reconheceram seu potencial. Jason passa seu tempo livre fazendo snorkel, praticando ciclismo e caçando javalis no Texas. Além de ser um talentoso pintor abstrato. Ele me presenteou com dois de seus quadros, que estão em um lugar de destaque na minha sala. Jason vai ao trabalho de camiseta, chinelos e boné de caminhoneiro. Mas, por trás de seu jeito descontraído, há uma intensidade e uma disciplina que ele aprendeu no campo de treinamento da Marinha.

Essa combinação foi importantíssima quando começamos a adotar uma metodologia chamada DevOps para construir nossa plataforma de desenvolvimento. Mesmo se você não trabalhar diretamente com tecnologia, já deve ter ouvido o termo DevOps sem saber direito do que se trata.

Um cético pode dizer que o DevOps se tornou uma espécie de "prato do dia" no desenvolvimento de software, como a metodologia ágil e a startup enxuta foram no passado. A Amazon oferece mais de mil títulos sobre o tema. Você poderia passar anos aprendendo tudo sobre o DevOps, mas, para os fins deste livro, vou dar uma explicação extremamente simplificada, que é mais ou menos assim:

Era uma vez organizações de desenvolvimento de software que decidiram dividir o processo de produção de uma parte do código em várias tarefas. Tarefas como codificação, construção, teste, criação de pacotes, envio, configuração e monitoramento passaram a ser feitas por pessoas diferentes. Os DESENVOLVEDORES escreviam o código, que era passado para os ENGENHEIROS DE QUALIDADE, que encontravam *bugs*. OS ENGENHEIROS DE LANÇAMENTO preparavam o código para a produção. Quando os clientes começavam a usar o programa, os ENGENHEIROS DE CONFIABILIDADE DO SITE se encarregavam de manter o site no ar. Os engenheiros de confiabilidade ficavam de prontidão à noite e nos fins de semana e esperava-se que eles largassem tudo para consertar o código quando um programa dava pau.

Dividir o trabalho em funções especializadas tinha suas vantagens, mas também desacelerava as coisas. Os desenvolvedores jogavam a batata quente (o código) no colo dos engenheiros de qualidade, que passavam o pente fino e mandavam de volta apontando o que tinha de ser consertado. Esse processo se repetia muitas vezes e o código passava por vários tipos diferentes de teste. Em seguida, o código era enviado aos engenheiros de lançamento, que poderiam jogá-lo de volta, e depois para os engenheiros de confiabilidade do site, que também poderiam jogá-lo de volta. (Você já deve ter notado que não sou muito fã da brincadeira de batata quente.) Cada etapa desse processo poderia envolver atrasos enquanto o desenvolvedor esperava um engenheiro de teste ou um de lançamento terminar outros projetos até chegar ao dele. Multiplique todos esses potenciais atrasos pelo número de etapas e dá para ver como as coisas podem se arrastar.

O DevOps, criado uns dez anos atrás, representa uma tentativa de acelerar as coisas colocando um desenvolvedor para cuidar de todas as etapas. O conceito se reflete no próprio nome: em vez de ter "desenvolvedores" encarregados de escrever código e "operadores" encarregados de todo o resto, você combina todas as funções em uma única pessoa. Em um ambiente DevOps, o mesmo desenvolvedor escreve o código, testa-o, gera o pacote, monitora o código e permanece responsável por ele depois que entra em produção.

A última frase transmite um dos elementos mais importantes do desenvolvimento de software moderno e algo que nós, da Twilio, consideramos um valor quase sagrado: a pessoa que escreve o código também "fica de plantão" depois que o código entra em produção.

O código é seu. Se ele travar, você o conserta. Gostamos dessa ideia por levar os desenvolvedores a entregar o melhor código que puderem. O medo de ter de atender àquelas ligações de madrugada dá um pequeno incentivo adicional para aquela última repassada no trabalho antes de enviá-lo.

Não é que deixamos os desenvolvedores enviarem um código que vive travando, mesmo se forem eles que precisarão acordar de madrugada para consertá-lo. Os clientes ainda seriam afetados. Para evitar isso, Jason e sua equipe criaram um checklist de melhores práticas, batizado de Modelo de Maturidade Operacional. Ele é dividido em seis categorias de excelência: documentação, segurança, suportabilidade, resiliência, testabilidade e privacidade. Ao todo, são 41 etapas. A ideia é que, para as equipes considerarem seu produto *generally available*, ou seja, pronto para os clientes, elas precisam demonstrar excelência em cada categoria. Atingir a nota máxima em todas constitui o nível mais alto de realização. Nós chamamos a nota máxima de "Iron Man".

No modelo tradicional, os desenvolvedores realizam apenas algumas dessas tarefas. Eles podem escrever alguns testes, mas não testes completos de ponta a ponta. Podem documentar seu código, mas não habilitar a equipe de suporte. Podem ter boas práticas de segurança, mas não de privacidade. Não que eles não se importem; eles só não são familiarizados com todos os padrões de excelência. A melhor maneira de dominar essas tarefas é, naturalmente, automatizar as equipes. Mas levaria uma eternidade se cada equipe tivesse de se especializar em tudo e construir a própria automação para cada uma dessas categorias. É aí que entra o time de Jason. Segundo a definição dele, o trabalho da equipe de plataforma — um grupo de cerca de cem engenheiros trabalhando em treze pequenas equipes — é "fornecer software que possibilitará a um desenvolvedor tradicional ter sucesso na cultura DevOps sem precisar de um profundo conhecimento sobre todas essas áreas especializadas". O trabalho deles não é desenvolver softwares que são enviados aos clientes. Eles fazem aqueles que os desenvolvedores usam para escrever, testar, implantar e monitorar softwares. No nosso processo, isso é o que mais se aproxima de uma linha de montagem. Os engenheiros de plataforma são as pessoas que criam o design e otimizam a "linha de montagem" que acelera a inovação.

A ideia é facilitar e adiantar para os desenvolvedores o processo de escrever códigos que atinjam a maturidade operacional com o mínimo de trabalho possível. Nossa solução foi construir uma plataforma que fornecesse todas essas funções em um único lugar. Jason compara a plataforma com um grande vitral, um único painel de vidro composto de muitos elementos. Os desenvolvedores podem acessar todas as ferramentas de que precisam nesse único painel. Os padrões deles são elevados. "Os engenheiros de software são o grupo mais cético, crítico e rabugento do planeta", diz Jason. "Eu posso dizer isso porque sou um deles. Eles são intelectualmente honestos, mas você recebe o feedback mais brutal. Eu construo plataformas porque, se você puder criar um software que satisfaça outros engenheiros de software, você é capaz de criar um para qualquer coisa."

Os princípios de Jason

Quando Jason entrou na Twilio, ele criou uma lista de princípios e valores para embasar a construção e a execução da plataforma. Ele teve de andar na corda bamba, encontrando um equilíbrio entre dar aos desenvolvedores liberdade e autonomia e, ao mesmo tempo, convencê-los a aderir a uma série de padrões para fazer as coisas. Os padrões nos ajudam a manter a coesão de quase todas as partes do código-fonte (como vimos no Capítulo 6, as muretas de proteção, se bem implementadas, têm o poder de libertar as pessoas). Mas não queremos ser tão rigorosos a ponto de engessar a inovação. Estamos sempre tentando encontrar o equilíbrio.

Aqui estão os princípios que ele criou:

A rodovia asfaltada

A plataforma de desenvolvimento Admiral inclui todas as ferramentas das quais um desenvolvedor precisa para trabalhar. Mas os desenvolvedores não precisam usá-las se não quiserem. Se você adora uma ferramenta de teste específica e ela não estiver na plataforma, nada te impede de usá-la. Jason chama isso de "off-road" em oposição à "rodovia asfaltada", o que significa que escolhemos essas ferramentas para facilitar nossa vida, como dirigir em uma rodovia asfaltada. Mas você também tem a liberdade de sair dela e dirigir em estradas de terra ou no meio do mato se quiser. Você vai chegar ao seu destino, mas pode levar mais tempo. Se for muito importante para você, ou se essa ferramenta específica lhe oferecer algumas vantagens, não hesite em usá-la. Uma das expressões favoritas de Jason é: "Não temos regras; temos muretas de proteção". Só que, mesmo se você sair da rodovia, ainda precisa garantir coisas como segurança e resiliência, o que aumenta ainda mais o apelo da rodovia asfaltada.

Escolha a sua linguagem

Outro exemplo da flexibilidade que damos aos nossos desenvolvedores é que não os forçamos a usar uma única linguagem de programação. Pelo contrário, utilizamos quatro: Python, Java, Scala ou Go. Um desenvolvedor pode empregar qualquer uma delas e se beneficiar de todo o suporte da plataforma. Mas, como é o caso das ferramentas, ele também pode usar outras linguagens se quiser. Também nesse caso, é uma questão de dirigir em uma rodovia asfaltada ou seguir off-road. "Se você quiser construir algo em C ou em alguma outra linguagem, vá em frente, porque não estamos aqui para dizer o que você pode ou não pode fazer", Jason explica. "Mas saiba que talvez você tenha de trabalhar mais, porque não vai ter como usar todas as ferramentas da plataforma."

Self-service

A ideia é dar um cardápio aos desenvolvedores e deixá-los escolher o que quiserem, quando quiserem, sem que eles tenham de passar por muitos guardiões. Eles também não precisam saber como esses processos funcionam. Eles só escolhem o que querem. É como digitar um número na máquina de venda automática e pegar uma Coca Diet. Você não precisa saber como a máquina faz o que faz. "Os desenvolvedores só nos dizem o que precisam que seja feito e não queremos que eles se preocupem com a maneira como isso é feito. Basta nos dizer o que você quer e nós cuidaremos disso para você."

A complexidade como uma opção

A plataforma Admiral foi configurada para que cada ferramenta tenha uma maneira específica de fazer as coisas — "um fluxo de trabalho opinativo", como Jason chama, o que significa que os engenheiros da plataforma têm certas opiniões sobre a melhor maneira de usar essa ferramenta. Também nesse caso, os desenvolvedores não precisam seguir as regras. "Permitimos que os desenvolvedores configurem o software para realizar atividades mais complexas ou até usá-lo para fazer coisas que não levamos em consideração quando construímos a plataforma. Nosso mantra é: 'O comum deve ser fácil e o complexo deve ser possível'."

Tenha compaixão, mas seja implacável na priorização

"Não gostamos de dizer não", diz Jason. "Mas, se uma equipe receber uma solicitação de algo que seria interessante ter e outra tiver um projeto que vai gerar US$ 90 milhões em receita recorrente para a empresa, vamos resolver isso primeiro e colocar a primeira solicitação no nosso *backlog*."

Combinável, não monolítico

Nosso software é baseado em uma arquitetura de microsserviços composta por centenas de microsserviços. Cada um destes executa uma única função ou recurso. A vantagem deles é que podemos contornar ou absorver um erro. Se um serviço falhar, ele não derrubará todo o sistema de voz da Twilio, por exemplo. Os serviços são todos fracamente acoplados. Eles são construídos por equipes diferentes, que podem trabalhar de forma independente. Um microsserviço pode estar na primeira ou na segunda versão, enquanto outro pode estar na quinta. Desde que todos eles "conversem" com a API que os conecta, tudo bem.

Plataformas: o software que faz o software

Em *Ford vs Ferrari*, o filme sobre o sonho da Ford de vencer as 24 Horas de Le Mans, há uma excelente cena em que ela finalmente conseguiu derrotar a Ferrari no Le Mans com um surpreendente carro de corrida chamado GT40. "É uma máquina incrível", disse Ken Miles, o piloto, a Carroll Shelby, o designer. Mas, em vez de se deleitar com a vitória, Miles e Shelby imediatamente começam a falar sobre maneiras de tornar o GT40 ainda mais rápido.

Esse também é o espírito da indústria do software. Todos sentem uma pressão implacável para ir mais rápido, fazer mais em menos tempo com menos pessoas, para não ficar para trás. "Só os paranoicos sobrevivem", foi o mantra do CEO da Intel, Andy Grove, e o título de sua autobiografia. Vivemos em um estado constante de paranoia.

Na Twilio, passamos anos construindo incrementalmente a "máquina" que produz nosso software — a plataforma Admiral que Jason Hudak e sua equipe projetaram — poupando um pouco de tempo aqui, um pouco ali, para tentar ficar à frente nessa corrida. Vou tentar não entrar muito nos detalhes, mas gostaria de descrever o funcionamento desse processo devido à sua importância para qualquer organização moderna de software. Uma boa plataforma reduzirá radicalmente o tempo que os desenvolvedores levam para colocar o novo código em produção, permitindo que menos desenvolvedores produzam mais código em menos tempo.

A plataforma Admiral se baseia no conceito de *"pipelines"* — o processo que tem início quando um desenvolvedor se compromete com um novo código. Cada equipe pode customizar seu *pipeline* com base nos aspectos específicos de seu produto, mas também em seu estilo de trabalho, o que lhe dá mais autonomia. De todo modo, oferecemos vários *pipelines* pré-configurados que as equipes podem usar para começar. Eles representam as "rodovias asfaltadas" para percorrer fluxos de trabalho padrão, como sites, microsserviços ou clusters de banco de dados. Um *pipeline* normalmente começa executando testes de unidade — o tipo mais básico para os códigos que os desenvolvedores escrevem. Em seguida, ele executa outros mais sofisticados, como testes de integração, que analisam como o software interage com outros serviços dos quais depende. Depois de passar nestes, o código é submetido a "testes de injeção de falha", simulando cenários do mundo real que os computadores sofrem, como falhas de rede ou de disco rígido. Em seguida vêm os testes de carga, que verificam o que acontece quando há um pico no volume de solicitações, bem como os de durabilidade, simulando altas cargas contínuas para encontrar vazamentos de memória ou outros problemas que só surgem depois de um longo período de estresse. Depois de passar por todos esses exames, o código é levado ao ambiente de *"staging"* para ser submetido a outra série de avaliações — uma cópia completa do nosso sistema do mundo real, mas usada apenas para testes internos. Finalmente, se tudo der certo, o código é transferido ao cluster de "produção" — os sistemas que nossos clientes efetivamente usam. O *roll-out* para a produção, contudo, não é instantâneo. Normalmente, o código é implantado em fases por meio de um *deploy* "canário", uma analogia com o "canário na mina de carvão"[2]. Uma pequena porcentagem das solicitações é enviada ao novo software e, se não houver problema, essa parcela é aumentada lentamente até o novo código estar lidando com 100% das solicitações de produção. Se, a qualquer momento, forem detectados problemas, o sistema reverte ao código antigo e os engenheiros são notificados para que possam investigar a causa.

Para a maioria das equipes, esse processo todo é automatizado. Como você pode imaginar, fazer esse trabalho manualmente seria terrivelmente demorado, tedioso e sujeito a erros. Na prática, quando o processo não é automatizado, grande parte dos times pula muitas etapas, o que sempre é um risco. A rodovia asfaltada é uma ideia brilhante. Como grande parte dessa infraestrutura já está pronta e à espera, também é relativamente fácil fazer do jeito certo. Com a plataforma, as equipes podem avançar com rapidez e confiança.

No entanto, apesar de a Admiral parecer fantástica pela minha descrição, as equipes não são obrigadas a usá-la. Dar autonomia às pequenas equipes significa que elas não são forçadas a empregar uma ferramenta se não quiserem. Pelo contrário, elas precisam optar por ela. Desse modo, Jason, precisa "vender" seu produto e conquistar seus clientes: os desenvolvedores internos da Twilio. É neste ponto que os princípios que ele criou realmente entram em cena.

Com os pipelines pré-configurados, a plataforma Admiral facilita a construção e o *deploy* de tipos padrão de serviços. Mas, para as equipes adotarem a ferramenta, elas devem ter acesso à plataforma e fazer alterações se necessário. Caso contrário, elas precisariam construir suas próprias ferramentas fora da Admiral e abrir mão dos benefícios. É nesse ponto que outro princípio de Jason — a complexidade como opção

---

2 A expressão faz referência a uma estratégia empregada por mineiros para monitorar o nível de gases tóxicos debaixo da terra, pois nesses casos o animal era o primeiro a morrer, o que indicava um alerta vermelho. [N.E]

— entra em jogo. Os times podem usar as configurações padrão ou mergulhar nas entranhas da Admiral e ajustá-las de acordo com as especificidades de seu projeto. Não curtiu o *framework* padrão de testes de unidade? Os desenvolvedores podem usar seu próprio, mantendo todos os benefícios da Admiral e do restante do *pipeline*. O mesmo se aplica a todos os componentes. Com isso, as equipes têm autonomia para escolher suas ferramentas, ao mesmo tempo que as adotadas por padrão continuam fáceis e atraentes, ajudando a incentivar o uso da Admiral. Hoje, 55% de todos os *deploys* usam a funcionalidade de *pipeline* completa da Admiral. A maioria dos outros emprega partes da Admiral, mas não o *pipeline* todo. E essa porcentagem não para de crescer.

A falsa dicotomia: rápido em oposição ao bom

Como já vimos, na indústria do software a inovação nunca foi tão rápida. Os insights dos clientes estão sendo transformados em produtos na velocidade da luz nesta era digital. Neste contexto, é comum surgir a questão do que é melhor: avançar rapidamente para aproveitar oportunidades e satisfazer as necessidades do cliente ou ter mais cautela, garantindo que tudo funcione corretamente, seja bem escalado e livre de *bugs*? No entanto, as melhores empresas de software consideram falsa essa dicotomia. Plataformas como a Admiral são o que permite que os desenvolvedores criem um código de alta qualidade com rapidez e o implantem em produção com a confiança de que não prejudicarão a experiência do cliente a cada *deploy*.

A missão mais importante de Jason é acelerar cada engenheiro da Twilio, garantindo que eles atendam às demandas de qualidade, segurança e escalabilidade. Em vez de seis meses, será que podemos entregar uma nova funcionalidade em seis semanas? Seis dias? Seis horas? Jason avalia que a plataforma faz 80% do trabalho que um desenvolvedor tinha antes. Alguns processos que antes levavam semanas ou até meses agora podem ser realizados "com alguns cliques em alguns minutos".

Hoje, a Twilio lança um novo código em produção mais de 160 mil vezes por ano — o que equivale a quase 550 vezes a cada dia útil.

Mova-se rapidamente e duplique o trabalho

Outra tensão que surge com frequência no mundo do desenvolvimento de software envolve a duplicação em oposição à sincronização do trabalho entre equipes. Ao permitir que as equipes atuem com certo grau de autonomia e ao lhes dar uma boa margem de manobra para escolher como proceder, você as libera para correr na velocidade de uma startup. Só que você também corre o risco de ter várias equipes usando seu tempo para construir coisas parecidas. Elas estão duplicando esforços, resolvendo o mesmo problema de maneiras ligeiramente diferentes. Parece um desperdício. Mesmo assim, eu não perco o sono com isso.

Werner Vogels, da Amazon, observa que essa abordagem — na qual você é intencionalmente tolerante com o trabalho duplicado — costuma ser um obstáculo em empresas tradicionais, que tendem a achar que o trabalho está fora de controle ou caótico. "É um contrassenso para elas porque só querem saber da eficiência", ele explica. "Elas estão acostumadas a manter o controle de cima para baixo e basicamente a hierarquia passa a ser mais importante do que se mover com rapidez."

Pode ser por isso, pelo menos em parte, que muita gente me pergunta como evitamos o trabalho duplicado na nossa cultura de equipes pequenas e empoderadas. Minha resposta é: não evitamos.

Eu explico: imagine duas empresas, cada uma em uma extremidade do espectro entre eficiência e autonomia. Em uma companhia, todas as equipes estão perfeitamente sincronizadas e não há trabalho duplicado. Cada time sabe qual é seu papel, de quais outros ela depende e, se houver a possibilidade de trabalho duplicado, só uma fica encarregada dele. A ideia parece ótima, mas raramente funciona assim. Na prática, as equipes passam um bom tempo esperando que outra lhes entregue uma parte do trabalho. Quando uma perde o prazo ou a qualidade é insuficiente, todas as outras são afetadas e todos se voltam a apontar o culpado. É verdade que o trabalho duplicado é evitado, mas ninguém é responsabilizado pelo resultado porque há muitas pessoas para culpar quando as coisas não dão certo.

Agora vamos dar uma olhada na empresa do outro extremo do espectro. As equipes se movem rapidamente para atender seus clientes sem se preocupar se alguma outra está duplicando seu trabalho. Tudo o que essa é incentivada a fazer é criar produtos de sucesso que promovam a adoção pelo cliente, a satisfação dele e o crescimento da receita. Nessa empresa, os desenvolvedores não precisam pedir permissão nem coordenar seu trabalho com outras equipes. Imagine cada uma dessas equipes trabalhando em locais diferentes, usando domínios de e-mail diferentes e assim por diante. Elas poderiam muito bem ser empresas diferentes. Não tem nada de sincronizado no trabalho delas. Então, como seria de se esperar, há muito trabalho duplicado porque as equipes não trabalham muito juntas.

Essas duas companhias imaginárias são exemplos extremos, mas muito ilustrativos. Qual dessas eu prefiro ter? Eu escolheria a segunda em qualquer situação. Eu quero uma companhia em que as pessoas se sintam empoderadas e se responsabilizem pelos resultados — esse é o objetivo. A sincronização perfeita necessariamente tira a autonomia e a responsabilidade da equação.

A segunda empresa é basicamente um monte de startups, cada uma trabalhando para atender os clientes e gerar receita. Uma vantagem é que os objetivos de cada equipe as levarão a alavancar o trabalho das outras sempre que possível. Para que inventar um novo sistema de compilação ou infraestrutura de segurança se outro time já tem um que faz o que você precisa? Esse é um caminho mais curto para atingir seus objetivos — o crescimento da receita e dos clientes — do que fazer tudo sozinho o tempo todo. Quando não há uma ferramenta que faz o que eles precisam, eles inventam as próprias. A Amazon também prefere a velocidade e não é obcecada em evitar a duplicação, de acordo com Werner Vogels. "Deixamos as equipes fazerem muitas coisas por conta própria, mesmo se isso dobrar algumas funcionalidades. Não vemos problema algum nisso se nos ajudar a avançar com rapidez", Vogels explica.

Outras empresas, com destaque para a Microsoft, ficaram obstinadas em eliminar a duplicação, mas acabaram descobrindo que essas tentativas consomem mais recursos do que poupam. O problema é que ficar de olho na duplicação e/ou investir tempo eliminando a duplicação de produtos com sobreposição implica na criação de uma nova camada de supervisão, o que desacelera tudo. Isso geralmente requer analisar tudo o que está dobrado, escolher a melhor solução e forçar todos a adotá-la.

Ao permitir que as equipes dupliquem o trabalho se acharem necessário, você também as empodera para decidir, com seu valioso tempo e habilidades, onde você precisa investir. É como a velha história: um arquiteto é convidado para criar o projeto de um campus universitário. Ao apresentar o projeto final, o reitor observa a ausência de calçadas. O arquiteto responde: "Vamos deixar que os alunos decidam com os próprios pés onde devemos construir as calçadas. Isso vai ficar claro em um ano".

Deixamos nossas equipes avançar e abrir o caminho. Em seguida, na qualidade de líderes técnicos e arquitetos, observamos os padrões surgirem. Quando vemos que várias equipes estão inventando coisas parecidas, podemos entrar em ação, observar a tendência e montar uma equipe a fim de resolver o problema para todos — atingindo, desse modo, a eficiência. Essa é a essência das plataformas. Mas, em vez de tentar planejá-la à perfeição e impô-la de cima para baixo, deixe que as equipes mostrem o caminho naturalmente.

No fim, muitas decisões se resumem a escolher entre o que você quer ter e o que está disposto a dar. É assim que a cultura da empresa se forma. Quais regras são invioláveis em oposição a onde você quer que os funcionários usem seus talentos de maneiras que você jamais imaginaria? As culturas que tendem demais a um extremo ou ao outro são problemáticas, mas o equilíbrio entre os dois prepara o terreno para criar o tipo de organização de inovação que você terá.

Na Twilio, temos algumas regras para todas as equipes, porque a existência da empresa depende disso. Os times não podem decidir que seu software não vai ser seguro. O software definitivamente precisa ser seguro. Nossos clientes, nossos investidores e o mercado exigem isso e seria irresponsável implantar códigos com esse item comprometido. Portanto, essa é uma regra inviolável da empresa. Nossas equipes podem se beneficiar de "rodovias asfaltadas" prontas para o uso a fim de garantir a segurança com a maior facilidade possível. Mas, uma vez atingidos nossos padrões, elas ficam livres para usar outros mecanismos a fim de proteger seu código.

O mesmo se aplica à confiabilidade. Nós e nossos clientes exigimos um tempo de atividade (*uptime*) mínimo de 99,95% para todos os serviços. Isso quer dizer que não pode haver mais do que 43 segundos de tempo de inatividade (*downtime*) por dia. A maneira mais fácil de atingir essa meta rigorosa é que as equipes empreguem a infraestrutura, as plataformas de software e as práticas que desenvolvemos internamente e deixamos prontas para o uso. Mas, se uma equipe tiver um requisito especial ou um jeito melhor de fazer a mesma coisa, ela possui a liberdade de escolher o próprio caminho. No entanto, isso não a livra de ter de prestar contas pelo tempo de atividade de seu software. Desse modo, como você pode imaginar, a equipe precisa ter muita confiança em sua solução para avançar por conta própria. Por outro lado, essa solução também pode levar a uma grande inovação. Imagine se uma equipe inventar um software que a ajuda a atingir um tempo de atividade de 99,999% — ou seja, apenas 26 segundos de inatividade por mês! Aposto que muitas outras teriam interesse em usar esse software! Na verdade, já estamos perto de conseguir isso, e o espírito competitivo amigável entre os times costuma gerar excelentes resultados.

Aguente o tranco

A ideia de gastar dinheiro em equipes de infraestrutura pode desagradar algumas pessoas. Entramos nessa discussão em praticamente todos os nossos processos orçamentários anuais. É fácil cair na armadilha de contratar cada vez mais desenvolvedores para trabalhar em produtos voltados para o cliente, porque esse retorno parece mais imediato — e o trabalho deles se traduz em receita com mais visibilidade. No entanto, os engenheiros de infraestrutura aumentam a eficiência da equipe de desenvolvimento inteira. "As plataformas são um multiplicador de força", diz Jason. "É como uma alavanca. Para cada dólar que invisto, tenho um retorno de cinco."

Vejamos um exemplo. Em 2018, nossos desenvolvedores levaram quarenta dias para criar um novo serviço em Java. Achamos que era necessário acelerar as coisas. Teoricamente, se dobrássemos o número de engenheiros, eles produziriam duas vezes mais serviços por ano, certo? (Na verdade, dobrar nosso número de desenvolvedores não dobraria nossa produtividade, mas, para fins de argumentação, vamos fingir que sim.) Só que isso significaria contratar centenas de novos profissionais. Em vez de fazer isso, Jason pegou dois engenheiros de plataforma e eles automatizaram várias etapas do nosso processo de desenvolvimento. O trabalho deles reduziu o tempo de desenvolvimento pela metade — de quarenta para vinte dias. O impacto é multiplicado porque desenvolvemos cerca de duzentos novos serviços em Java por ano. É verdade que gastamos dinheiro com esses dois engenheiros de plataforma. Mas o trabalho deles nos poupou quatro mil dias-pessoa por ano. Esse é o melhor argumento para investir em infraestrutura em vez de contratar mais desenvolvedores de produto. Antes de ver apenas o custo de montar uma equipe de plataforma, pense no retorno que esses engenheiros de plataforma serão capazes de entregar. Mas mantenha em mente que esses investimentos demoram um tempo para gerar retorno. Você vai precisar não só montar a equipe e fazer com que ela construa a infraestrutura, como as outras terão de adotá-la. Esse ciclo leva tempo, mas um investimento de vários anos gera retornos enormes. E o investimento se torna uma fonte de vantagem competitiva.

Quando contratamos novos desenvolvedores, eles atingem seu potencial com muito mais rapidez graças à Admiral. "Alguns anos atrás, levávamos quatro meses para treinar os novos engenheiros ao ponto de eles poderem contribuir para a equipe", diz Jason. "Hoje, eles começam a desenvolver em uma semana." Como já vimos, é tudo uma questão de retorno sobre o investimento. Os engenheiros de plataforma são muito mais rentáveis do que parecem.

Além dos enormes retornos, acreditamos que a plataforma pode reduzir ainda mais a velocidade. Jason quer que o processo de implantação em Java, que foi reduzido de quarenta para vinte dias, caia para um dia — ou até apenas algumas horas. Uma de suas treze equipes trabalha exclusivamente na otimização da plataforma em si. Eles analisam a maneira como os desenvolvedores usam o produto, em busca de pontos nos quais estes empacam ou desaceleram, e erradicam esses obstáculos. Para medir o tempo que os desenvolvedores passam brincando com as ferramentas, Jason criou uma métrica chamada Tempo Passado Fora do Código. Nossa média desse cálculo pode nunca chegar a zero, mas o objetivo é nos aproximar o quanto pudermos disso.

"O futuro das plataformas será permitir que os desenvolvedores de software se concentrem apenas nas funcionalidades que estão construindo e em seus clientes, não em todos os sistemas necessários para tirar o software da cabeça de alguém e colocá-lo na nuvem e em um dispositivo e transformá-lo em uma experiência para o cliente", Jason explica.

O resumo disso tudo é que uma organização moderna de desenvolvimento precisa usar as melhores ferramentas e metodologias, e grande parte disso envolve contratar engenheiros de infraestrutura para construir uma plataforma que automatize ao máximo o processo de construção de software. É tudo uma questão de velocidade e qualidade. Por mais rápido que consigamos avançar, podemos — e devemos — ir ainda mais ligeiro, mas sem sacrificar os três fatores indispensáveis: confiabilidade, qualidade e segurança. Ambientes para os desenvolvedores, como a nossa plataforma Admiral, nos ajudam a construir software com confiança.

Ao começar a construir uma plataforma de desenvolvimento de software, pergunte aos desenvolvedores quais processos ainda não foram automatizados, mas deveriam ser. Qual parte do processo de desenvolvimento tem mais chances de provocar a próxima queda do seu site ou app e vocês devem corrigir primeiro? Descubra quanto trabalho os desenvolvedores precisam fazer para implantar o código em produção. Eles estão frustrados? Onde estão os gargalos e como eles podem ser eliminados? Resista à tentação de economizar na plataforma — lembre que o dinheiro investido nela aumentará a produtividade de todos os seus desenvolvedores. Pergunte aos seus líderes técnicos qual porcentagem do orçamento está sendo gasta em plataformas em comparação com o desenvolvimento de produtos e qual equilíbrio deveria ser alcançado. Pergunte aos seus líderes qual base de ROI eles usam para justificar o nível certo de investimento na plataforma.

Epílogo

Neste livro, tentei explicar por que os desenvolvedores nunca foram tão importantes, como entendê-los e motivá-los e como criar um ambiente em que eles possam fazer seu melhor trabalho.

As empresas que mobilizarem o poder do software para proporcionar as melhores experiências digitais ao cliente sobreviverão e prosperarão na era digital. Construir ou Morrer significa recrutar excelentes desenvolvedores, mas, ainda mais importante, confiar nesses desenvolvedores, recorrendo a eles não só quando você precisar construir código como também quando precisar que os problemas sejam resolvidos com criatividade.

Em outras palavras, Pergunte ao Desenvolvedor.

Quando eu estava terminando de escrever este livro, aconteceu uma coisa que tornou essa transformação muito mais urgente. A pandemia do coronavírus que varreu o planeta no início de 2020 forçou o mundo a se reconfigurar em tempo real conforme cidades entravam em quarentena, crianças passavam a estudar em casa, funcionários trabalhavam em home office, hospitais lotavam, entre muitas outras mudanças. De repente, os projetos de transformação digital programados para ser desenvolvidos no decorrer de vários anos estavam sendo feitos em dias ou semanas. Foi a grande aceleração digital, não por escolha, mas por pura necessidade impulsionada pela maior pandemia global em um século. Com a redução da atividade econômica, empresas de diferentes setores precisaram literalmente Construir ou Morrer.

A boa notícia é que os desenvolvedores se mostraram à altura do desafio. Em apenas algumas semanas, só em março e abril de 2020, muitos setores passaram por uma transformação digital mais rápida do que toda a década anterior. O Zoom passou a ser nossas salas de reunião corporativas e também o barzinho onde nos encontrávamos para o happy hour. O Google Classroom substituiu as salas de aula físicas. O Slack e outros aplicativos de comunicação tornaram-se ainda mais vitais. A sobrevivência dos setores de varejo, restaurantes e saúde passou a depender de sistemas de retirada nas lojas, entrega de refeições e telemedicina, respectivamente.

Como todas as outras empresas, a Twilio fechou os escritórios e manteve seu funcionamento com todos trabalhando em casa. Foi especialmente desafiador porque nossos negócios não arrefeceram durante a paralisação global. Nossos clientes precisavam que seus desenvolvedores inventassem soluções para a montanha de problemas causados pela pandemia. Em vez de desacelerar, nossos mais de três mil twilions correram mais do que nunca para lidar com um pico de demanda de nossos clientes existentes e milhares de novos que estavam precisando de ajuda — para ontem. Do nosso lugar na primeira fila, vimos inovações que demonstraram muitos dos princípios sobre os quais escrevi neste livro.

A prefeitura de Pittsburgh perguntou se poderíamos encontrar um jeito de manter em funcionamento o sistema 311 — um número de telefone ao qual as pessoas podem ligar para obter serviços não essenciais, como informar-se sobre os serviços disponíveis, fazer reclamações ou relatar problemas como pichação ou calçadas quebradas. O sistema estava sobrecarregado com tantas ligações que seus doze operadores e sete técnicos de suporte de TI não conseguiam dar conta da demanda. E o fato de os operadores e a equipe de TI terem de trabalhar remotamente estava dificultando ainda mais as coisas. Nossos engenheiros trabalharam com os desenvolvedores da prefeitura para construir do zero, testar e fazer o *deploy* de um centro de contato baseado em nuvem — em apenas quatro dias.

Mas não foi só em Pittsburgh. Pelo país todo, o número de ligações para o 211 — que presta informações sobre serviços sociais e de emergência — também disparou durante a pandemia, de 30 mil para 75 mil chamadas por dia no horário normal, de acordo com a United Way Worldwide, responsável pelo sistema. As ligações também duravam mais tempo, sendo que algumas chegavam a levar trinta minutos, em comparação com os quatro a seis minutos de antes, já que muitas pessoas corriam o risco de ficar sem moradia e comida pela primeira vez e não tinham ideia do que fazer. Normalmente, se um desastre atinge uma região e o call center local fica sobrecarregado, as unidades de outras regiões do país podem fornecer backup. Mas, dessa vez, todas as redes 211 ficaram sobrecarregadas. Para lidar com o problema, os desenvolvedores da United Way usaram a Twilio Flex para criar um sistema que permite que pessoas em qualquer lugar do país liguem para um número 0800 e sejam encaminhadas para o serviço 211 local ou para um sistema de resposta interativa por voz assistida por inteligência artificial (uma unidade de resposta audível, ou *interactive voice response* em inglês) que se encarregava de responder às perguntas mais frequentes. O novo sistema também permitiu que a United Way usasse voluntários para atender a demanda. E, o melhor de tudo, o sistema estava em pleno funcionamento em apenas três dias.

Com as escolas fechadas, os alunos não só tiveram de encontrar novas maneiras de aprender como, sem a merenda escolar, muitos se viram diante da possibilidade de passar fome. A Kinvolved, uma empresa que ajuda os sistemas escolares a reduzir o absenteísmo crônico, mudou seu foco para a distribuição de milhares de refeições gratuitas

— dez mil no primeiro dia — para alunos que dependem da merenda gratuita ou a preços reduzidos. A Kinvolved usou o SMS para garantir que as crianças que não tinham internet em casa pudessem manter contato com os professores, informar-se sobre as lições de casa e enviar PDFs para a escola. O uso aumentou 200% quando as escolas fecharam durante a pandemia. Só em março, 6 milhões de SMS foram entregues a 300 mil professores, alunos e pais em onze estados, incluindo 150 escolas só na cidade de Nova York.

Com o *lockdown*, a demanda por serviços de telemedicina disparou e o atendimento virtual se tornou uma nova realidade para prestadores de serviços médicos e milhões de pacientes em todo o mundo. Em Nova York, ajudamos a rede hospitalar Mount Sinai a lançar um sistema de chat que permitia que os pacientes conversassem ao vivo com os médicos para não terem de ir ao hospital. As conversas começavam em uma janela de bate-papo, mas poderiam continuar em uma plataforma de vídeo se necessário. Os médicos orientavam pacientes potencialmente infectados com Covid-19 a ir ao hospital ou faziam o monitoramento remoto dos que estavam se recuperando em casa. Em um caso, o chat identificou um idoso que precisava de atendimento urgente e os médicos enviaram uma ambulância em minutos. Em outro caso, os médicos identificaram pelo chat uma pessoa infectada em um abrigo público e conseguiram notificar o local, isolar o paciente e mitigar a disseminação do vírus.

A Epic, uma das maiores empresas de prontuários eletrônicos dos Estados Unidos, com mais de 250 milhões de pacientes, construiu sua própria plataforma de telemedicina usando a API de vídeo programável da Twilio em apenas algumas semanas. Os médicos podem fazer uma consulta em vídeo com um paciente, consultar o histórico médico relevante dele e atualizar o prontuário diretamente no sistema da Epic.

Nem todos os novos casos de uso envolveram situações de vida ou morte. Em Brugherio, na Itália, ajudamos a QVC Italia, um canal de compras na TV, a permanecer em operação implantando um call center com a tecnologia da Twilio que permitia que seus representantes de atendimento ao cliente trabalhassem em casa. O novo sistema oferece suporte não só para ligações telefônicas, mas também para SMS e WhatsApp — e estava em pleno funcionamento em menos de uma semana. De volta aos Estados Unidos, ajudamos a Comcast a integrar a Twilio Video em seu banco de dados para que os técnicos pudessem ajudar um cliente que estivesse com problemas na conexão de TV ou internet sem ter de ir à casa dele.

Com a nossa pequena contribuição, a Twilio ajudou a manter as pessoas em segurança e a economia girando. Fiquei maravilhado ao ver que o pessoal da Twilio sabia que não era só uma questão de fechar negócios, mas que eles estavam concretizando nossa missão de servir os clientes, ajudando os desenvolvedores a fazer seu melhor trabalho. Nossas equipes passaram semanas agindo sem parar, inclusive à noite e nos fins de semana, enquanto lidavam com o próprio estresse, ansiedade e desafios de trabalhar remotamente. Aprendi que ainda tenho muito a aprender e não tenho como expressar o tamanho da minha gratidão por atuar com pessoas tão incríveis. A cada twilion, não tenho palavras para agradecer.

Esses rápidos *roll-outs* também nos ensinaram algumas lições. A primeira foi que coisas incríveis podem acontecer quando as pessoas param de se preocupar com a possibilidade de errar ou não conseguir fazer tudo à perfeição logo de cara. Durante a crise da Covid-19, qualquer mudança era melhor do que nada. Não havia alternativas, nenhuma política organizacional e nenhum medo de errar — porque deixar de fazer algo seria muito pior. É o que acontece quando a administração não tem tempo de fazer um monte de reuniões, submeter solicitações e aprovações para cima e para baixo na cadeia de comando ou insistir em planos grandiosos que acabam nunca sendo executados. Diante de tamanha pressão, a administração e os desenvolvedores se alinharam rapidamente e os desenvolvedores tiveram a chance de resolver problemas e inventar soluções.

A crise também mostrou como pode ser muito mais rápido construir e implantar software. Os componentes de software, microsserviços e APIs aceleraram radicalmente o processo. Devemos agradecer aos milhares de desenvolvedores que construíram essas ferramentas. Sem toda essa infraestrutura moderna, a resposta à Covid-19 teria sido muito mais demorada e menos eficaz em muitas organizações.

Por fim, esses *roll-out*s da noite para o dia demonstraram a fantástica criatividade humana e a capacidade de adaptação dos desenvolvedores que trabalham nas empresas. Muitos usaram essas novas ferramentas pela primeira vez e sob enorme pressão — e mesmo assim se mostraram à altura do desafio. Os esforços heroicos deles foram uma enorme inspiração para nós e nos sentimos honrados de ter tido a chance de trabalhar ao lado deles.

Agora precisamos pegar esses fundamentos e continuar trabalhando com o mesmo senso de urgência. Essas novas formas de trabalhar serão tão cruciais no futuro como estão sendo agora. Acredito que o trabalho e o engajamento do cliente mudaram radicalmente durante a pandemia e nunca mais voltaremos à maneira como fazíamos as coisas antes. Milhões de pessoas adotaram novas tecnologias e não vão querer olhar para trás. Grande parte da aceleração em direção ao digital não vai ter volta. Os clientes se acostumarão com essas experiências digitais e as expectativas continuarão aumentando rapidamente. As empresas que entenderem isso terão clientes fiéis, engajados e produtivos. As que não entenderem terão ainda mais dificuldades do que antes da crise da Covid-19.

A boa notícia é que você entendeu. Espero que este livro tenha ajudado a mostrar o caminho para firmar uma excelente parceria com os desenvolvedores de software. Juntos, com grande respeito e compreensão mútuos, vocês também poderão construir o futuro.

Vamos lá!

Agradecimentos

Foram muitas as pessoas que me ajudaram com conselhos, orientação e amizade e me auxiliaram, ao longo dos anos, a escrever código, abrir e desenvolver empresas e redatar este livro. Você conheceu a maioria delas, se não todas, durante esta leitura, mas gostaria de estender meus agradecimentos mais uma vez aqui.

Ao professor Bowers, que permitiu que um grupo de alunos do ensino médio dirigisse "A estação de rádio escolar mais potente da região metropolitana de Detroit, a 88.1FM WBFH". Obrigado por nos deixar errar. Aprender é errar e errar é aprender.

A Kevin O'Connor, obrigado por ser um verdadeiro mentor do empreendedorismo e por nos alugar sua casa nos Hamptons. Você foi o autêntico criador da "faculdade dos perrengues das startups" que me ajudou a ser o fundador que sou hoje. Só lamento nunca ter te ajudado a ganhar dinheiro.

Obrigado a Matt Levenson, meu parceiro na construção da Versity, da StubHub e da Nine Star. Obrigado por ser uma inspiração para desenvolver a abordagem do Pergunte ao Desenvolvedor. Você me ensinou a usar o software para resolver grandes problemas de negócios. Foi uma curtição construir essas empresas com você!

Como você viu neste livro, o tempo que passei na Amazon foi uma enorme influência para mim. Obrigado, Andy Jassy, por investir em mim quando a AWS era o seu bebê. E obrigado a Charlie Bell, que me deu tantos conselhos e orientações ao longo dos anos sobre como criar uma grande cultura de P&D.

A Marc Benioff, obrigado por incutir em mim o maior senso de propósito que uma empresa pode ter e por me mostrar que é possível construir grandes companhias e, ao mesmo tempo, fortalecer nossa comunidade e a sociedade como um todo.

A Mitch Kapor e Freada Kapor-Klein, obrigado por investir na Twilio desde o começo e, ainda mais importante, por me ajudar a fazer da diversidade e da inclusão dois pilares da cultura dela.

A Albert Wenger, obrigado por me ensinar a prática do pensamento de longo prazo e o valor de maximizar as opções sobre futuros. A Twilio não estaria onde está hoje sem as orientações que você deu à nossa jovem equipe desde o começo.

Byron Deeter, você tem apoiado a Twilio como investidor, membro do conselho, amigo e companheiro de ciclismo há mais de uma década. Obrigado — nunca conheci um apoiador tão dedicado como você.

Jerry Colonna, você me faz chorar. Da melhor maneira possível. Obrigado por seus sábios conselhos ao longo dos anos. Espero que você goste deste livro tanto quanto eu adorei ter lido o seu.

Obrigado, Jeff Immelt, por compartilhar tão abertamente as lições que você aprendeu na GE. Adorei o tempo que passamos juntos conversando sobre nossas respectivas jornadas escrevendo livros e obrigado pela espetacular leitura crítica. Espero ter retribuído o favor!

A Hollis e Christy e Dan e Melanie, obrigado por serem meus parceiros na escrita, edição e publicação deste livro! Eu estaria perdido sem vocês.

A Eric Ries, obrigado por escrever *A startup enxuta*, que transformou a maneira como construímos produtos na Twilio. Seus comentários e conselhos no processo de escrita deste livro foram valiosíssimos. E obrigado por apresentá-lo com tanta eloquência no prefácio!

Sou muito grato a todas as pessoas que foram tão generosas com seu tempo e ideias e me ajudaram a lapidar o conceito do Pergunte ao Desenvolvedor: Theo Frieswijk, Kevin Vasconi, Ali Niknam, Josh Hoium, Ashton Kutcher, Jason Fried, Werner Vogels, Patio11, "Jazzy" Chad Etzel, Leah Culver, Ryan Leslie, Kaya Thomas e Danny Meyer.

A Sara, Jessica, Chee, Kho, Stevie, Emma, Jason, Andres, Patio11, Donna, Jeff E., Danny e Doug, obrigado por ler os primeiros rascunhos deste livro. Vocês me deram um feedback importantíssimo para as versões 0.1, 0.2 e 0.3. Eu jamais teria chegado ao 1.0 sem vocês!

A George Hu, obrigado por me ajudar a pensar e a estruturar e reestruturar este livro para maximizar seu impacto. Sou profundamente grato por sua colaboração!

Andres Krogh, Nathan Sharp e Sean McBride — depois de muitas iterações e todas as minhas opiniões absurdas, vocês acertaram em cheio na capa! (Como sempre fazem.)

Obrigado à excelente equipe que está ajudando a promover este livro: Caitlin Epstein, Tim Schraeder e Billy Hackenson.

A Kat McCormick-Sweeny, meu braço direito na Twilio, obrigado por me manter no caminho certo. Este livro não teria sido possível sem você. Você é a melhor chefe que um CEO poderia ter.

A Evan Cooke e John Wolthuis, meus cofundadores da Twilio: nada é mais gratificante do que ticar itens da lista de afazeres na tampa de uma caixa de pizza. Sou profundamente grato por todas as discussões, batalhas de ideias e sementes que plantamos no começo e que estão crescendo até hoje.

A todos os twilions do passado e do presente, sua paixão por inventar e servir os clientes é contagiante. Vocês estão sempre me lembrando que, de fato, todo dia é o primeiro dia de nossa jornada.

Obrigado a todas as organizações que estão empoderando seus desenvolvedores. A renda resultante das vendas deste livro será doada a organizações que fazem o importante trabalho de ensinar programação a grupos sub-representados da sociedade.

Mãe, obrigado por me ensinar a aprender e me inspirar a liderar.

Pai, obrigado por construir "projetos" comigo e não ficar muito desanimado quando eles "não funcionaram de verdade". Você fez de mim um construtor.

Aos meus filhos, M. e A., obrigado por sempre me lembrar de brincar de Magic: The Gathering, teatro de bonecos e cama elástica. E, sim, não é justo os adultos terem mais tempo de tela do que as crianças.

A Erica, minha esposa, obrigado por aguentar minhas travessuras por todos esses anos. "Eu te amo mais do que as palavras que tenho para expressar meu amor a você."

Sobre o autor

JEFF LAWSON é cofundador e CEO da Twilio, no Vale do Silício, uma das empresas de tecnologia de crescimento mais rápido do mundo. Desenvolvedor de software de longa data, Jeff fundou a Twilio em 2008 com base na crença de que empoderar os desenvolvedores era imprescindível para liberar a inovação em praticamente todos os tipos de empresa. Milhões de desenvolvedores de software e centenas de milhares de companhias usam a plataforma da Twilio para incluir comunicações aos sites e apps que você usa diariamente. Jeff é um empreendedor em série, tendo cofundado a Versity.com e a NineStar e atuado como diretor de tecnologia e cofundador da StubHub antes da Twilio, além de ter sido um dos primeiros gerentes de produto da Amazon Web Services (AWS). Ele mora em São Francisco com a família e até hoje consegue arranjar um tempo para hackear novos projetos de software e hardware.